KB274893

원효의 마음공부

일러두기

- 이 책에 실린 도판의 출처는 별도 표기가 없는 경우 국립중앙박물관입니다.

- 편의상 《금강삼매경(金剛三昧經)》, 《금강삼매경론(金剛三昧經論)》, 《대승기신론(大乘起信論)》, 《대승기신론소(大乘起信論疏)》는 처음에만 전체 명칭을 표기하고, 이후에는 각각 《삼매경》, 《삼매경론》, 《기신론》, 《기신론소》로 줄여서 표기했습니다.

- 이 책에서 인용한 불교 경전의 한자 원문은 모두 《한국불교전서(韓國佛敎全書)》에 수록된 텍스트를 전재(轉載)한 것입니다. 《한국불교전서》에 수록된 모든 텍스트는 '불교기록문화유산 아카이브' 웹 사이트(https://kabc.dongguk.edu/content/list?itemId=ABC_BJ)에서 검색할 수 있습니다. 이 책에서 인용한 불경의 앞뒤 맥락을 더 살펴보고자 하는 독자의 검색 편의를 위해 인용한 불경의 원문 텍스트를 따로 모아서 태극사상연구소 웹 사이트(hansasang.org)에 별도로 게시해두었으니 참고하시기 바랍니다.

1,400년의 세월을 건너온 마음을 아는 길

원효의 마음공부

강기진 지음

유노
북스

마음 바깥에 법이 없는데
어찌 따로 구하고자 애쓰겠는가.
心外無法
胡用別求

- 원효, 〈유심게(唯心偈)〉

○

잃어버린 마음을
찾아 떠나는 여행

한국인이라면 원효 스님을 모르는 사람이 없으리라. 그런데 그 진면목을 아는 사람은 별로 없는 듯하다. 원효의 일생에서 가장 유명한 대목은 아마 무덤에서 해골 물을 마시고 큰 깨달음을 얻었다는 일화일 것이고, 그다음이 요석공주와 혼인해 설총을 낳은 일화일 듯하다. 하지만 필자는 원효가 절필한 순간이 가장 충격적이다.

다음은 《삼국유사》에 등장하는 대목이다.

(원효는) 분황사에 머무르며 화엄경 소(疏, 불경의 난해한 부분을 풀어서 설명한 주석서)를 짓다가 제40회향품에 이

르자 결국 붓을 꺾기에 이르렀다.

住芬皇寺 纂華嚴疏 至第四十迴向品 終乃絶筆
주분황사 찬화엄소 지제사십회향품 종내절필

《삼국유사》 권4, 의해(義解)5, 원효불기(元曉不羈)

원효의 절필이 충격으로 다가오는 이유는 그가 당대에 이미 신라를 넘어 세계 최고의 학자요 저술가였기 때문이다.

원효는 총 100여 종, 240여 권에 이르는 방대한 저술을 남겼는데, 그 범위도 불교의 거의 모든 분야(반야, 삼론, 유식, 인명, 여래장, 화엄, 열반, 법화, 정토, 계율 등)를 망라한다.

그 내용은 또 어떤가? 그가 《대승기신론소(大乘起信論疏)》에서 전개하는 해설을 읽고 있으면, 체계적으로 정리된 그 방대한 지식의 양에 그만 질리고 만다. 이게 사람인가, 괴물인가 하는 생각밖에 들지 않는다. 그야말로 초인적인 연구와 저술 활동을 보여 준다. 그 결과 그의 저술은 중국, 일본은 물론 티베트, 중앙아시아, 인도에까지 보급되었고 큰 영향을 미쳤다.

그와 같은 대학자가 붓을 꺾어 버렸다. 어떻게 그럴 수 있을까?

우연히 광대들이 춤추며 놀리는 큰 박을 얻었는데 그 모양이 괴이하여, 그 모습대로 도구를 만들었다. 《화엄경》의 '일체 무애인(無㝵人)은 한 길로 생사를 벗어난다'는 구절로써 이름지어 '무애(無㝵)'라 하고는, 인하여 노래를 지어 세상에 퍼뜨렸다. 일찍이 이것을 가지고 천촌만락(千村萬落)에서 노래하고 또 춤을 추며 교화하고 음영하여 돌아왔다. 가난하고 무지몽매한 무리들까지도 모두 부처의 이름을 알게 하고, 다함께 '귀의하나이다'라고 칭하도록 하였으니, 원효의 법화가 위대하도다!

偶得優人舞弄大瓠 其状瑰奇 因其形製爲道具 以華嚴経
우득우인무롱대호 기상괴기 인기형제위도구 이화엄경

一切無㝵人一道出生死 命名曰無㝵 仍作歌流于世 嘗持
일체무애인일도출생사 명명왈무애 잉작가류우세 상지

此 千村萬落 且歌且舞 化詠而歸 使桑樞瓮牖玃猴之輩 皆
차 천촌만락 차가차무 화영이귀 사상추옹유확후지배 개

識佛陁之号 咸作南無之稱 曉之化大矣㦲
식불타지호 함작나무지칭 효지화대의재

《삼국유사》 권4, 의해(義解)5, 원효불기(元曉不羈)

이어지는 그의 행적은 또 어떤가? 그는 무애(無㝵)박 하나를 들고서 춤추고 노래하며 신라의 민초들을 찾아 친촌만락을 떠돌았다. 대학자가 어떻게 그럴 수 있었을까?

그는 이 길이 아니라는 판단이 들자, 자신이 각고의 노력을 통해 쌓아 올린 학문적 업적을 초개와 같이 모두 던져 버렸다. 그는 '기다 아니다'가 참으로 분명한 사람이었던 듯싶다.

‘무애(無㝵)’란 걸림이 없다는 뜻이다. 그러므로 ‘일체무애인(一切無㝵人)’은 그 무엇에도 걸림이 없는 자유로운 사람을 말한다. 그는 글자 그대로 일체무애인의 삶을 살았다.

그가 박을 들고 추었던 ‘무애무’는 신라·고려를 넘어 조선 시대에 이르러 불교 탄압으로 폐지될 때까지 온 나라에서 이어졌다. 원효의 교화가 우리나라 역사에 깊이 스며들었음을 알 수 있는 대목이다.

대자유인으로서 원효의 삶은 의상과 함께 당나라 유학을 가고자 길을 나섰다가 대오(大悟, 위없는 진리를 증득한 큰 깨달음)의 순간을 맞으면서 시작되었다. 밤중에 토굴인 줄 알고 유숙했던 무덤에서 해골 물을 마시고 난 후 깨달음을 얻었던 것이다. 이때 그는 다음과 같이 ‘유심게(唯心偈, 오직 마음일 뿐임을 노래한 게송)’를 읊조렸다.

마음이 일어난 고로 온갖 존재가 생겨나고, 마음이 멸한 고로 토굴과 무덤이 둘이 아니로다.
삼계는 오직 마음일 뿐이요 [三界唯心]
만법은 오직 인식일 뿐이로다 [萬法唯識]
마음 바깥에 법이 없는데 [心外無法]
어찌 따로 구하고자 애쓰겠는가 [胡用別求]

心生故 種種法生 心滅故 龕墳不二 又三界唯心 萬法唯識
심생고 종종법생 심멸고 감분불이 우삼계유심 만법유식

心外無法 胡用別求
심외무법 호용별구

《송고승전(宋高僧傳)》 권4, 의해(義解)1, 신라국의상전(新羅國義湘傳)

모든 것은 오직 마음이 지어내는 것이니 마음 바깥에 법이 따로 없다는 깨달음은 원효라는 한 인간을 변모시켰다. 그러고 보면 변모가 따르지 않을 때 그것이 어찌 진정한 깨달음이겠는가?

당나라 유학을 포기하고 돌아선 후 원효는 마음을 찾고자 길을 나섰다. 모든 것을 지어내는 마음, 그 마음이 도대체 무엇인지를 알고자 했다. 그가 마음을 찾아 떠돌던 시절을 《송고승전》은 다음과 같이 묘사하고 있다.

거사와 함께 주막과 사창가를 드나들고 지공스님처럼 금칼과 쇠지팡이를 지니고 다녔다. 혹은 소(疏)를 지어 잡화를 강설하거나 거문고를 연주하며 사당에서 즐기기도 히고, 여염집에서 잠을 자거나 산이나 물가에서 좌선을 하기도 했다. 뜻대로 형편에 따르니 도무지 일정한 법식이 없었다.

同居士入酒肆倡家 若誌公持金刀鐵錫 或製疏以講雜華
동거사입주사창가 약지공지금도철석 혹제소이강잡화

或撫琴以樂祠宇 或閭閻寓宿 或山水坐禪 任意隨機 都無
혹무금이락사우 혹여염우숙 혹산수좌선 임의수기 도무

定檢
정검

《송고승전》 권4, 의해(義解)1, 신라국원효전(新羅國元曉傳)

주막과 사창가를 드나들고, 경건해야 할 사당에서 거문고를
연주하며 즐겼다니 영락없는 파계승의 엽기 행각이 아닐 수 없
다. 하지만 이는 원효가 마음을 찾아 끝간 데까지 나아갔던 여
정의 단면일 뿐이다.

喫甘愛養此身定壞 끽감애양차신정괴	달게 먹여 아껴 봐도 이 몸은 부서지고,
著柔守護命必有終 착유수호명필유종	고운 옷에 보호해도 목숨은 끝이 나니,
助響巖穴爲念佛堂 조향암혈위념불당	메아리 바위굴로 염불하는 법당 삼고,
哀鳴鴨鳥爲歡心友 애명압조위환심우	끼룩대는 물새 소리 마음의 벗 삼으리라.
拜膝如氷無戀火心 배슬여빙무연화심	꿇은 무릎 얼어 와도 불을 찾는 마음 없고,
餓腸如切無求食念 아장여절무구식념	주린 창자 끊어져도 밥 구하는 생각 없네.

忽至百年云何不學　순식간에 백 년인데 어찌하여 안 배우며,
홀지백년운하불학
一生幾何不修放逸　한평생이 얼마라고 닦지 않고 게으를까.
일생기하불수방일

《발심수행장(發心修行章)》

이 글은 원효가 남긴 《발심수행장》의 일부로, 오늘날에도 처음 승려가 되기 위해 출가한 자들이 반드시 읽고 닦아야 할 입문용 교과서 역할을 하고 있다. 이를 보면 원효의 마음공부 자세가 얼마나 치열했는지를 알 수 있다.

그와 같은 공부가 그를 당대 최고의 학자로 만들었다. 하지만 그 공부가 완성되었을 때 그는 도리어 붓을 꺾어 버렸다. 자신의 모든 성취를 미련 없이 던져 버리고는 이 땅의 민초들 속으로 섞여 들어갔다. 왜 그랬을까?

이 책은 이처럼 놀라운 원효의 마음공부 여정을 따라가며 그가 이룬 마음의 성취를 배워 보고자 한다.

내 마음 내가 뻔히 안다 싶지만 어느 순간 알다가도 모를 것이 나의 마음 아닌가? 원효의 여정을 따라가다 보면 나의 마음에 전혀 새로운 영역이 있음을 알게 될 것이다. 마음에 대해 깊이 생각해보지 않은 사람은 마음의 신비를 새로 알게 될 것이

며, 마음의 신비를 느껴 본 사람은 그 신비가 어디에서 연유하
는지를 알게 될 것이다.

또한 나의 마음을 찾는다는 것은 결국 '나'가 누구인지를 찾아
가는 것이다. 그러므로 원효의 마음공부 여정에 동행하는 것은
온전히 지금의 '나'에 대해 생각하는 시간이 될 것이다.

○

원효와 《금강삼매경》, 《금강삼매경론》, 《대승기신론소》

원효의 마음공부 여정은 주로 《금강삼매경(金剛三昧經)》과 《금강삼매경론(金剛三昧經論)》, 《대승기신론소(大乘起信論疏)》 이상 3권의 책에 담겨 있다.

먼저 《금강삼매경》은 흔히 경전 위의 경전으로 불리는 책이다. 예를 들어 《팔만대장경》은 1,524종, 6,569권에 이른다. 이처럼 방대한 경전은 불교의 자랑이지만, 동시에 한 인간이 평생을 바쳐도 다 읽을 수 없다는 문제가 있다. 이에 불교의 가르침을 한 권으로 종합해서 제시하는 경전이 요청되는데, 《금강삼매경》이 바로 그러한 단일 경전이다.

《금강삼매경》은 이처럼 모든 경전을 아우르는 불경의 종합판에 해당하는데, 그 내용은 궁극의 깨달음의 경지인 금강삼매에 대한 가르침을 담고 있다. 이를 통해 모든 번뇌와 장애, 집착을 돌파해 굳건한 마음의 경지에 이를 수 있으니, 이는 그대로 마음공부 책이라고 할 수 있다.

그런데 이《삼매경》은 우리나라 삼국시대에 신라에서 출현한 경전이다. 그리고《금강삼매경론》은 원효가《금강삼매경》을 풀어서 설명한 책을 가리킨다.《송고승전》은《삼매경》과《삼매경론》의 연기 설화를 다음과 같이 전하고 있다.

어느 때에 (신라)국왕이 백좌인왕경대회(百座仁王經大會)를 열어 덕이 높은 승려를 두루 찾았다. 본 고을에서는 원효가 명망이 있다고 천거했는데, 다른 승려들이 그의 사람됨을 미워하여 왕에게 참소했기 때문에 받아들여지지 않았다.
얼마 지나지 않아 왕비의 머리에 악성 종기가 났는데 의원도 효험이 없었다. 왕과 왕자, 신하들이 산천의 영험한 사당에서 기도하며 가지 않은 곳이 없었다.
한 무당이 있어 말하기를, "만일 사람을 보내어 다른 나라에 가서 약을 구한다면 병이 나을 것입니다"라고 했다. 왕이 곧 사자를 보내어 바다 건너 당나라에 들어가 그 의술을 구해 오도록 했다.

넓고 깊은 바다에서 홀연히 한 노인이 나타나, 파도에서 뛰쳐 나와 배에 올라타고는 사자를 맞이하여 바닷속으로 들어갔 다. 장엄하고 화려한 궁전을 보고 용왕을 알현했다. 용왕의 이름은 금해였는데, 사자에게 다음과 같이 말했다.

"그대 나라의 왕비는 청제의 셋째 딸이다. 우리 궁중에는 예로부터 《금강삼매경》이 있으니, 일각(一覺)으로 원융하 게 통하여 보살행을 보이는 것이다. 지금 왕비의 병에 의탁 해서 좋은 연으로 삼아, 이 경을 그대의 나라로 내보내어 널 리 퍼트리고자 한다."

이에 30장쯤 되는 중첩되고 흩어진 경을 사자에게 주면서 다시 말했다.

"이 경전이 바다를 건너는 도중에 마사(魔事)를 당할까 두 렵다."

용왕이 사람을 시켜 사자의 장딴지를 칼로 찢게 하여, 그 안 에 경전을 넣고 밀랍 종이로 봉했다. 약을 발라 주자 장딴지 가 예전과 같았다. 용왕이 말했다.

"대안성자(大安聖者)에게 명령하여 가리어 뽑고 차례를 매 겨 경(經)을 엮도록 하고, 원효 법사에게 청하여 소를 짓고 경을 강설하고 풀이하게 함이 가(可)하다. 왕비의 병이 낫 는 것은 의심할 것이 없으니, 설산의 아가타약의 효력도 이

보다 뛰어날 수는 없을 것이다.”

용왕이 전송하여 바다 밖으로 나오니, 드디어 배에 올라 귀국했다.

이에 왕이 듣고 기뻐하며, 곧 대안성자를 먼저 불러서 차례대로 엮게 했다. 대안성자는 예측할 수 없는 인물로, 형색과 차림새가 특이했다. 항상 저잣거리에서 구리로 만든 발을 두들기며 ‘크게 편안하시오[大安], 크게 편안하시오[大安]’라고 외쳤기 때문에 ‘대안(大安)’이라고 부른 것이다. 왕이 대안에게 명하자, 대안이 말했다.

“그저 경전만 가지고 오십시오. 왕궁에는 들어가길 원하지 않습니다.”

대안이 경전을 받아 배열하여 여덟 품(品)으로 만드니, 모두 부처님의 뜻에 들어맞았다. 대안이 말했다.

“속히 원효에게 부탁하여 강하도록 하십시오. 다른 사람은 못할 것입니다.”

원효가 이 경을 받은 것은 바로 본래 태어난 곳인 상주에 있을 때였다. 사자에게 말했다.

“이 경은 본각(本覺)과 시각(始覺)의 두 가지 깨달음을 종지로 삼으니, 나를 위하여 소가 끄는 수레를 준비하여 주십시오.”

책상을 두 뿔의 사이에 두고 붓과 벼루를 놓고는, 처음부터 끝까지 소가 끄는 수레에서 《금강삼매경소(疏)》를 지어 5권을 만들었다. 왕이 요청한 기한에 황룡사에서 강설하기로 했으나, 이때 박덕한 무리가 새로 지은 소(疏)를 훔쳐가 버렸다. 이 사실을 왕에게 아뢰어 사흘을 연기하고, 다시 소(疏)를 적어 3권을 만들었으니, 이를 약소(略疏)라고 했다. 기일이 이름에 왕과 신하, 승려, 속인들이 구름떼처럼 법당을 에워쌌다. 원효가 곧 설법을 함에 위의(威儀)가 있고, 엉클어진 것을 풀이해 주니 법식으로 삼을 만했다. 사람들이 칭찬하고 찬양하며 손가락을 튕기니 그 소리가 하늘에 들끓었다. 원효가 다시 소리 높여 말했다.

"지난번 백 개의 서까래를 고를 때에는 모임에 참여하지 못했으나, 오늘 하나의 마룻대를 놓는 곳에는 오직 나 홀로 가능하구나."

이때 모든 이름난 고승대덕들이 얼굴을 숙이고 부끄러워하며 엎드려 참회했다.

(중략)

《금강삼매경소(疏)》는 광본(廣本)과 약본(略本)이 있으니 모두 본토(신라)에서 유행했다. 약본이 중국에 유입되었는데, 후에 경전을 관장하는 승려들이 이것을 고쳐 《금강삼매

경론(論)》으로 삼았다.[1]

《송고승전》 권4, 의해(義解)1, 신라국원효전(新羅國元曉傳)

《삼매경》의 탄생 설화를 보면, 우선 신라의 사자가 용궁에서 "30장쯤 되는 중첩되고 흩어진 경"을 받아 오는데, 이때 용왕은 "대안성자에게 명령하여 가리어 뽑고 차례를 매겨 경을 엮도록 하고, 원효법사에게 청하여 소를 짓고 경을 강설하고 풀이하게 함이 가(可)하다"라고 조언한다. 이후 신라의 왕이 대안성자를 부르니, 그가 "경전을 받아 배열하여 여덟 품(品)으로 만들었다". 그러고는 "속히 원효에게 부탁하여 강하도록 하십시오. 다른 사람은 못할 것입니다"라고 조언한다.

오늘날까지 전하는 《금강삼매경》과 《금강삼매경론》의 한자 원문을 대조하면 어째서 대안성자가 원효 외에 "다른 사람은 못할 것"이라 말하는지 알 수 있다. 《삼매경》의 한문은 흡사 《주역》의 경문처럼 극도로 압축적이고 추상적이어서 해석이 곤란하거나 여러 의미로 해석되는 문장들이 연이어 나온다. 일종의 열려 있는 텍스트 같아서 천 갈래, 만 갈래로 의미가 흩어져 버려 일맥상통하는 의미의 맥락을 잡을 수 없다. 오직 원효가 주석을 달고 설명한 《삼매경론》을 기다려서 그 내용이 확정된다. 두 책이 한 벌이 되어야 비로소 의미가 통하는 경전으로 완성되는 것이다.

그리하여 이후《삼매경》이 동아시아 불교계에서 중요한 경전으로 자리 잡았음에도 신라의 원효 외에 중국이나 일본의 그 어떤 불교 사상가도 감히《삼매경》을 풀이할 생각을 하지 못했다. 중국에서 불교 경전을 관장하는 승려들이 원효의《금강삼매경소(疏)》를《금강삼매경론(論)》으로 격상시킨 이유도 원효의 저술이 그만큼 압도적이었기 때문이다.

원래 불교에서 '론(論)'은 사람이 아닌 천상의 보살이 강설한 내용에 붙이는 이름이다. 그러므로 '론(論)'은 대장경(大藏經)에 정식으로 편입되어 불교의 공식 '경전(經典)'이 되는 것이다. 역사적으로는 마명, 용수, 무착, 세친, 진나 등 천상의 보살이 땅 위에 환생한 것으로 여겨졌던 전설적인 성인들의 책만이 '론'으로 칭해졌고, 이들에게는 '보살'의 칭호가 주어졌다. 그런데 원효가《금강삼매경》에 대해 강설한 책이 중국에 전해지자 경전을 관장하는 승려들이 그 내용을 보고, "이 책은 사람이 아니라 보살이 쓴 것"이라 하여 '소'가 아닌 '론'으로 승격시켜 대장경에 정식으로 편입한 것이다.

결국 오늘날까지 불교의 공식 경전 모음인 대장경에《금강삼매경》과《금강삼매경론》 2권이 모두 편입되어 있고, 원효 역시 전설적인 성인들과 나란히 '보살'의 칭호를 받고 있다.

《금강삼매경》과 관련해서는 위경(僞經) 논란이 있기도 하다. 연기 설화에서 보듯 삼국시대의 신라에서 처음 출현했으니 가짜 경전이 아니냐는 얘기다. 하지만 불교 경전은 그 어떤 것이든 석가모니 부처가 열반(기원전 480년경)에 든 후 입에서 입으로 구전되다 약 400년이 흐르고 나서야 문자로 기록되기 시작했다. 또한 불교에서는 경전의 수량이 워낙 많다 보니 원래 위경을 가려내기 위한 노력이 치밀하다. 엄격한 검증을 거침으로써 공식 경전인 대장경의 목록을 철저히 관리하는 것이다. 그런데 《금강삼매경》은 근래에 이르기까지 추호의 의심도 받은 일 없이 '진경(眞經)'으로 존숭받았다.

신라에서 처음 출현한 《금감삼매경》은 8세기에 중국과 일본으로 유포되었음은 물론 티베트에도 전해져서 티베트어로 번역되기도 했다. 중국 당나라에서는 선종 승려들이 크게 주목하면서 빈번히 인용되어 초기 선불교(禪佛敎)의 정립 과정에서 중요한 역할을 담당했다. 그리하여 대표적인 선(禪)의 경전이라는 지위를 획득했다.

그 연기 설화를 보면, 대안과 원효가 《삼매경》의 출현 과정에 깊이 연관됨을 알 수 있다. 그런데 이는 도리어 그들의 탁월한 학문과 사상을 입증하는 것이다. 방대한 불교 교리를 한 권으로 종합하는 것은 단순한 작업이 아니다. 불교도들의 단일 경전에 대한 갈증은 매우 커서 역대 중국의 불교도들 역시 단일 경전을 편찬하려는 시도를 했지만, 불교학자들의 검증의 눈길을 피해 가지 못해서 모두 위경임이 발각되었다. 오로지 《삼매경》만이 1,000년 넘는 세월 동안 세계 각국 불교학자들의 검증을 지속적으로 통과해 불교의 공식 경전으로서의 지위를 지켜 온 것이다. 이는 그만큼 《삼매경》이 담고 있는 통찰이 완벽하다는 것을 보여 준다. 이웃 나라 일본의 경우는 불교학 연구가 발달했다고 하나 이러한 경전을 한 권도 저술하지 못했으니 오히려 속으로는 부러워하지 않을까 싶다.

연기 설화에서 살펴봤듯 《삼매경》은 신라에서 성립한 경전이기 때문에, 거기에는 원효를 위시해 당대 신라인들이 도달했던 정신의 경지와 독자적 사상의 성취가 담겨 있다. 앞으로 원효의 마음공부 여정을 따라가며 그러한 성취를 음미할 수 있을 것이다.

이 책에서 살펴볼 또 한 권의 책 《대승기신론소(大乘起信論疏)》는 인도의 마명보살이 썼다고 전하는 《대승기신론(大乘起信論)》을 원효가 풀이한 책이다.

《대승기신론》은 그 내용이 난해해 이해하기 어려웠는데, 원효가 소(疏)를 집필해 그 의미를 풀이한 이후로 각광받게 된다. 중국에서 원효의 소는 '해동소(海東疏)'라 불리며 각광을 받았다. 원효의 소가 등장한 이후 다른 《대승기신론》 주석서들은 모두 원효의 주석을 수용한 위에 자기 이론을 덧붙여 전개했다.

이와 관련해 원효의 《대승기신론별기(大乘起信論別記)》라는 보조적인 책이 또 한 권 있다. '별기(別記)'란 어떤 책의 본문 구절에 덧붙여 따로 적어 둔 기록을 말한다. 그러므로《대승기신론별기》란《대승기신론》의 본문 구절에 덧붙여 따로 적어 둔 기록을 모은 책이라는 뜻이다. 그 내용을 보면 원효가《대승기신론소》를 집필하기 위해 먼저 적어 두었던 메모들을 모은 것으로 보인다.

원효의 마음공부 여정으로 보면《기신론소》(《기신론별기》 포함)가《삼매경》보다 시기적으로 앞선다.《기신론소》가 마음 여행의 전반부에 자리하고, 이후 더욱 발전한 생각과 사상을《삼매경》과 삼매경론에 담았다.

일연 스님이 1281년에 편찬한《삼국유사》는, 원효가 탄생한 마을을 당시 사람들이 '불지촌(佛地村)'이라 부르고, 원효의 출산처에 서 있던 나무를 '사라수(娑羅樹)'라 불렀다는 사실을 전한다. 불지촌이란 부처가 태어난 마을이란 뜻이고, 사라수는 석가모니의 출산처에 서 있던 나무이니, 원효 입적 후 600년 가까이 세월이 흐른 뒤에도 당시 사람들에게 원효를 부처와 동격으로 숭모하는 마음이 있었음을 알 수 있다.

그러던 것이 조선 시대의 불교 탄압을 거친 후 현대에 이르니 오늘날 후손에게 원효는 해골 물 설화로만 남아 있는 것이 현실이다. 하지만 원효가 일생을 통해 이룬 성취, 그가 도달한 정신의 경지, 그가 찾아낸 마음은 이대로 역사의 창고에만 간직한 채 잊어버려도 되는 것이 아니다. 앞으로 원효의 마음공부 여정을 따라가면서 그가 이룬 놀라운 통찰을 만날 것이다.

· 차례

1장 모든 법은 오직 마음이 지은 것이다

마음을 보는 법

2장 마음이 곧 세계요 세계가 곧 마음이다

마음의 작용

3장 하나에서 나뉘고 하나로 돌아간다

불이의 철학

5장

한마음 밖에는
다시 다른 법이 없다

한마음

모든 법은
오직 마음이
지은 것이다

마음을 보는 법

오직
마음을 보는 일

원효 이전에도 불교에는 마음공부의 유산이 풍부했다. 그 이유는 불교가 '고(苦)'를 없애고자 하는 가르침이기 때문이다. 고를 없애려면 그 원인을 제거해야 한다. 그러므로 불교에서는 무엇이 고를 낳는 진정한 원인인지 밝혀 내고자 했다.

우리는 흔히 나에게 고통을 초래하는 원인이 나를 둘러싼 바깥세상에 있다고 생각한다. 하지만 불교에서는 그렇지 않다는 놀라운 사실을 발견했다. 고통의 원인을 찾아 바깥세상을 샅샅이 훑었지만 찾지 못했고, 결국은 고통의 원인이 나의 마음에 있다는 사실을 발견했다. 그 결과 마음공부가 발달한 것이다. 원효는 이처럼 불교가 쌓아 올린 마음공부의 기초를 흡수하고 그 위에 자신만의 공부를 쌓아 갔다. 그리하여 불교의 마음공부를 집대성하게 된다.

부처님께서 말씀하셨다.

"보이는 모든 경계는 오직 마음을 보는 것일 뿐이다. 마음이 환영을 만들어 내지 않으면 보이는 것이 즉시 없어질 것이다."

佛言 所見諸境 唯所見心 心不幻化 卽無所見
불언 소견제경 유소견심 심불환화 즉무소견

《금강삼매경》, 〈입실제품(入實際品)〉

위에 제시한 《삼매경》의 가르침은 불교의 통찰을 이해하기 위한 가장 기초가 되는 사실이다. 《삼매경》은 모든 경전을 아우르는 불경의 종합판이라고 할 만한 책으로, 궁극의 깨달음의 경지인 금강삼매에 대한 가르침을 전한다. 이를 통해 모든 번뇌와 장애, 집착을 돌파해 굳건한 마음의 경지에 이를 수 있으니, 이는 그대로 마음공부 책이라고 할 수 있다. 그 기초가 바로 위에서 말하는 부처의 가르침이다. 이를 잘 이해하는 것이 중요한데, 특히 이 문장이 어떤 비유가 아니라 글자 그대로의 의미라는 점을 납득해야 한다. 글자 그대로 우리에게 보이는 모든 것은 오직 마음을 보는 것일 뿐으로, 우리 마음이 만들어 낸 환영일 뿐이다.

하지만 이러한 말이 사실일 수 있을까? 일견 터무니없는 말로 들린다. 눈으로 무엇을 본다고 하는 시각에 대한 우리의 믿음이 굉장하기 때문에 이런 말을 들어도 이해가 안 되고 믿기도 어렵다. '백문이 불여일견'이라 하고, 서양 속담에서는 '보는 것이 믿는 것(Seeing is believing)'이라고 한다. 눈에 보이는 것은 객관적 사실이라는 우리의 굳건한 믿음을 반영한 표현들이다. 하지만 정말 그럴까?

보는 것은 눈이 아니라 마음이다

'맹시(盲視, blindsight)' 현상에 대한 최신 과학 연구는 원효의 가르침을 글자 그대로 지지한다. 맹시란 뇌의 시각피질이 손상된 후에도 눈으로 대상을 지각할 수 있는 현상을 가리킨다. 우리 두뇌의 시각피질이 손상되면 시각을 완전히 잃어 사물을 볼 수 없게 된다. 하지만 그럼에도 여전히 눈으로 대상을 지각할 수 있는 사람들이 드물긴 하지만 존재한다.

그 이유는 포유류의 두뇌 안에 어류나 파충류로부터 물려받은 원시적인 연결 경로가 아직 남아 있기 때문이다. 이 경로는 시각피질이 아닌 중뇌와 연결되어 있다. 이후 시각피질과 연결되는 포유류의 경로가 진화하면서 어류·파충류의 경로는 사용하지 않고 방치된 상태로 존재했는데, 이 경로가 다시 활성화된 사례가 나타나는 것이다.

이렇게 맹시 기능이 활성화된 사람들의 눈에는 아무것도 보이지 않는다. 그럼에도 자신 앞에 놓인 물체의 위치와 모양을 추측할 수 있다. 얼핏 이해하기 어려운데, 지금 맹시를 지닌 A 앞에 화분이 있다고 가정해 보자. 이때 A에게는 아무것도 보이는 것이 없다. 하지만 그에게 앞에 무엇이 있으니 한번 무엇일지 추측해 보라고 설득하면 그는 화분이라고 말한다. 하지만 그렇게 말하면서도 A는 자신이 임의로 추측하는 것일 뿐이라고 생각한다. 오랫동안 연습하고 여러 번의 테스트를 거쳐 정확성을 확인하고 나서도 그는 여전히 자신이 어떻게 해서 앞에 있는 대상을 맞출 수 있는지 이해하지 못한다. 그의 눈에는 여전히 아무것도 보이지 않는 것이다.[2]

지금 A는 어류·파충류의 연결 경로를 통해 눈앞의 대상을 지각하고 있다. 이 경우 분명히 눈앞에 있는 대상을 지각은 하지만, 우리 머릿속에 떠오르는 것과 같은 생생한 이미지는 존재하지 않는다. 이를 통해 눈이란 우리 앞에 있는 대상이 발산하는 감각 신호를 받아들이는 기관일 뿐 그 대상물의 이미지를 '보는' 기관이 아님을 알 수 있다. 우리는 단지 눈으로 이 세상을 보고 있다고 착각하고 있을 뿐이다.

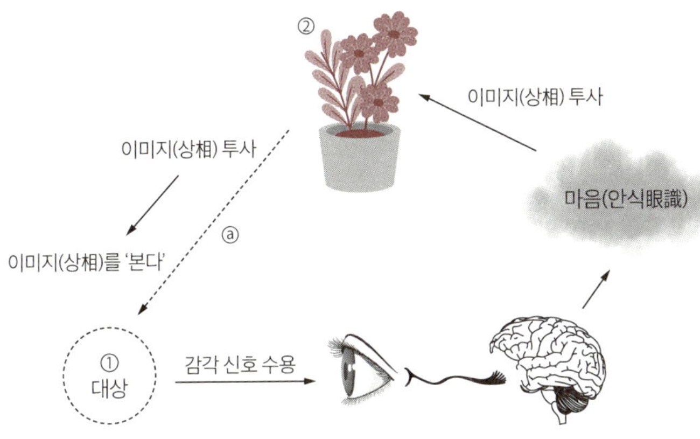

〈그림 1〉 이미지를 '보기'에 이르는 과정

불교에서는 일찌감치 이 같은 사실을 파악했다. 〈그림 1〉은 불교에서 파악한, 우리가 이미지를 '보기'에 이르는 과정이다.

우리가 생생하게 보고 있는 이미지는 우리 마음이 그려 내서 투사한 것으로 불교에서는 이를 '상(相)'이라고 부른다. 그리고 이처럼 우리 마음이 이미지를 그려내는 작용을 '안식(眼識)'이라고 명명한다.

그림에서 ①의 대상을 보는 사람은 자기가 눈을 통해 객관적으로 대상물을 '보고' 있다고 생각하지만, 사실 우리 눈은 대상으로부터 오는 감각 신호를 받아들이고 있을 뿐이다. 그리고 이러한 신호를 바탕으로 우리 마음의 안식이 그려 내어 투사하는 이미지 ②를 보고 있는 것이다. 이 이미지가 ⓐ 경로를 통해 대상물에 투사되어 덮어 씌워지기 때문에 대상물을 직접 눈으로 보고 있다고 착각하지만, 사실은 우리 마음이 그려 낸 이미지[상(相)]를 마음이 보고 있을 뿐이다.

서양에서는 18세기에 이르러 인식론을 집대성한 칸트가 이러한 안식의 작용을 발견했다. 그는 이를 '감성(感性)'의 작용으로 명명했는데, 그에게 있어서 감성이란 감정이나 정서와 관련된 심리적 기능을 말하는 것이 아니라, 시각·청각·촉각·미각·후각 등 오감(五感)을 통해 외부로부터 오는 자극을 수용해 표상을 형성하는 마음의 인식 능력을 말한다. 그는 이러한 감성의 작용을 이성(理性), 오성(悟性)과는 구별되는 별도의 독자적 인식 능력으로 파악했고, 그에 따라 "감성이 없이는 우리에게 아무런 대상도 주어지지 않는다"고 언명했다.

이상과 같은 안식의 작용은 앞서 제시한 《삼매경》의 가르침과 그대로 일치한다. 우리 눈에 보이는 것은 그 어떤 것이든 우리 마음이 만들어 낸 환영일 뿐이다. 우리 마음이 그려 내어 이 세상이라는 스크린에 투사한 상(相)을 보고 있는 것이다.

앞에서 《삼매경》은 특히 '경계'에 대해 말하고 있다. 그 이유는 우리가 어떤 대상을 보기 위해서는 그 대상의 경계를 지어야 하기 때문이다. 만약 경계를 둘러쳐서 확정 짓지 않는다면 우리는 그 무엇도 볼 수 없다.

예를 들어 서울 테헤란로의 포스코센터 앞에는 미국 작가 프랭크 스텔라의 야외 조각 작품이 놓여 있다. 포스코는 자신들의 제철업을 상징하고자 철을 재료로 한 조각품을 의뢰했고, 작가는 1년 6개월 동안 공을 들여 작품을 완성했다. 그런데 작품이 설치되기 직전에 이를 고철 덩어리로 본 고물상이 가져가 버리는 사건이 벌어졌고, 긴급 수배에 나선 경찰이 고물상을 체포하고, 용광로에서 녹아 없어지기 직전에 작품을 되찾는 소동이 벌어졌다. 이 소동은 당시 신문 기사로 크게 실려 세인들의 입길에 오르내렸다. 이 철 구조물은 지금도 포스코센터 앞에 놓여 있다.

이 철 구조물이 무엇으로 보이느냐는 우리 마음(안식)이 이 철 구조물을 어떻게 경계 짓는지에 달려 있다.

〈그림 2〉는 유명한 착시 그림 중의 하나인데, 그림이 젊은 아가씨로 보일지 나이 든 할머니로 보일지 역시 우리 마음이 어떻게 경계를 짓는지에 달려 있다.

결국 우리가 보고 있는 모든 경계는 오직 마음을 보는 것일 뿐이며, 마음이 그려 낸 환영이다. 우리가 매일을 살아가면서

<그림 2> 착시 그림

눈으로 보고 있다고 믿는 현실 역시 마찬가지다. 현실이란 객관적 실체가 아니고 환영일 뿐이다. 이는 우리 눈앞에 아무것도 없다고 말하는 것이 아니다. 과학에 따르면 우리 눈앞에는 원자의 구름이 있다고 한다. 하지만 우리는 이를 원자의 구름으로 보지 못하고 다른 무엇으로 본다. 우리 마음이 어떻게 경계를 짓는가에 따라 달리 보인다.

세상을 살아가는 누구에게나 어깨를 짓누르는 무거운 짐이 있을 수 있다. 사방에서 나를 옥죄는 그물이 있을 수도 있다. 하지만 그 모든 것은 마음이 그려 낸 환영일 뿐이니, 이를 극복하는 올바른 방법은 단지 환영을 꺼 버리는 것이다.

반대로 우리가 마주하는 현실이 객관적 실체라고 생각하고,

이를 극복하는 방법은 현실에 맞서 싸워서 현실을 바꾸는 것이라 생각하는 사람은 결국 실패할 것이다. 허깨비와 맞서 싸우고 있기 때문이다. 그는 있지도 않은 허깨비와 맞서 싸우다 기운을 다 소진한다. 그러고는 꿈쩍도 않는 현실이 과연 무시무시한 것이라서 도저히 자기 힘으로는 극복할 수 없다고 자포자기하고 만다.

불교의 가르침을 알지 못하는 사람을 불교에서는 '범부(凡夫)'라고 부르는데, 범부 중에도 매우 지혜로운 사람이 있다. 하지만 이때 범부가 지닌 지혜는 '분별지(分別智)'라고 하여 마주치는 모든 현상을 객관적 실체라 생각하고 열심히 분별하는 지혜에 해당한다. 마주치는 현상이 자기 마음이 그려 낸 환영일 뿐임을 아직 깨닫지 못하는 것이다. 그러므로 불교에서는 범부가 아무리 지혜롭다고 해도 아직 그를 깨달은 사람으로 인정하지 않는다. 반대로 진정한 깨달음에 이르는 첫걸음이자 가장 중요한 한 걸음은 바로 서두에 제시한 가르침이다.

감각의 덫에
걸린 우리

불교에서 '색(色)'이란 어떤 대상이 발산한 감각 신호 중 우리의 눈을 통해 마음에 비친 것을 가리킨다. 우리 마음에 비친 감각 신호 중 색깔이 가장 강렬하기 때문에 이를 대표로 삼아 말하는 것이다. 우리는 흔히 "색깔을 분명히 해라", "너의 색깔이 뭔지를 밝혀라" 등의 표현을 쓴다. 색깔이 중요하다는 사실을 은연중 느끼기에 무의식적인 언어 표현에도 나타나는 것이다. 그렇기에 불교에서도 '색'을 대표로 삼아 말하는 것이다. 그러므로 불교에서 색이라 할 때는 형태 등 눈을 통해 마음에 비치는 모든 감각 신호를 포함한 개념이라 생각하면 이해하기 쉽다.

색(色)은 … 식(識) 밖에 존재하는 것이 아니니, 자기 마음에 속한 것이기 때문이다. … 무명(無明)으로 색이 밖에 있는 것이 아님을 깨닫지 못하니, 안식(眼識)을 내어 취하여 밖을 삼게 할 수 있는 것이다. … 이처럼 몸에 익힌 기운[習氣]으로 말미암아 안식을 내어 색을 취하게 할 수 있는 것이다.

其色 … 不在識外 自心所攝故 … 無明不覺色塵非外故 能
기색 … 부재식외 자심소섭고 … 무명불각색진비외고 능
生眼識令取爲外 … 由此習氣 能生眼識令取色塵也
생안식령취위외 … 유차습기 능생안식령취색진야

《대승기신론별기》, 〈해석분(解釋分)〉, 현시정의(顯示正義)

위의 가르침에서 '무명(無明)'이란 '밝음을 결여했다'는 뜻인데, 진리를 밝게 알지 못하는 무지를 이르며, 우리 마음에서 어리석고 어두운 측면을 가리킨다. 불교에서는 이 무명을 모든 번뇌의 근본으로 보기 때문에 중요한 개념이다.

원효는 이러한 무명 때문에 우리가 "색이 밖에 있는 것이 아님을 깨닫지 못한다"고 한다. 색이 원래 밖에 있는 것이 아닌데도 그런 것으로 착각하고 있다는 것이다. 이는 〈그림 1〉의 상황을 의미하는 것이다. "안식을 내어 취하여 밖을 삼게 하는 것"이란, 〈그림 1〉에서 안식이 대상에다 이미지를 투사하는 작용을 한다는 말이다. 이와 같은 안식의 작용은 장구한 세월 동안 생명이 진화의 여정을 거쳐 온 결과물이다.

생명체가 눈을 갖기에 이른 것은 5억 4,000만 년 전의 삼엽충이 처음이다. 그러고 나서 지구별의 생태계에는 혁명적 변화가 일어난다. 시각을 통해 먹이를 효율적으로 탐지하고 추적할 수 있게 된 포식자들이 번성했고, 눈을 갖추지 못한 종은 빠르게 도태되었다. 이후 생명체 간에 눈과 관련한 기능의 진화 경쟁이 벌어진다.

시각의 획득은 생물의 행동 양상도 근본적으로 바꿔 놓았다. 시각을 통한 의사소통이 가능해지면서 복잡한 사회적 행동이 발달했고, 이는 결국 더 정교한 신경계(뇌)와 근육계의 진화로 이어졌다. 이처럼 눈의 진화는 단순한 감각 기관의 획득을 넘어 생태계 전체의 복잡성과 역동성을 한 차원 높인 진화사의 결정적 분기점이 되었다.

진화의 단계가 어류·파충류에 이를 때까지도 그 뇌에는 아직 시각피질이 없어서 이들에게는 생생한 이미지가 '보이지' 않는다. 포유류로 넘어오면 시각피질이 생겨서 어떤 형태로든 이미지를 볼 수 있게 되고, 사람이 속한 영장류에 이르면 시각피질이 더욱 세분화되어 발달한다.

그리고 이처럼 신체 기관인 눈과 뇌가 진화하는 동안 그에 대응한 마음의 기능도 같이 진화했다. 그리하여 사람에 이르러서는 마음의 안식 작용이 진화하면서 생생한 이미지인 '상(相)'을 볼 수 있게 되었다.

생명이 이처럼 생생한 상(相)을 보게 된 것은 진화상의 강점이 있기 때문이다. 예를 들어 뇌과학자 니콜러스 험프리는 맹시를 지닌 사람들이 자신이 지각한 대상물을 잘 기억하지 못한다는 사실을 지적한다.[3] 반대로 생생한 이미지는 우리가 대상물들을 기억할 수 있도록 돕는다. 생각해 보면 우리가 무엇을 기억한다는 것은 대부분 이미지로 기억하는 것이다. 그러므로 생명체는 주변 환경, 먹잇감, 포식자의 특성 등 생존에 필수적인 정보들을 오래 기억할 수 있도록 생생한 이미지를 대응시키는 안식의 작용을 진화시켰다.

감각이 만든 환상

하지만 이 우주에서 좋기만 한 것은 없다. 생생한 색을 본다는 것은 진화상 큰 강점이 있지만 색에 사로잡히는 문세도 생긴다. 색이 생생하고 강렬한 만큼 우리를 사로잡는 것이다. 우리는 색에 빠지며, 색을 탐닉한다. 우리는 색을 과다하게 받아들이며 색을 보고 흥분하며, 과하게 반응한다. 우리는 색에 중독되었다. 심지어 조류인 새들도 색에 중독되는 증상을 보인다.

뻐꾸기는 남의 둥지에 몰래 알을 낳는 탁란으로 유명한데, 이 때 뻐꾸기 새끼가 벌린 입은 새빨개서 양부모인 새에게 너무도 유혹적으로 보인다. 그에 따라 조류학자들은 자기 둥지로 돌아가던 어미 새가 남의 둥지에 앉아 있는 뻐꾸기 새끼의 입에 먹이를 넣어 주고 가는 광경을 목격하는 것조차 어려운 일이 아니라고 한다.[4] 어미 새는 자기 새끼에게 줄 먹이를 물고 집으로 가는 중이었는데, 다른 새의 둥지에 앉아 있는 뻐꾸기 새끼의 새빨간 입이 시야에 들어오자, 그만 방향을 바꿔 그쪽으로 날아가 자기 새끼에게 주려던 먹이를 뻐꾸기의 입속에다 넣어 주고 만다는 것이다. 이는 어미 새가 빨간색에 중독되어 있음을 보여 준다.

이를 보면 립스틱의 색깔이 빨간 것, 홍등가에 붉은 등이 걸리고 빨간 하이힐을 신는 것이 우연이 아님을 알 수 있다. 또한 인간이 어디 빨간색에만 중독되던가? 인간은 자기 눈으로 보았다고 믿는 생생한 이미지에 온통 사로잡혀서 헤어날 줄을 모른다. 그리하여 무명을 낳게 되는 것이다.

서두의 가르침에서 "몸에 익힌 기운[꼡氣]"이란 장구한 세월 동안 진화의 여정을 거치며 우리 몸에 새겨진 기운을 말한다. 이러한 기운이 몸에 새겨져 있기에 인간은 안식을 내어 생생한 색을 취하기에 이른 것이다. 이처럼 불교에서는 진작부터 우리 몸과 마음에 새겨진 진화의 결과를 꿰뚫어 보고 있었다. 불교에서는 삼매(三昧) 수행을 한다. 마음의 심연으로 깊이 내려가 인간의 마음을 탐사하는 과정에서 안식의 작용 등을 보아 낸 것이다.

이상과 같이 우리에게 색을 과다하게 받아들이고 반응하는 습벽이 새겨져 있음을 아는 것은 도움이 된다. 과거에 겪은 트라우마로 계속 고통받는 사람들이 있다. 고통의 순간이 여전히 생생한 이미지로 기억에 남아 있기 때문이다.

그것은 사실 이미 지나가 버린 일이다. 그 일 자체가 나를 괴롭힐 수는 없다. 우리 몸에 새겨진 습벽이 이미 지나가 버린 일을 홀연히 다시 생각하게 하는 것이다. 생생한 이미지가 눈앞에 보여 그 기억이 끊어지지 않게 하는 것이다. 이것이 습벽, 불교 용어로는 습기(習氣)일 뿐임을 아는 것이 도움이 될 수 있다.

서두의 가르침에서 원효는 안식 외에 또 별도로 '식(識)'을 말하고 있다. 그 이유는 안식 외에 다른 식도 존재하기 때문이다. 대표적인 것이 바로 우리의 '의식(意識, consciousness)'이다. 식(識)이란 대상을 식별하는 우리 마음의 작용을 가리키는 불교 용어인데, 우리의 의식도 하나의 식이다. 의식은 원래 불교 용어였는데, 이후 일상어로 널리 쓰인 것이다.

인도의 불교계에서는 이미 4세기에 여러 식을 연구하는 '유식학(唯識學)’이 발전했다. 유식학(唯識學)을 말 그대로 풀면 ‘오직 식일 뿐임을 밝히는 학문’ 정도가 되겠다. 삼매 수행으로 마음의 심연을 탐사한 결과 여러 식의 구조와 작용을 밝히는 불교 심리학이 발전했던 것이다. 원효는 이러한 유식학의 기초를 흡수한 후 그 위에 자신의 공부를 쌓았는데, 우리의 의식에 대해 원효가 어떤 가르침을 펼쳤는지는 다음 글을 통해 살피고자 한다.

'나'와 '내 것'이라는 착각

우리의 의식(意識, consciousness)이란 쉽게 말해 '나'를 중심에 놓고 헤아리는 생각을 가리킨다. 예를 들어 '배가 고프다'고 느끼면서 무언가를 먹고 싶다고 생각할 때 어디까지나 내가 배가 고픈 것이고 무언가를 먹고 싶은 것이다. 이러한 생각은 곧 나의 행동으로 이어진다. '춥다'고 느끼며 옷을 껴입어야겠다고 생각할 때도 마찬가지다. 또는 아름다운 경치나 멋신 사람이 눈앞에 있으면 기분이 좋아지는데 어디까지나 나의 기분이 좋아지는 것이다. 멋진 사람의 경우 데이트 신청이라는 나의 행동으로 이어지기도 한다. 그러므로 우리는 자연스레 이렇게 느끼고 생각하며 행동을 일으키는 우리의 의식, 그와 같은 생각을 의식하는 나가 바로 '나'라고 여기게 된다. 그래서 의식을 흔히 '자아의 식'이라 칭하기도 한다.

　이러한 의식이 '나'라는 생각은 당연해 보인다. 그래서 많은 사상과 철학이 나의 의식이 나라는 전제에서 출발한다. "나는 생각한다, 고로 존재한다"고 했던 르네 데카르트의 명제가 대표적이다. 하지만 불교의 가르침은 언뜻 당연해 보이는 이러한 전제를 부정하는 데서 출발한다.

　중생은 이(의식)를 자기 내면의 나[我]라고 여기지만, 이것의 성품은 공(空)하기 때문에 '나'일 수 없다. 무아의 이치라야 바야흐로 곧 참나일 수 있다. 그러므로 나 아닌 것에 반응하여 애착하고 물들어서는 안 될 것이다.

衆生計此爲自內我 而是性空故 非是我 無我之理 方便眞
중생계차위자내아 이시성공고 비시아 무아지리 방변진
我 故於非我 不應愛染
아 고어비아 불응애염

《금강삼매경론》 권하(下), 〈총지품(總持品)〉

　원효는 우리의 의식이 '나'일 수 없다고 부정한다. 정말 그럴까 싶은데, 이는 내가 세상에 처음 태어나던 순간을 가만히 생각해 보면 알 수 있다.

내가 생각하는 나는 내가 아니다

나의 의식은 나와 같이 태어난 일이 없다. 갓 태어난 아기를 보면, 아기에게는 나라는 생각(자아의식)이 전혀 없다. 인간의 의식은 12세 무렵이 되어서야 비로소 완전히 들어서는 것이다. 그래서 이때부터 맹렬히 자기를 주장하는 사춘기가 시작된다.

나의 탄생 과정을 가만히 돌아보면, 처음에는 나의 몸조차 없었다는 사실을 알 수 있다. 몸은 내가 먼저 비롯하고 나서 어머니의 자궁 속에 있을 때 원소가 내 주위에 모여들어 형성한 것뿐이다. 이 때문에 아기는 태어난 후에 한동안은 자기 몸을 인식하지도 못한다. 그러므로 아기는 자기 손가락, 발가락을 자꾸 깨물어 본다. 그리고 탁자, TV 등의 물건들도 자꾸 깨물어 본다. 이를 통해 서서히 자기 몸과 외부의 물체가 서로 구분된다는 생각을 품기 시작하면서, 동시에 '나'라는 생각이 자리 잡는다.

이처럼 우리 의식(나라는 생각)은 자기 몸을 느끼면서 형성되므로 곧 내 몸을 자기와 동일시하게 된다. 우리는 몸을 애지중지 집착하게 되며, 몸 편할 궁리를 하며, 입에 단것을 먹고 싶어 한다. 그리고 이처럼 자기 뜻(의식)대로 부릴 수 있는 몸을 자기와 동일시하면서, 이어 자기 뜻대로 부릴 수 있는 소유물도 자기와 동일시하게 된다. 그리하여 이제 '내 것'이라는 소유에 집착하게 된다. 이렇게 해서 '나'를 중심에 놓고 헤아리는 생각에

다 '내 것'이라는 생각이 더해지니, 불교에서 의식이란 '나'와 '내 것'을 헤아리고 집착하는 생각을 말한다.

우리는 흔히 '내 돈', '내 집', '내 사랑'이라는 말을 쓴다. 저 돈, 저 집은 '내 것'이며, 심지어 사랑조차도 '내 것'이다. 동시에 이러한 내 것이 있어야 내가 채워진다고 동일시한다. 이러한 사고의 문제점은 내 것이 결핍되면 곧 나라는 존재가 결핍되는 것으로 생각한다는 점이다.

예전에 미국에서 어느 억만장자의 자살 사건이 필자의 이목을 끌었다. 그는 관대한 기부로 유명했고, 빌 클린턴 전 대통령과 절친한 이로도 알려져 있었다. 그런데 사업이 부진해져 조종사와 승무원이 딸린 자가용 비행기를 처분해야 하는 상황에 이르자 자살을 선택하고 말았다. 그는 억만장자에서 조금 강등된 것일 뿐 여전히 백만장자인데도 그러했다. 그에게는 고급 자가용 비행기의 소유가 곧 '나'의 정체성이었던 것이다.

이렇게 되면 이제 '나'라는 생각, 나의 자아의식은 재앙이 된다. 온갖 번뇌가 여기에서 비롯된다. 그리고 우리 대다수의 경우도 이 억만장자와 정도만 다를 뿐 비슷한 경향을 보인다.

부장, 임원, 사장, 교수 등 어떤 존경받는 지위가 부여되면 그지위는 '나'의 지위다. 그 지위와 자기를 동일시해 집착한다. 그러고 나서 정년 퇴임 등으로 더 이상 그 지위를 유지하지 못하게 되면 깊은 실의에 빠진다. 남에게 칭찬을 받는 어떤 명예가 주어졌을 때 그것은 '나'의 명예다. 그것은 나의 정체성을 이루게 되어, 계속 칭찬을 유지하고 싶어서 여러모로 집착한다. 그러다가 혹 명예롭지 못한 일이 닥치면 깊은 실의에 빠진다. 어떤 지위나 명예는 그저 바람처럼 왔다가 갔을 뿐으로 그것은 '내 것'도 아니고 '나'도 아니다. 하지만 이들을 '나'와 '내 것'으로 여기며 집착하는 자아의식이 나를 얼마나 힘들게 하는가?

이러한 자아의식은 실제로는 '나'가 아니니, 공연히 나 아닌 것에 반응해 나를 힘들게 하고 있을 뿐이다. 자아의식은 나에게 고유한 것이 아니다. 갓난아기에게 자아의식이 없다는 점을 잘 생각해 보면 알 수 있다. 서두에서 원효가 의식의 성품이 '공(空)하다'고 한 것은 이를 뜻한다. 내가 집착할 만한 고유의 실체가 없다는 뜻이다.

각인 효과(imprinting effect)라는 것이 있다. 예를 들어 갓 태어난 병아리나 오리 새끼가 처음 본 움직이는 대상이 그들에게 '어미'로 각인되어 이후 줄곧 따라다니는 현상을 가리킨다. 이러한 각인 효과는 사람의 경우도 마찬가지다. 인간의 자아의식은 12세에 이르기 전까지 그가 만난 부모·형제자매·스승·친구 등의 연(緣)에 의해 각인되는 것이다. 만약 다른 연을 만나 다르게 각인되었다면 그는 다른 자아를 지니게 된다.

신들린 연기를 펼치는 명배우들의 경우 리얼한 연기를 위해 자신의 자아의식을 의도적으로 바꾸기도 한다. 신들린 연기는 그냥 나오는 것이 아니라 배우가 실제로 그 사람이 되어야 나온다. 이를 위해 배우들은 의도적인 노력으로 자신의 자아를 그 사람으로 바꾼다.

예를 들어 배트맨 실사판 영화 〈다크나이트〉에서 조커를 연기한 히스 레저가 그러했다. 그는 생생한 연기를 위해 영화 촬영 수개월 전부터 히스 레저가 아닌 조커로 살았다. 그는 매일 밤 일기를 썼는데, 그 일기장은 부모의 사랑을 받지 못한 조커가 느낀 슬픔과 고통, 끓어오르는 증오심과 세상에 대한 저주 등 조커의 절절한 심정으로 가득했다. 이처럼 그는 더 이상 배우 히스 레저가 아닌 조커 바로 그 사람이었기에, 영화에서 우리는 그토록 소름 끼치게 생생한 조커를 보게 되는 것이다. 조커를 연기한 것이 아니라 조커 그 자신이 영화 카메라 앞에 섰던 것이다.

이처럼 배우들이 자신의 자아를 바꾼 경우 작품의 촬영이 끝나면 다시 본래의 자신으로 돌아와야 한다. 하지만 가끔 본래의 자신으로 돌아오는 데 어려움을 겪고 정신 분열 상태에 시달리기도 한다. 그래서 배우들이 정신과 치료를 받는 경우가 가끔 있다. 그런데 히스 레저의 경우는 정신과 치료를 받았음에도 온전히 돌아오지 못해 계속 고통을 겪었고 결국 자살이라는 끔찍한 선택에 이르러서 전 세계 영화 팬들에게 큰 충격을 줬다.

이 같은 히스 레저/조커의 사례에서 조커는 '나'가 아니며, 무대에 오른 동안 주어진 배역일 뿐이라는 점이 명백하다. 하지만 우리가 놓치는 점은 히스 레저 역시 '나'가 아니며 무대에 오른 동안 주어진 임시 배역일 뿐이라는 사실이다.

앞서 본 억만장자의 자살 사건을 돌아보자. '고급 자가용 비행기 소유자'라는 것은 무대에 오른 동안 주어진 임시 배역일 뿐이었다. 연극의 막이 내리고 무대에서 내려왔으면 더 이상 그 배역에 집착하지 말고 내려놓으면 그만이었다. 하지만 그는 그 배역에서 빠져나오지 못했다. 이는 히스 레저가 조커라는 임시 배역에서 빠져나오지 못했던 사례와 동일한 것이다.

나아가 우리도 마찬가지다. 부장, 임원, 사장, 교수 등의 존경받는 지위는 무대에 오른 동안 주어진 임시 배역일 뿐이다. 연극의 막이 내리고 무대에서 내려왔으면 더 이상 그 배역에 집착치 말고 내려놓으면 그만이다. 하지만 그러지 못해서 큰 실의에 빠지고 정신적 고통에 시달리는 것이 실상이다.

나는 임시로 붙은 이름일 뿐

'나'가 임시로 붙인 이름임을 알면 곧 적멸을 얻게 되고, 만약
적멸을 얻으면 곧 아뇩다라삼먁삼보리를 얻게 되느니라.

知我假名 卽得寂滅 若得寂滅 卽得阿耨多羅三藐三菩提
지아가명 즉득적멸 약득적멸 즉득아뇩다라삼먁삼보리

《금강삼매경》, 〈여래장품(如來藏品)〉

《삼매경》의 가르침대로 '나[我]'가 임시로 붙인 이름임을 깨달아 알면 곧 적멸을 얻게 되고, 이어 궁극의 깨달음인 아뇩다라삼먁삼보리를 얻게 될 것이다. 이처럼 궁극의 깨달음을 얻는 방법은 복잡하지 않다. 나[我]는 곧 나의 자아(自我)인데, 나의 자아가 임시로 붙인 이름이라는 사실을 절실하게 깨달아 알면 모든 번뇌와 고통이 사라질 것이며, 궁극의 깨달음에 이를 것이다. 단지 그 하나를 절실하게 깨닫지 못하는 경우가 많기에 이런저런 다른 방식으로 깨달음에 이르는 길을 제시하는 것뿐이다.

나의 자아가 임시로 붙인 이름이라는 것은 나의 자아가 공(空)하다는 말이며, 무대에 오른 동안 주어진 임시 배역에 붙은 이름이라는 뜻이며, 거기에는 내가 집착할 만한 고유의 실체가 없다는 뜻이다. 그럼에도 오늘날은 자아의 전성시대라고 할 만큼 여기저기서 자아가 넘쳐흐른다. 자아가 비대한 사람이 많을뿐더러 심지어 '자아실현'이라는 잘못된 표현이 중요한 목표로

강조되기도 한다. 응당 '자기실현'이어야 할 말이 '자아실현'으로 와전되었다는 사실 자체가 자아 과잉 시대의 한 단면일 것이다.

일체의 유정한 존재는 아득한 때로부터 무명의 긴 밤에 들어서 망상의 큰 꿈을 짓고 있다.

一切有情 無始已來 入無明長夜 作妄想大夢
일체유정 무시이래 입무명장야 작망상대몽

《금강삼매경론》 권중(中), 〈본각리품(本覺利品)〉

우리 인간은 오늘도 '참나'일 수 없는 나의 자아의식을 나라고 붙든 채 무명의 긴 밤에 들어 망상의 큰 꿈속에서 살고 있다. 나 아닌 것을 나라고 여기기에 온갖 번뇌에 사로잡혀 고통에 시달린다. 그러면서도 그것이 단지 꿈인 줄을 알지 못하니 가련하기만 하다.

그렇다면 꿈에서 깨어나면 어떻게 될까? 나의 참나는 어떤 모습일까? 이런 질문이 앞으로 이 책에서 계속 살펴볼 주제다.

2장

마음이 곧 세계요 세계가 곧 마음이다

마음의 작용

무엇이
실체인가?

철학에서는 언제나 '실체(substance)'를 찾고자 한다. 철학에서 실체란 '그 스스로 존재할 뿐 다른 것에 의존하지 않는 것'으로 정의된다. 예를 들어 B라는 것이 있는데, B가 그럴듯해 보이지만 사실은 A에 의존해서 존재한다고 하면 B는 실체가 아니다. 이때 우리가 허상인 B를 붙들고 씨름해 봐야 헛수고일 뿐이다. 반면 실체인 A를 제거하면 종속 변수인 B는 따라서 저절로 없어질 것이다. 그러므로 철학에서는 실체를 찾고자 하는데, 이러한 노력은 결국 실체 중의 실체인 궁극의 실체, 즉 '일자(一者)'를 찾기에 이른다. 일자란 이 세상 모든 것이 비롯한 근원을 지칭하는 철학 분야의 용어다.

인간이 바라보는 이 세상에는 삼라만상이 넘쳐흐르지만, 세계의 구조를 해명하려는 인간 정신은 자연스레 일자를 추구한다. 현상계에 넘쳐나는 만유(萬有)를 개별적인 것으로만 보지 않으며, 만유의 다양성 안에서 동일성의 요소를 포착하는 것이다. 이러한 동일성의 근원이 무엇인지를 밝히고자 계속 캐고 들어간 끝에 궁극의 실체인 일자에 이르는 것이다. 역사적으로 인간의 탐구 정신이 도달한 일자로는 그리스 자연 철학의 물, 불, 근세의 모나드, 신(神) 등으로 다양한데, 원효는 다음과 같이 '한마음[일심(一心)]'을 궁극의 실체인 일자로 제시하고 있다.

한마음은 일체의 더럽거나 깨끗한 모든 존재의 공통적인 의지처가 되는 것으로, 곧 모든 존재의 근본이다.
如是一心 通爲一切染淨諸法之所依止故 卽是諸法根本
여시일심 통위일체염정제법지소의지고 즉시제법근본

《금강삼매경론》 권상(上), 〈무상법품(無相法品)〉

"모든 존재의 근본"으로서 "일체의 더럽거나 깨끗한 모든 존재의 공통적인 의지처가 되는 것"이란, 서양의 실체와 일자의 개념 정의에 그대로 해당한다. 진리를 찾고자 하는 인간의 노력은 양(洋)의 동서를 막론하고 동일한 귀결에 이르는 것이다.

한마음이란 커다란 하나[一]의 마음[心]으로, 일체 모든 존재의 근본이 되는 것이니, 한마음은 나의 마음이면서 너의 마음이고, 천지의 마음이며 우주의 마음에 해당하는 것이다. 이처럼 원효가 제시한 일자는 '마음'이라는 데 큰 특징이 있다.

마음이 궁극의 실체이니, 마음이 빚어내는 것이 이 현상 세계다. 원효가 앞서 유심게에서 읊조린 유명한 명제, "삼계는 오직 마음일 뿐[三界唯心]"이라는 말의 의미가 바로 이것이다. '삼계'는 욕계(欲界), 색계(色界), 무색계(無色界)로 중생이 윤회하는 세계를 셋으로 나누어 이르는 말이니, 이 지상 세계 전체를 뜻하는 표현이다. 이 지상 세계는 오직 마음이 빚어 내는 것이라는 말이 '삼계유심(三界唯心)'이다.

예를 들어 오늘날 우리가 누리고 있는 문화, 문명의 일체는 모두 마음이 지금까지 지어 온 것이다. 문학, 예술, 학문, 법률, 사회 제도 등 어떤 것이든 그것은 과거로부터 지금까지 마음이 새겨 온 것이다. 그 마음이 바로 한마음이며, 이 한마음이 그려 온 궤적이 바로 역사인 것이다. 그러므로 한국사는 한국인들의 한마음이 새겨 온 것이며, 세계사는 세계인의 한마음이 새겨 온 것이다.

하지만 궁극의 실체가 '마음'이라는 것은 선뜻 이해하기 어렵다. 역시 사람의 눈은 색에 사로잡히기 때문이다. 우리 눈앞에 물질로 이뤄진 사물의 세계가 펼쳐져 있다. 물질의 세계는 과학으로 탐구할 수 있으니, 물질의 세계가 객관적이고 엄정한 실체가 아닌가? 어찌 뜬구름 같은 마음이 실체일 수 있을까?

그렇다면 과연 마음이 실체인지 물질이 실체인지 한번 생각해 보자.

예를 들어 우리나라에서는 아파트가 굉장히 중요하다. 한국인들은 온통 아파트, 아파트를 얘기한다. 지금 우리 눈앞에 아파트 한 동이 서 있다고 생각해 보자. 육중한, 어마어마한 콘크리트 건물이 서 있다. 저 건물이 실체가 아니라고? 이렇게 생각할 수 있지만 아파트는 실체가 못 된다.

만약 아파트가 독립적으로 존재하는 실체라면 아파트에는 독자적인 수명이 있을 것이다. 70년이면 70년, 50년이면 50년, 이런 식으로 정해져 있을 것이다. 하지만 한국의 아파트를 보면 그 수명이 고무줄이다.

서울시 종로구에는 낙원 악기 상가로 유명한 낙원빌딩이 있는데, 이 빌딩은 우리나라 최초의 주상복합 아파트다. 낙원 악기 상가로만 알려져 있지만, 악기 상가 위에는 낙원아파트가 있다. 상가하고 아파트가 합쳐진 주상복합 아파트인 것이다. 이 낙원아파트는 1968년에 지어져서 지금 57년이 되었는데 안에 들어가 보면 콘크리트가 아주 멀쩡하다. 금도 하나 가지 않은 채 튼튼한 모습을 유지하고 있다. 또한 충정로에 가 보면 일제

강점기에 지어진 충정아파트가 있다. 이 아파트는 1938년에 지어져서 지금 87년이 됐는데 여전히 멀쩡하게 서 있고 그 안에 사람이 살고 있다.[5] 다른 나라를 보면 아파트가 100년 이상을 가고 있으니 이는 자연스런 현상이다.

그런데 오늘날 더 나은 기술로 지어진 우리나라 현대식 아파트들은 채 30년도 지나지 않아 허물고서 재건축을 하는 것이 유행이다. 그렇다면 우리나라에서 아파트의 수명은 무엇에 따라 정해지고 있을까? 사람의 마음에 따라 정해지고 있다. 재건축을 하면 이익을 남길 수 있으리라는 탐욕스런 마음 때문에 육중한 콘크리트 건물이 하루아침에 사라지고 만다.

20층이 넘는 높은 아파트, 이 거대한 건물은 도저히 부정할 수 없는 객관적 실체인 것처럼 보이지만, 사실은 실체가 아닌 것이다. 사람의 마음에 따라 수명이 왔다 갔다 하다가 하루아침에 사라지고 마니, 결국 사람의 마음이 실체인 것이다. 이런 식으로 가만히 생각해 보면 물질은 어떤 것이든 실체가 되지 못한다는 사실을 이해할 수 있다.

한마음의 구조

일체의 모든 존재는 오직 한마음일 뿐이다. … 일체 중생은 한마음의 유전이 아님이 없다. … 단지 무명으로 말미암아

꿈을 따라 유전하는데… 마침내 한마음 본원으로 돌아가지
않음이 없다.

一切諸法 唯是一心 … 一切衆生 莫非一心之流轉 … 但由
일체제법 유시일심 … 일체중생 막비일심지유전 … 단유
無明 隨夢流轉 … 無不終歸一心之源
무명 수몽유전 … 무부종귀일심지원

《금강삼매경론》 권상(上), 〈무상법품(無相法品)〉

우리 눈앞에 있는 물질이 아무리 육중해 보이고 형형색색 화
려한 색깔을 자랑하더라도 물질은 종속 변수에 그칠 뿐 실체가
되지 못한다. 그럼에도 사람이 이를 쉽게 깨닫지 못하는 이유
는 색 중독에 사로잡힌 상태이기 때문이다. 도박 중독, 마약 중
독에 사로잡힌 사람에게는 도박, 마약만이 가치 있고 중요할 뿐
다른 무엇도 소용이 없다. 색 중독에 사로잡힌 사람도 마찬가지
이니, 그가 색 중독에서 탈피할 때라야 진리를 여실하게 볼 수
있을 것이다.

이처럼 색 중독에서 벗어나 진리를 여실하게 '보아 내는' 것을
불교에서는 '관(觀)'이라 한다. 우리의 눈을 어지럽히는 현상을
꿰뚫고 그 너머에 있는 존재의 실상을 여실하게 보아 내는 것이
며, 그렇게 보아 내기 위한 통찰 수행을 또한 관(觀)이라 한다.

이러한 관의 수행을 통해 그가 진리를 보게 되면, 물질세계는

일시에 한걸음 물러선다. 물질세계는 단지 마음이 펼쳐 온 것이다. 즉 마음이 지금까지 물질세계의 역사를 써 내려 온 것이며, 앞으로도 써 나갈 것이다.

이와 같은 관점은 서양에서는 19세기의 게오르크 헤겔과 아르투어 쇼펜하우어에 이르러서야 나타난다.

헤겔은 정신을 이 세상의 주인공으로 보았다. 그에게 있어서 정신은 수많은 대상 중 하나가 아니라 가장 절대적인 존재이자 모든 것의 근원으로, 이 세상의 근본 원리이자 힘이다. 한 개인의 정신은 생명이 끝나면 사라지지만, 공동체라는 매개를 통해서 계속 이어진다. 공동체 속에서 정신은 계속해서 이어지면서 변화를 겪고 발전한다. 헤겔은 이러한 정신이 완전히 실현되는 것이 이 세계의 존재 목적이라 보았다. 이 목적을 향해 정신이 점점 자기 자신을 발전시키고 펼쳐 나간다는 것이다. 그러므로 헤겔에게는 이와 같은 정신이 펼쳐가는 여정이 역사의 전개인 것이다. 이러한 헤겔의 생각을 보면, 그가 '한마음'의 존재를 깨달은 것임을 알 수 있다.

쇼펜하우어의 경우는 의지(意志)를 이 세상의 본질로 보았다. 그는 우리가 보는 세계는 단지 '표상'일 뿐이고, 그 뒤에는 눈에 보이지 않는 힘인 의지가 있다고 했다. 이 의지는 시공간을 넘어서는 존재로, 이 세계의 모든 것은 다 '하나의 의지'다. 이 하나의 의지가 펼쳐지는 과정에서 나타나는 현상이 각각의 개별자들이다. 이러한 쇼펜하우어의 생각을 보면, 그가 말하는 '하나의 의지' 역시 한마음과 다르지 않음을 알 수 있다.

쇼펜하우어의 의지는 인간이 인식하는 표상 이전의 것이므로 인간은 이를 인식할 수 없다. 헤겔의 경우도 정신은 설명해야 할 대상 중의 하나가 아니라 모든 대상을 초월한 절대적 존재이자 모든 것의 근원이다.

이처럼 둘 다 자기 철학의 토대를 직접 설명하지 않는 이유는, 궁극의 실체인 일자의 속성이 그러하기 때문이다. 궁극의 일자는 우리를 포함한 모든 대상을 초월해 있다. 이는 일자가 개별자인 인간의 인식을 넘어선 존재라는 뜻이다. 그러므로 우리 인간은 일자를 직접 인식할 수 없고, 말로 표현할 수도 없다. 원효는 이러한 일자의 속성을 '리언절려(離言絶慮, 말을 여의고 생각을 끊어 낸다는 뜻)'라고 표현한다.

하지만 그렇다고 해서 한마음을 단지 비유적 표현 정도로 생각하면 오산이다. 나의 마음 역시 한마음의 일부이니, 나의 마음에는 한마음이 존재한다. 이를 통해 좀 더 구체적으로 한마음을 이해할 수 있다.

(한)마음의 진여라는 것은 … 이른바 마음의 본성으로 불생불멸한다. …

(한)마음의 생멸이라는 것은 … 생멸하는 마음이 있는데, 이른바 불생불멸이 생멸의 마음과 화합하여 같지도 않고 다르지도 않은 상태가 되니, 아라야식이라 이름한다.

(一)心眞如者 … 所謂心性 不生不滅 …
(일)심진여자 … 소위심성 불생불멸 …

(一)心生滅者 … 有生滅心 所謂不生不滅 與生滅和合 非
(일)심생멸자 … 유생멸심 소위불생불멸 여생멸화합 비

一非異 名爲阿黎耶識
일비이 명위아라야식

《대승기신론》, 〈해석분(解釋分)〉, 현시정의(顯示正義)

한마음에 대한 《대승기신론》의 풀이를 도해로 정리하면 〈그림 3〉과 같다. 한마음에는 진여와 생멸의 두 측면이 있는데, 이러한 한마음이 마음에 들어올 때 진여는 내 마음의 본성으로 자리 잡는다. 그리고 이러한 마음의 본성은 불생불멸하는 것이라 말하고 있다.

'진여(眞如)'에서 진(眞)은 '참, 진리'를 뜻하고 여(如)는 '같다, 그대로다'는 뜻이니, 진여(眞如)를 말 그대로 풀면 '참 그대로'라

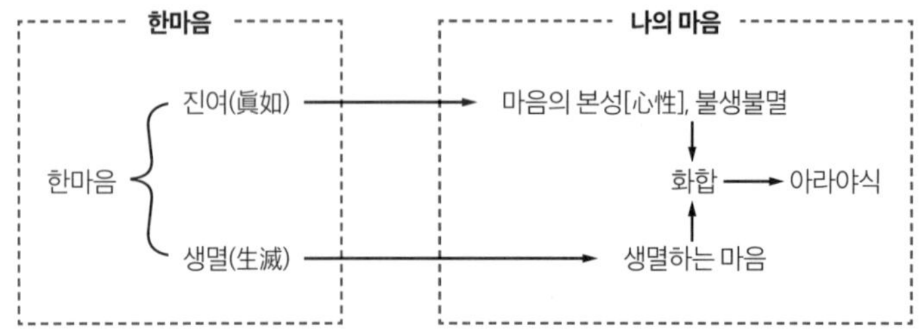

〈그림 3〉 한마음과 나의 마음의 관계

는 뜻이다. 하지만 불교에서는 단지 이러한 의미를 넘어 '궁극의 일자의 속성'을 지칭하는 말로 쓴다. 궁극의 일자의 속성은 우리 인간의 인식을 넘어선 것이기에 말을 여의고 생각을 끊어낸 것이라 무어라 말로 지칭할 수 없지만, '생멸'과 구분되는 속성을 어떻게든 지칭하기는 해야 하므로 '진여'라는 말로 억지로 부르는 것이다.

다음으로 한마음의 생멸은 내 마음속에 생멸하는 마음으로 자리 잡고 있는데, 여기서 눈에 띄는 점은 불생불멸하는 내 마음의 본성이 생멸하는 마음과 화합해서 아라야식으로 자리 잡는다는 대목이다. 이렇게 해서 형성되는 내 마음의 구조를 도해로 제시하면 〈그림 4〉와 같다.

카를 융의 분석심리학에 관심 있는 독자라면 〈그림 4〉의 도해가 분석심리학에서 제시한 마음의 구조와 유사하다는 사실에 눈길이 갈 것이다.[6] 〈그림 4〉에서 제8 아라야식은 분석심리학에

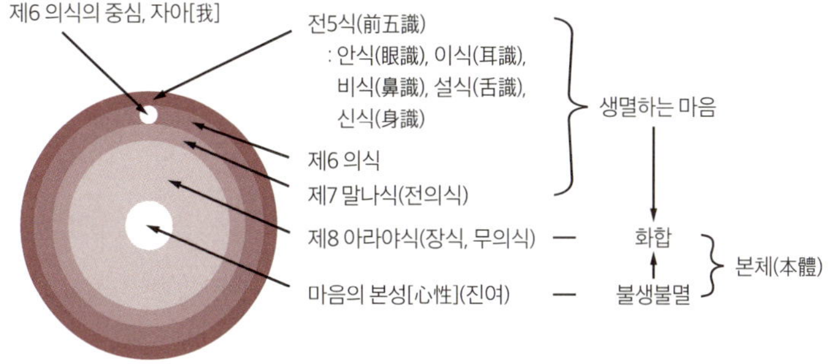

〈그림 4〉 내 마음의 구조

서 제시한 '무의식'에 해당한다. 분석심리학에서는 우리의 의식(생멸의 마음)에서 침잠한 것이 내려와 쌓여서 무의식을 이룬다고 하는데, 생멸의 마음과 불생불멸의 마음이 화합했다는 것이 바로 이러한 과정을 말하는 것이다.

제7 말나식(末那識)은 프로이트의 정신분석학에서 제시한 '전의식(前意識, preconscious)'에 해당한다. 전의식은 의식과 무의식의 중간 지점에 위치해 이 두 식의 교량 역할을 하는 식인데, 말나식이 바로 그러한 역할을 담당한다.

〈그림 4〉에는 '전5식'이라 하여 앞서 살펴본 안식 등이 속해 있는데, 눈에 대응하는 안식만이 아니라 귀, 코 등에 대응하는 이식, 비식 등이 있어서 5가지 식으로 구성되어 있다.[7] 앞서 살펴본 칸트의 감성(感性)이 바로 이에 대응하는 것임을 알 수 있다.

이처럼 우리의 마음은 여러 층위로 구성되니 〈그림 4〉 전체
가 하나가 되어 나의 마음을 이룬다. 이러한 나의 마음은 흡사
그릇과 같아 여러 요소들을 함께 담고 있는데, 이때 의식은 바
깥 층위인 표층에 가서야 비로소 존재하는 적은 부분임을 알 수
있다. 그에 비해 무의식인 아라야식이 마음의 심층에 두텁게 자
리하고 있다. 이러한 의식과 무의식의 관계는 흔히 빙산에 비유
된다. 의식은 물 위에 떠 있어서 우리 눈에 쉽게 띄지만 '빙산의
일각'이고, 무의식이 수면 밑에 거대하게 자리 잡고 있는 빙산
의 본체라는 뜻이다.

불교의 관점에서는 의식과 무의식이 민들레 같은 여러해살이
식물에 비유된다. 의식은 땅 위에 있는 민들레 이파리와 꽃으
로 우리 눈에 쉽게 띄지만 겨울이 되면 사라지고 만다. 이때 우
리는 '민들레가 죽었다, 사라졌다'고 생각하지만 땅 밑의 민들레
뿌리는 여전히 존재해서 이듬해 봄이 되면 다시 이파리와 꽃을
피워 올린다. 눈에 보이지 않지만 민들레 뿌리(무의식에 해당하
는)가 민들레의 '본체(本體)'임을 알 수 있다. 본체라는 말에 '本
(뿌리 본)' 자가 쓰인 것은 이 때문이다.

〈그림 4〉에서 나의 자아[我]는 표층 의식의 중심을 이루는 부
분으로, '내 돈', '내 집', '내 사랑'이라고 '나'와 '내 것'을 고집하
는 마음이다. 이 자아가 주동이 되어 나의 마음을 이리저리 끌

고 다니지만, 나의 마음 전체에서 보면 이 자아는 아주 작은 부분일 따름이다. 그러므로 이러한 자아나 나의 의식이 참나일 수 없는데, 그럼에도 사람은 흔히 이 작은 일부를 '나'의 전부라고 여기며 '나의 마음'의 전부라고 생각하기 쉽다. 하지만 나의 자아의식보다 깊은 심연에 보다 큰 내 마음의 본체가 있다는 사실을 알지 못하는 사람은, 인간의 마음에 대한 이해가 모자란 것이다.

예를 들어 독감에 걸렸을 때를 생각해 보면 실상이 명백하게 드러난다. 독감에 걸리면 기온이 낮지 않은데도 춥다고 느낀다. 그렇게 되는 이유는 독감 바이러스가 우리 몸에 침투했을 때 그 바이러스를 죽이려면 몸의 체온을 높여야 하기 때문이다. 바이러스는 열에 약하기 때문에 몸의 체온을 끌어올리면 독감 바이러스를 격퇴할 수 있다. 그러기 위해서는 우리 의식이 '춥다'고 느껴야 한다. 그래야 몸을 덜덜 떨어서 열을 만들어 내고, 또 말초 혈관을 수축시켜서 열이 밖으로 빠져나가지 않도록 한다. 결국 생존을 위해 체온을 올릴 필요가 있기 때문에 춥다고 느끼는 것인데, 그 과정을 보면 우리의 의식은, 그리고 '나'(자아)는 필요에 따라 아주 간단히 속고 있음을 알 수 있다. 그렇다면 자아와 나의 의식은 내 몸의 진짜 주인이 아니며 참나가 될 수 없다. 단지 필요에 따라 주인'의식'을 갖도록 허용된 것뿐이다. 그러다가 내 몸이 위급한 상황에 처하니 실상이 적나라하게 드러나는 것이다.

그럼에도 어리석은 우리는 "무명으로 말미암아 꿈을 따라 유전하고 있다". 나일 수 없는 것에 반응해 애착하고 물드니 실체를 바로 볼 수 없다. 그러나 결국은 "한마음 본원으로 돌아가지 않음이 없다"고 한다. 그 이유는 무명의 어리석음이 우리의 표층 의식을 지배하고 있으나 그 심층에는 본디 깨달은 마음인 진여가 자리 잡고서 여전히 작용을 미치고 있기 때문이다. 이 점에 대해서는 글을 달리해 살피고자 한다.

인간 세상을
지탱하는 힘

우리가 몸을 담고 살아가는 이 세상에 대해 가만히 생각해 보면, 한 가지 놀라운 점이 있다. 그것은 인간 세상이 아직도 망하지 않았다는 사실이다. 생각해 보면 기적 같은 일이 아닌가? 사람들은 이기적이고 부도덕하다. 도처에서 남을 속이고 남의 것을 뺏으려 든다. 이 세상은 기본적으로 약육강식의 세계다. 갈수록 세상은 살벌해지고 있다…. 왜 아니겠는가? 하지만 그럼에도 이 세상은 아직도 망하지 않았다. 어떻게 그럴 수 있었을까?

본래 무명의 깨닫지 못하게 하는 힘에 의해 … 오래도록 삼계에 잠들어 육취(六趣)에 유전하다가 이제 본각의 불가사

의한 훈습에 의해 생사고에 염증을 내고 열반을 즐겨 찾는
마음을 일으켜 점차 (한마음) 본원으로 향하게 된다.

本依無明不覺之力 … 長眠三界 流轉六趣 今因本覺不思
본의무명불각지력 … 장면삼계 유전육취 금인본각불사

議熏 起厭樂心 漸向本源
의훈 기염락심 점향본원

《대승기신론소》〈해석분(解釋分)〉 현시정의(顯示正義)

원효가 제시한 바와 같이 우리 마음 안에는 무명만이 아니라
본각이 또한 내재하고 있어서 불가사의하게 훈습하는 작용력을
미치기 때문이다.

본각(本覺)이란 '본디부터 깨달아 있는 마음'을 가리킨다. 〈그
림 5〉에서 보듯 우리 인간의 자아는 어리석은 무명에 둘러싸여
있으니 표층 의식 수준에서 우리는 깨닫지 못한 상태에 있다.
하지만 우리 마음의 심연에 자리 잡은 본성인 진여는 본디부터
깨달은 상태에 있으니, 이를 본각이라 이르는 것이다.

훈습(熏習)이라고 할 때 훈은 '훈증하다, 향기를 스며들게 하
다'는 뜻이고 습은 '익히다, 반복하다, 습관이 되다'는 뜻이니, 훈
습은 마치 향이 옷에 배어드는 것같이 어떤 영향이 우리 마음이
나 성품에 천천히, 그러나 깊이 스며드는 것을 말한다.

그림에서 보듯 우리 마음의 심연에 자리 잡은 본각은 나의 자

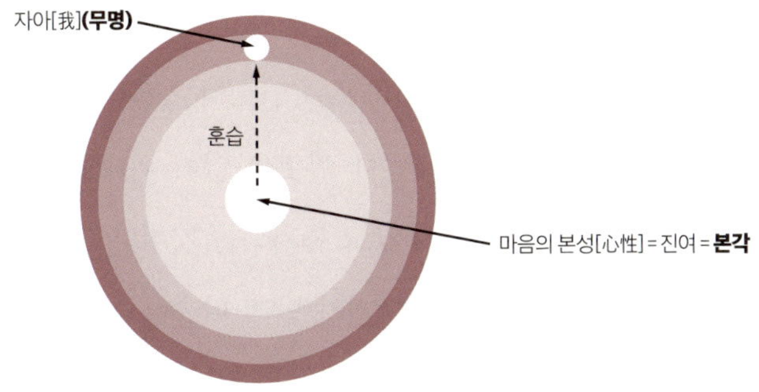

〈그림 5〉 내 마음의 구조 2

아에 끊임없이 훈습하는 작용력을 미친다. 그 결과 사람은 생존 경쟁에 매몰되어 치열하게 살아가다가도 어느 날 문득 생사고(生死苦)에 그만 염증을 내고 열반을 즐겨 찾는 마음을 일으키게 된다. 여기서 열반을 찾는다는 것은 궁극의 진리를 찾고자 한다는 뜻이다.

서두에 등장하는 불교 용어 '육취(六趣)'는 육도(六道)와 같은 말로, 중생이 업에 따라 윤회하는 여섯 세계인 지옥계[地獄道], 아귀계[餓鬼道], 축생계[畜生道], 수라계[修羅道], 인간계[人道], 천상계[天道]를 뜻한다. 우리 인간은 생사를 거치며 이러한 여섯 세계를 유전하는 동안 온갖 고(苦)에 시달리니, 생사고란 이승의 세계(삼계)를 생사윤회 하는 동안 겪는 모든 고통을 압축한 표현이다.

하지만 우리 마음의 심연에는 진여 본각이 자리 잡고서 우리 자아에 끊임없이 훈습하는 작용력을 미치고 있으니, 사람은 결국 궁극의 진리를 찾고자 하는 마음을 일으키고 한마음 본원으로 향하게 되는 것이다. 이 때문에 언뜻 한없이 위태로워 보이는 인간 세상이 아직도 망하지 않고 유지되는 것이다.

하지만 정말일까? 이러한 이야기가 단지 비유나 우화에 그칠 뿐 사실이 아니라면 소용이 없는 것인데, 정말 우리 마음 안에 진여의 마음이 자리 잡고 있으면서 나에게 훈습하는 힘을 미치고 있는 것일까? 여기 그 증거가 있다.

사람들이 인생 사진을 애정하는 이유

요즘은 사람들이 '인생샷' 또는 '인생 사진'을 즐겨 찍는다. SNS의 인기와 맞물려 가히 열풍이라 할 만한데 그러다 보니 사고가 끊이지를 않는다.

〈목숨 건 인생샷…출입금지 절벽 맨손등반〉

뉴시스, 2024.05.16.

〈위험천만 '다이빙 인생샷'…제주해안서 벌써 3명 사상〉

연합뉴스, 2024.08.20.

〈사람잡는 '인생샷'…기차 매달린 관광객 충돌사고 잇따라〉

동아일보, 2025.03.17.

언론 기사를 보면, 인생 사진 찍는다고 절벽에 매달렸다가 떨어져 죽는 등의 사고가 종종 일어나고 있다. 이는 떨어져 죽을지언정 인생 사진을 찍어야 되겠다는 것인데, 어째서 사람들한테 인생 사진이 이렇게 중요한 것일까?

우선은 그와 같은 모습을 남기고 싶은 것이고, 남들에게 보여 주고 싶어서 찍는 것인데, 어떤 모습의 자기를 남기고 싶고 보여 주고 싶어하는지 생각해 볼 필요가 있다.

지금까지 살펴본 적 있는 여러 인생 사진을 머릿속에 떠올려 보자. 그 사진들의 공통점은 무엇일까?

우선은 일상에 치인 모습이 아니라는 점을 발견할 수 있다. 이는 사람들이 일상의 세파에 시달리는 모습은 자기의 참모습이 아니라고 은연중 생각하고 있음을 보여 준다.

다음으로 좁은 육체의 욕구를 넘어 자기가 참되고 선하고 아름답게 드러나는 순간을 담고 있다. 특히 돈과 관련이 없다는 특징이 있다. 한국인들은 아파트, 아파트를 부르짖지만 아파트를 배경으로 찍은 인생 사진이 없고 명품 가방을 내세우며 찍은 사진도 없다. 이는 자기가 돈 이상의 존재임을 보여 준다. 나의 참모습은 참되고 선하고 아름다운 진선미의 모습이라는 것이다.

화가 르누아르는 "고통은 지나가고 아름다움은 남는다"는 말을 남겼는데, 이는 그가 화가여서 아름다움을 대표 삼아 말한 것일 뿐 진선미가 영원히 남는다고 말한 것이다. 사람들이 찍어 올리는 인생 사진을 보면, 우리도 은연중 르누아르와 비슷한 생각을 하고 있다. 일상을 살아내느라 고통에 시달리지만, 고통은 결국 지나가는 것일 뿐이고 나의 참모습은 참되고 선하고 아름다운 모습이다. 그래서 인생 사진에 집착하는 것이다. 인생 사진에 담긴 그 모습이 자신의 참 존재를 증명해 주기 때문이다.

이런 대목이 바로 무의식이 안다는 것이다. 자신의 참 존재를 증명하는 것이 중요하다고 말하면 대부분의 사람은 그냥 튕겨 낸다. 벌어먹고 살기 바쁜데 무슨 쓸데없는 소리하느냐고 말이다. 하지만 그렇게 말하는 사람이 다른 한편에선 자기 인생 사진을 남기고 싶어 집착하는 것이다. 그의 의식은 튕겨 내지만 무의식은 알고 있으며, 그에 따라 인생 사진을 찍게 만드는 것이다.

일찍이 융은 무의식이 의식보다 진실을 더 잘 알고 있으며, 그에 따라 무의식은 자신을 실현하고자 끊임없이 의식에 작용력을 미친다고 했는데, 지금까지 살펴본 인생 사진의 사례는 이러한 무의식의 작용력을 잘 보여 주는 경우다. 또한 앞서 말한 훈습의 작용력이 바로 이것이니, 융은 불교에서 말한 훈습의 작용력을 20세기에 이르러 재발견한 것이다.

이러한 훈습은 향이 옷에 배어드는 것 같아서 인식하지 못하는 가운데 은연중 스며든다. 하지만 쉬지 않고 계속 스며드니 어느샌가 나를 바꿔 놓는다. 그리하여 치열한 생존 경쟁에 몰두하던 사람이 어느 날 문득 자신의 모습에 그만 염증이 나고 마는 것이다. 그리고는 진선미를 염원하는 마음을 일으키고 한마음 본원으로 향하게 된다.

이 같은 진여의 훈습이 존재한다는 사실이 인류의 희망이다. 동물에 불과한 사람이 생사고에 염증을 일으키고 진선미를 구한다. 이건 기적이 아닌가? 사람도 동물일 뿐인데 그럴 이유가 없다. 나보다 약한 동물이 보이면 뺏고, 힘센 동물이 보이면 도망가고, 번식하고 먹고 배부르면 그만이다. 그런데도 사람은 이러한 생사고에 염증을 일으킨다. 그에게는 양심이라는 것이 있고, 인정이라는 것이 있는 것이다.

내 마음의 본성인 진여는 어떤 모습일까? 인생 사진을 찍을 때 나의 모습이 어떻게 달라지는지 생각해 보면 알 수 있다. 인생 사진을 찍을 때 우리는 자세부터 고쳐 잡으며 마음가짐이 미묘하게 달라진다. 진여의 훈습이 영향을 미친 것이고, 그 순간의 나의 마음이 진여의 마음에 가까운 것이다.

이러한 마음이 인간에게 있기에 언뜻 한없이 위태로워 보이는 인간 세상이 아직도 망하지 않고 유지되는 것이다.

마음 깊은 곳에
이르면

한마음이 나타날 때는 여덟 가지 식이 모두 전변하므로 이때에 이르면 네 가지 지혜가 완전해진다. … 이때는 이미 한마음 본원으로 되돌아갔으니 여덟 가지 식의 모든 파도가 다시는 일렁이지 않기 때문에 지혜의 경지에 들어간 자에게는 어떤 식도 일어나지 않는다.

一心顯時 八識皆轉 故於是時 四智圓滿 … 是時旣歸一心
일심현시 팔식개전 고어시시 사지원만 … 시시기귀일심

之源 八識諸浪 不更起動 故入智地者 諸識不生也
지원 팔식제랑 불갱기동 고입지지자 제식불생야

《금강삼매경론》 권중(中), 〈본각리품(本覺利品)〉

요즘은 명상 수행이 동양을 넘어 서양에서까지 폭넓게 인기를 끌고 있다. 그 이유는 앞서 살펴본 바와 같이 사람에게 진여의 훈습이 작용하고 있어서 생사고에 염증을 내고 열반을 즐겨 찾는 마음을 일으키기 때문이다. 그러므로 앞으로도 동서양을 막론하고 명상은 지속적으로 그 관심의 폭을 넓혀 갈 것이다.

우리나라는 불교 외에도 증산도, 국선도, 대순진리회, 단학 등 명상 관련 문화 전통이 더없이 풍부한 나라여서 현대에 이르러서도 여러 다양한 명상이 인기를 끌고 있다. 이러한 여러 명상은 종류를 불문하고 시작하자마자 어느 정도 효과를 볼 수 있는데, 그 이유는 모든 명상이 눈을 감는 것에서 시작하기 때문이다. 우리 인간은 기본적으로 색 중독에 지쳐 있다. 우리 신체에서 가장 많은 에너지를 소모하는 기관이 뇌인데, 그 뇌의 80퍼센트가 색을 보는 것에 관여한다. 그러므로 단지 눈을 감는 것만으로도 우선 편안함을 느낄 수 있다.

다음으로 눈을 감음으로써 우리의 무의식에 좀 더 가까워지기 때문이다. 앞서 융은 무의식이 자신을 실현하고자 끊임없이 의식에 작용력을 미친다고 했는데, 이때 의식이 그러한 요구를 지나치게 외면할 경우 무의식의 힘이 의식을 해리하거나 무의식의 콤플렉스가 의식을 사로잡게 되는 바람직하지 못한 정신 병리 현상이 일어난다는 경고를 남기기도 했다.[8] 그런데 우리가 명상을 위해 눈을 감는다면 색에 사로잡혀 있는 의식의 흐름을 잠시 멈추고 무의식에 조금쯤 다가갈 수 있다. 이를 앞서 언급한 〈그림 4〉에서 보면 마음의 심연으로 내려가 본체에 좀 더 다가가는 시간이라고 할 수 있다. 여기에서 비롯하는 만족감이 있다.

여기서 더 나아가 명상 수행이 깊어지면 생멸의 마음인 자아의식을 넘어 한마음 본원으로 돌아가게 된다. 그리고 이처럼 한마음 본원으로 되돌아갔을 때는 "네 가지 지혜가 완전해진다"고 했다. 네 가지 지혜는 '부처의 지혜 경지'를 뜻하는 말로 대원경지(大圓鏡智)·평등성지(平等性智)·묘관찰지(妙觀察智)·성소작지(成所作智)를 이르니, 한마음 본원으로 돌아가면 부처의 지혜 경지에 이를 수 있다는 뜻이다.

그럴 수 있는 이유는 분별을 넘어서기 때문이다.

마음이 왜 혼탁해지는가?

〈그림 6〉의 ①에서 무엇이 보이는가? 아무것도 보이지 않는다고 생각했다면 정답이다. 그렇다면 〈그림 6〉의 ②, ③에서는 무엇이 보이는가?

②와 ③에서는 '빛'을 볼 수 있을 것이다. 그런데 우리가 ②와 ③에서 빛을 볼 수 있는 이유는 어둠과 섞여 있기 때문이다. 〈그림 6〉의 ②, ③에는 각각 10퍼센트, 60퍼센트 채도의 어둠이 섞

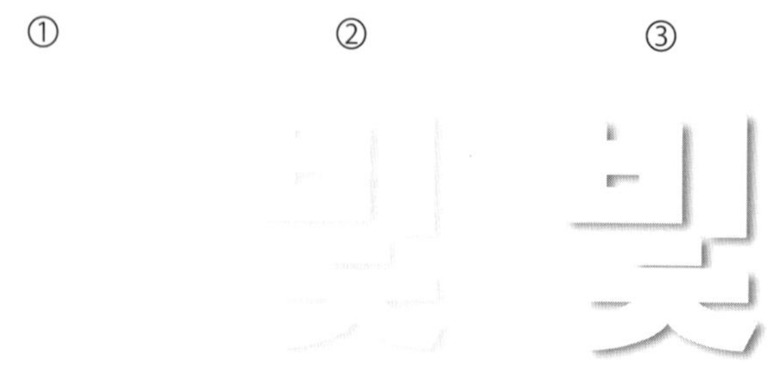

〈그림 6〉 빛과 어둠

여 있다. 그에 따라 어둠이 뚜렷해질수록 빛도 더욱 선명하게 볼
수 있다.

반면 〈그림 6〉의 ①은 어둠이 전혀 없이 충만한 빛만을 담고
있다. 그런데 이처럼 온통 충만한 빛으로 가득하니 우리 인간은
도리어 빛을 보지 못한다.

〈그림 6〉의 ①, ②, ③을 보면 다음 사실이 명백해진다. 우리
인간은 빛을 인식하기 위해 어둠을 필요로 한다. 어둠이 없으면
빛은 힘을 잃는다. 어둠이 없으면 빛을 느낄 수 없다. 나아가 어
둠이 없으면 빛도 없다.

빛과 어둠만이 아니다. 지혜와 어리석음, 기쁨과 슬픔, 영광
과 좌절, 쾌락과 고통, 정당함과 부당함, 삶과 죽음, 선과 악, 존
재와 부재, 이것과 저것 등 이러한 리스트는 끝이 없다. 사실 초
월의 장을 떠나 시간의 장에 존재하는 모든 것은 이러한 이분법

관계에 놓여 있다. 그 이유는 시간의 장에 있는 우리 인간이 오직 이분법의 분별을 통해서만 이 세계를 인식할 수 있기 때문이다. 그리고 이처럼 이분법 분별을 통해 형성하는 지식을 분별지(分別智)라 한다. 우리 인간은 오직 이 분별지를 통해서만 이 세상을 파악할 수 있다.

우리 인간이 빛으로 충만할 때 빛을 느끼지 못한다는 사실은 매우 안타까운 일이다. 하지만 어쩔 수 없는 현실이다. 그 이유는 우리 인간이 유한한 존재이기 때문이니, '유한(有限)하다'는 것은 말 그대로 한계가 있다는 뜻이다. 우리 인간이 애초에 지닌 한계 때문에 그러한 것이니 어쩔 수 없이 받아들여야 하는 전제 조건이다.

여기에 '나'와 '내 것'에 대한 집착이 더해진다. 대상의 분별에 더해 나와 남이라는 주체의 분별까지 가세하는 것이다. 우리는 이제 네 편과 내 편을 나누어 본다. 이렇게 경계를 지어 저쪽 편은 밀어내고 보지 않는다.

앞서 대상을 식별하는 우리 마음의 작용이 식(識)이라고 했는데, 우리 인간이 지닌 식은 항상 이분법 분별로 이 세상을 보고 있다. 이는 우리가 무언가를 볼 때 나머지 절반은 보지 못하고 있다는 의미다. 이분법으로 나누어서 저쪽은 인정하지 않고 밀어내기 때문이다. 인정하지 않으면 보지도 못한다.

그 결과 우리 인간의 인식은 엉망이 된다. 사물의 실상을 제대로 보지 못하니 도처에서 걸려 넘어지는 것이 우리의 현실이다. 불교에서는 이러한 실태를 바다와 파도의 비유로 설명한다.

〈그림 4〉(69쪽)에서 본체를 이루는 아라야식까지가 마음 바다를 이룬다. 여기에 무명의 바람이 몰아치면 잔잔하던 마음 바다에 생멸하는 마음이 파도로 일어난다. 어리석은 무명으로 인해 없는 경계를 지어내고 이를 분별하니 여덟 가지 식의 파도가 일렁인다.

빛과 어둠이 따로 없는데 경계를 지어내고 빛에 집착한다. 기쁨과 슬픔이 따로 없는데 기쁨에 집착한다. 영광과 좌절, 쾌락과 고통, 정당함과 부당함 모두 없다. 그런데도 우리는 부당함에 치를 떤다. 네 편과 내 편, 이것과 저것…. 분별과 집착은 끝이 없다.

이분법 분별에 따른 번뇌가 하루도 쉬지 않고 끊임없이 일어나니, 이들이 모이고 쌓인 결과 마음의 바다에서는 언제나 감정의 폭풍우가 몰아치고 있다. 어찌 실상을 바로 볼 수 있겠는가?

아라야식의 창조성

서두에서 원효는 "한마음 본원으로 되돌아가면 여덟 가지 식

(識)의 모든 파도가 다시는 일렁이지 않으며" 그에 따라 "네 가지 지혜가 완전해진다"고 했다. 그 이유에 대해서는 다음과 같이 설명한다.

그때 네 가지 지혜가 완전해진다. 어째서 그런가? 이 한마음은 어둠을 떠나서 광명을 이루므로 밝고 깨끗하여 비추지 않는 영상이 없기 때문이다.
於是時 四智圓滿 所以然者 卽此一心 離闇成明 明白淸淨
어시시 사지원만 소이연자 즉차일심 이암성명 명백청정
無影不照
무영부조

《금강삼매경론》 권중(中), 〈본각리품(本覺利品)〉

"한마음은 어둠을 떠나서 광명을 이루므로 밝고 깨끗하여 비추지 않는 영상이 없다"는 것은 이분법으로 나누어 보는 분별을 넘어선다는 뜻이다. 밀어내고 보지 않던 나머지 절반까지 온전히 볼 수 있게 됨으로써 지혜가 완전해지는 것이다.

삼계의 모든 마음은 다 이 꿈과 같으니 마음을 떠난 밖에는 분별이 가능한 것이 없다. 그래서 일체의 분별은 곧 자기 마음을 분별하는 것이라고 한다.

三界諸心 皆如此夢 離心之外 無可分別 故言一切分別卽
삼계제심 개여차몽 이심지외 무가분별 고언일체분별즉

分別自心
분별자심

《대승기신론소》〈해석분(解釋分)〉 현시정의(顯示正義)

우리가 언제나 집착하는 빛과 어둠, 지혜와 어리석음, 기쁨과 슬픔, 영광과 좌절… 니 편과 내 편, 이것과 저것 등은 마음 바깥에 분별이 가능한 실체가 따로 없다. 오직 우리 자신의 마음을 바깥에다 투사해서 경계를 지어내 보고 있을 뿐이다. 그 때문에 "일체의 유정한 존재는 아득한 때로부터 무명의 긴 밤에 들어서 망상의 큰 꿈을 짓고 있다"(55쪽)고 했던 것이다. 그러다가 한마음 본원을 회복했을 때 망상의 긴 꿈에서 깨게 된다. 그리하여 모든 식에서 벗어난다.

모든 명(名)과 색(色)은 오직 어리석은 마음일 뿐임을 알아야 하느니라. 어리석은 마음의 분별로 모든 법을 분별한 것이요, 명과 색에서 벗어난 다른 일이 다시 없느니라. 법이 이와 같음을 알아서 문자와 언어를 따르지 말며, 마음 마음마다 뜻에 있어서 나를 분별하지 말아야 한다.

知諸名色 唯是癡心 癡心分別 分別諸法 更無異事出於名

지제명색 유시치심 치심분별 분별제법 갱무이사출어명
色 知法如是 不隨文語 心心於義 不分別我
색 지법여시 불수문어 심심어의 불분별아

《금강삼매경론》 권하(下), 〈여래장품(如來藏品)〉

명색(名色)은 "내가 명색이 양반인데…", "내가 명색이 부장인데…" 등으로 일상에서 많이 쓰는 표현이다. 여기서 명(名)은 우리가 붙인 이름이나 명분을 말하고, 색(色)은 우리 눈에 들어오는 외양을 말한다. 이러한 명(名)과 색(色)은 모두 분별지에 따른 것으로 실체가 따로 없는데, 오직 어리석은 마음의 분별로 지어낸 것이라는 뜻이다.

이러한 이치를 깨달으면 이 세계의 실상을 바로 볼 수 있다. 하지만 단지 깨닫는 것만으로는 작심삼일에 그치고 어느새 식의 파도가 다시 일렁이게 된다. 그 이유는 진여만이 아니라 무명 역시 우리 자아에 끊임없이 훈습하는 작용력을 미치기 때문이다. 그래서 지속적인 명상 수행이 필요한 것이다. 돈오(頓悟, 단박에 깨닫는다는 뜻)일 수는 있으되 점수(漸修, 점진적으로 닦아 나가야 한다는 뜻)가 필요한 것이다.

명상 수행을 통해 나를 분별하지 않는 경지에 이르면 다음과 같은 효과가 있다.

앞서는 경계가 없음을 여실히 알게 되므로 온갖 방편이 일
어나 수순하여 행한다.

以如實知無前境界故 種種方便起隨順行
이여실지무전경계고 종종방편기수순행

《대승기신론》, 〈해석분(解釋分)〉, 현시정의(顯示正義)

"앞서는 경계[前境界]가 없다"는 말은 나의 마음을 투사해서
경계를 지어내기 전까지 이보다 앞서 객관적으로 먼저 존재하
는 경계는 없다는 뜻이다. 이러한 사실을 여실히 알게 되면 온
갖 방편이 일어날 수 있다고 한다. 어째서 그럴까?

우리가 없는 경계를 지어내게 되면 '한계' 역시 지어내게 된
다. 애초에 한계가 없는 것인데 스스로 한계를 지어내 자기를
가두게 된다. 이 때문에 자재로운 방편이 일어나지 못하는 것이
다. 그러다 한계가 사라지니 온갖 방편이 자재롭게 일어날 수
있다. 무엇에도 '걸림이 없다'는 말은 이러한 상태를 이르니, 깨
달은 사람은 무엇에도 걸림이 없다.

또한 사람이 식에서 벗어나면 창조성을 본격 발휘할 수 있다.
인간의 창조성은 아라야식(무의식)에서 나온다.[9] 필자를 포함
해 많은 작가가 아침에 막 잠에서 깼을 때가 가장 글이 잘 써진
다는 사실을 알고 그 시간을 적극 활용한다. 예를 들어 전날 낮

에 꽉 막혀서 도저히 진도를 나가지 못했던 대목이 아침에는 술술 풀리는 식이다. 그 이유는 우리가 밤에 잠을 잘 때 무의식이 활성화되며(이를테면 꿈을 꾼다), 아침에 막 잠에서 깼을 때는 아직 무의식과의 연결이 어느 정도 남아 있기 때문이다.

잠이 창조성을 일깨운다는 사실을 알았던 토머스 에디슨은 아이디어가 생각나지 않을 때면 종종 작업대에 눕거나 의자에 앉아 낮잠을 청했다. 자신의 창조성을 끌어내기 위해 잠을 적극 활용했던 것이다. 그는 잠에서 깨자마자 머릿속에 떠오른 것을 적을 수 있도록 항상 노트와 연필을 옆에 준비해 놓았고, 어떤 날은 하루 3번이나 낮잠을 잤다고 한다. 이처럼 창조성을 끌어 내고자 낮잠을 활용했던 인물은 에디슨 외에도 아이작 뉴턴, 마르크 샤갈 등으로 다양하다.

아무도 해결하지 못했던 벤젠의 화학구조를 풀어냄으로써 '유기구조화학의 아버지'라는 명성을 얻은 독일의 화학자 프리드리히 케쿨레의 경우는 결정적인 실마리를 아예 꿈속에서 보기도 했다. 그는 집필하던 도중 난로 옆에서 깜빡 잠이 들었는데, 꿈속에 빙글빙글 돌면서 자기 꼬리를 물고 있는 뱀의 형상이 나타났다. 이를 보고서 그는 벤젠이 고리 구조 패턴을 취하고 있음을 깨달았다.

이러한 사례들은 모두 아라야식(무의식)이 창조성의 원천임을 보여 주는 경우다. 또 다른 경우로 우리는 흔히 '신들린 연기', '신들린 연주', '신들린 플레이' 같은 표현을 쓴다. 그렇다면 신들렸다는 것은 어떤 상태인가? 이는 샤먼(무당)이 신에 들린(빙의된) 상태에서 자신의 뜻이 아니라 신의 뜻을 전하는 경우를 가리킨다. 무아지경이라고도 하는데 이때 아(我)가 없다는 것은 자신의 의식이 지배하지 않는 상태를 말한다. 괴테는 신들린 집필을 보여 준 바 있다. 그는 《젊은 베르테르의 슬픔》을 쓸 때 자신의 의식이 기여한 것은 사실상 전혀 없다고 주장했다. 마치 손에 쥔 펜이 저절로 움직이는 것 같았다고 한다.[10] 존 레논은 문득 어느 날 아침에 피아노로 바로 쳐서 〈Imagine〉을 완성하는 신들린 작곡을 경험하기도 했다.

이는 모두 의식에서 벗어나 무의식에 접속된 상태에서 창조성이 극대화된 사례들이다. 그렇다면 우리가 신들렸다고 말할 때 '신'은 우리 무의식의 심연으로부터 올라오는 것일 텐데, 과연 무얼 가리키는 것일까? 이에 대한 원효의 설명이 있으니 이에 대해서는 글을 달리해 살피기로 한다.

마음의
참모습

본각의 마음이 허망한 연에 의지하지 않으면 본성이 스스
로 신(神)을 풀어내니 이를 자진상이라고 이름한다.

本覺之心 不藉妄緣 性自神解 名自眞相
본각지심 부자망연 성자신해 명자진상

《대승기신론소》, 〈해석분(解釋分)〉, 현시정의(顯示正義)

"본각의 마음이 허망한 연에 의지하지 않는다"는 것은 이분법
분별을 여읨을 뜻한다. 이렇게 본각의 마음이 이분법 분별을 여
의면 우리 안의 "본성이 스스로 신을 풀어낸다". 무아지경에 들
어 신들린 연기, 신들린 연주, 신들린 플레이를 펼칠 때 우리가
사로잡히는 신은 바로 이 신을 말하는 것이다. 이는 우리 마음

의 심연으로부터 올라오는 신으로, 괴테의 신들린 집필, 존 레논의 신들린 작곡을 가능하게 했던 신 역시 바로 이 신이다.

이 신에 대해 원효는 '자진상(自眞相)'이라고 했다. 한자 그대로 풀면 '스스로 존재하는 진짜 상'이란 뜻이다. 이를 '자상(自相, 스스로 존재하는 상)'으로 약칭하기도 하는데, 여기서 스스로 존재한다는 것은 상대가 오기를 기다려서 비로소 존재하는 것이 아니라는 뜻이다.[11] 앞서 우리는 인간이 오직 이분법 분별을 통해서만 이 세상을 파악하고 있다는 점을 살폈다. 우리가 눈(안식)을 통해 파악하는 상(相)은 모두 상대가 오기를 기다려서 그와의 대비를 통해 비로소 존재한다. 이에 대해 자진상(자상)만이 예외가 되니, '진짜 상[眞相]'이란 있지도 않은 이분법 분별로 지어낸 '허망한 상[妄相]'이 아니라는 뜻이다. 이는 자상이 상대적 인식을 넘어선 것으로 상대성을 넘어선 경지에 있는 것임을 뜻한다.

이와 같은 자상이 우리 마음 어디에 존재하는가?

칸트와 융이 말하는 자상

〈그림 7〉에서 보듯 우리 마음의 아라야식은 자상으로 가득해서 자상의 바다를 이루고 있다. 그림에서 전5식(칸트의 감성) 역시 외부의 대상으로부터 감각 신호를 받아들여 상(相)을 지어내

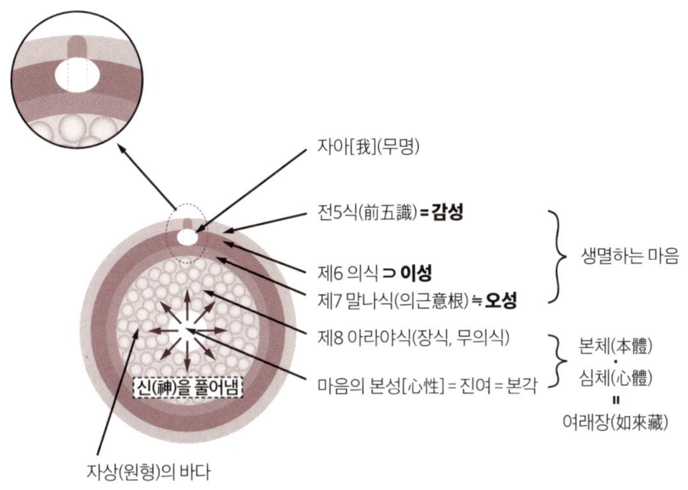

〈그림 7〉 자상의 마음 바다

는데, 이들 상은 인간의 이분법 분별을 바탕으로 지어낸 것이니 허망한 상[妄相]이라고 하는 것이다. 그에 비해 자상은 이분법 분별이라는 상대적 인식을 넘어서 스스로 존재하는 상이다. 이러한 자상의 존재 역시 서양에서는 칸트가 처음으로 본격적인 논의를 전개했으니, 그가 말한 '범주(Category)'가 바로 자상의 일부를 포착한 것이다.

그는 인간에게 경험 이전(선험적, a priori)에 이미 갖춰진 인식의 틀이 있음을 파악했다. 그는 우리가 감성(전5식)을 통해 감각 자료를 받아들이더라도 그 자료가 '인식'이 되려면 반드시 어떤 개념적 틀, 즉 범주가 적용되어야 한다고 봤다. 그리고 이 범주들은 우리의 경험에서 나온 것이 아니라 미리 인간에 내재해 있는 것이라고 했다. 대상을 '어떤 대상'으로 생각하기 위해서는 그 생각을 가능하게 해 주는 선험적인 사유의 틀, 즉 범주가 있어야 한다는 것이다.

그는 12개의 범주를 제시했는데, 이들이 감각적 직관을 인식으로 변환시키는 틀로 작용한다고 설명했다. 이를테면 인과율(원인-결과 관계)은 우리의 경험에서 추출된 것이 아니라 선험적으로 인간에게 내재한 범주다. "햇빛이 비추면 얼음이 녹는다"와 같은 판단은 인과 범주가 없으면 성립할 수 없다. 하지만 범주 자체는 '빈 틀'일 뿐 오성(悟性)의 작용 없이는 실재와 연결되지 않는다고 했는데, 이때 칸트가 말하는 오성의 작용은 〈그림 7〉에서 말나식의 작용에 해당한다. 그리고 범주는 아라야식에 내장된 자상에 해당한다.

우리의 감성(전5식)이 감각 자료를 받아들이면, 오성(말나식)은 범주(자상)라는 선험적 형식을 동원해 그 자료를 정돈하고 인식으로 조직한다. 즉 칸트에게 있어서 범주는 오성이 감각 자료에 적용하는 인식의 '논리적 도구'이자 '틀'인데, 이는 그대로 자상이 무엇인지에 대한 설명에 해당한다.

특히 범주가 선험적[先驗的, a priori]으로 주어진 인식의 틀이라는 것은 중요한 의미가 있다. '선험적'이란 개개인의 개별 경험 이전에 주어진 것이라는 뜻이니, 이와 같은 범주가 인류 모두에게 공통으로 적용되기 때문에 우리 인간의 인식이 개개인마다 서로 다른 결과를 빚지 않으며 보편성과 필연성이 보장되는 것이다. 범주는, 다시 말해 자상은 우리 인류의 인식 경험의 보편성과 필연성을 가능하게 함으로써 이를 바탕으로 서로 의사소통할 수 있도록 하는 중요한 작용을 담당하고 있다.

이상으로 칸트는 자상을 12개의 범주로 좁혀서 생각한 점을 제외하면 전5식과 말나식, 아라야식 내의 자상의 작용까지 종합적으로 파악하고 있었음을 알 수 있다.

서양에서 칸트 이후에 자상의 범위를 대폭 넓히고 깊이 탐구한 이는 융이다. 융이 말한 원형(原型, archetype)이 바로 자상에 해당한다.

우선 융우 인간의 무의식에는 개인의 차원을 넘어 인류 전체가 공유하는 '집단 무의식'이 있다고 했는데, 이 집단 무의식의 층이 원형들로 이뤄져 있다고 보았다. 즉 갖가지 원형의 총체가 집단 무의식이라고 했다. 바로 〈그림 7〉에서 자상의 바다로 이뤄진 아라야식을 본 것이다.

이들 원형은 인간의 선험적인 원초적 조건으로 시공간, 인종, 문화, 시대의 차이에도 불구하고 인간이면 누구나 태어날 때부터 이미 갖고 있는 인간 행태의 조건이다. 이 점에서 범주가 인간에게 선험적으로 주어진 인식 틀이라고 했던 칸트의 관점과 일치한다. 이에 대해 융은 사람의 신체 각 기관이 이미 그렇게 형성되도록 조건 지어져 있듯이 정신도 또한 그 자체의 구조를 갖추고 있는 것이라고 했다.[12]

그리고 원형은 인류가 죽음에 대해, 사랑과 미움에 대해, 어린이에 대해, 또한 노인에 대해, 위대한 부모의 힘에 대해, 어둠과 광명에 대해, 크나큰 조물주의 힘과 현자의 지혜에 대해, 남성이 여성에 대해 그리고 여성이 남성에 대해 느끼고 생각하고 행동해 온 모든 것, 그 태초로부터의 체험의 침전이라고 했다.[13] 따라서 그 종류는 단지 12범주 같은 것에 그치는 것이 아니라 모성 원형, 부성 원형, 영웅 원형, 어린이 원형, 노현자(Old Wise Man) 원형, 태모(太母, Great Mother) 원형, 여성성의 원형, 남성성의 원형 등 무수히 많은 원형이 있다. 하지만 이들 원형은 원초적 행동 유형의 조건들로서 내용을 갖지 않으니 그 자체로서는 비어 있는 형태적 틀이며, 그 내용은 이것이 의식되어(즉 말나식에 의해 길어 올려져서) 의식적 경험으로 채워질 때 비로소 결정된다.[14]

이처럼 서양에서 20세기에 이르러 융은 자상이 단지 인과율 같은 12개 범주에 그치는 것이 아니라 무수히 많은 원형이 있음을 보아 냈으며, 그에 이르러 자상의 보다 구체적 모습이 어떠한지가 드러났다고 할 수 있다.

다만 융이 제시하는 다음과 같은 설명, 즉 원형(자상)은 원초적 행동유형의 조건들로서 내용을 갖지 않으니 그 자체로서는 비어 있는 형태적 틀이며, 그 내용은 이것이 의식되어 의식적 경험으로 채워질 때 비로소 결정된다는 설명은 직관적으로 이해하기가 쉽지 않다. 우선 원형이 내용이 비어 있는 틀일 수밖에 없는 이유는, 원형이 상대적 인식(이분법 분별)을 넘어선 것이기 때문이다. 이분법 분별을 넘어선 원형은 구체적인 내용을 지닐 수 없다. 그렇다 보니 이분법 분별을 통해 인식하는 우리의 의식으로는 이해하기가 어렵다.

원형이 어떤 것인지 이해하려면 신화나 《주역》을 읽는 것이 도움이 된다. 신화나 《주역》의 서술은 원형과 우리 의식의 중간쯤에 위치하고 있다. '원형적인 지혜'를 담고 있다고 할 수 있는데, 그래서 역시 구체적인 내용을 결여하고 있으며 대신 상징을 동원해서 어떤 통찰을 전달한다. 특히 《주역》에서 괘효사를 뺀 괘상만을 놓고 보면 더욱 원형에 근접한 형태가 된다. 《주역》에는 팔괘와 64괘가 있는데, 이들 각각은 그 자체로서는 내용이 비어 있는 형태적 틀이며 "그 내용은 이것이 의식되어 의식적 경험으로 채워질 때 비로소 결정된다"고 한 융의 원형 설명과 그대로 부합한다. 이에 관심 있는 독자는 필자의 저서 《주역독해》를 참고하시기 바란다.

융의 연구 이후 오늘날의 인지 과학에 이르러서는 갓 태어난 아기의 마음이 백지 상태가 아니라는 사실을 여러 가지 실험으로 입증하고 있다.[15] 만약 백지 상태라면 아기들이 받아들이는 빈약한 정보만으로는 세상의 복잡한 규칙을 모두 배울 수 없을 것이라고 한다. 모든 것을 직접 시도해 봐야 하고 실패를 맛보는 시행착오의 방식으로는 불가능하다는 것이다.[16] 실제로 아기들은 사물, 물리적 인과 관계, 숫자, 생물학적인 세계, 다른 개체들의 신념과 동기, 사회적 상호 작용에 관한 추론을 전문적으로 다루는 신경 프로그램을 이미 갖고 태어난다고 한다. 이때 "뇌에 미리 프로그램되어 있다", "신경회로 속에 새겨져 있다" 등의 표현을 쓰고 있는데 이는 인간에게 선험적으로 주어졌다는 뜻이며, 자상(원형)의 사례를 보아 낸 것이다.

이상으로 여러 학문 분야에서 각기 포착한 자상의 공통적 특성을 요약해 보면, 역시 개별적 인간의 경험을 떠나 스스로 존재하는 상[자상(自相)]이라는 점이 핵심 특성임을 알 수 있다. 그리고 이처럼 개별적 인간의 경험을 떠나 스스로 존재하는 상이기에 이분법 분별이라는 우리 인간의 상대적 인식을 넘어선 것임도 알 수 있다. 즉 자상은 상대적 분별이라는 오염[染]을 넘어선 것이니 그 속성이 청정함[淨]을 알 수 있다. 이처럼 우리 마음의 심연에는 청정한 마음 바다가 펼쳐져 있으니(〈그림 7〉 참조), 우리 인간의 '정신(精神)'이 바로 그것이다.

원효,
인간의 정신을 밝히다

우리가 쓰는 말에는 인류가 그동안 축적한 지혜가 담겨 있으니, 앞서 살핀 마음의 구조를 반영한 표현이 우리가 쓰는 말 중에 있다. 우리는 흔히 '정신 줄 놓지 마라'라는 표현을 쓰는데, 이때 '정신 줄'이란 어떤 줄을 말하는 것일까?

〈그림 7〉에서 우리의 자아의식은 말나식을 통해 정신의 바다에서 자상을 길어 올린다. 이때 길어 올리는 두레박줄이 바로 정신 줄이다. 이 줄을 놓치면 사람은 자상을 길어 올리지 못하게 되고, 그만 실성(失性)하고 마는 것이다. '정신 똑바로 차려라'는 말은 이와 반대의 상황을 가리키니, 정신 줄을 놓치지 말고 잘 붙들어서 적절한 자상을 길어 올리고 바르게 배열해서 감

각 자료에 적용하라는 뜻이다.

우리는 '마음을 먹는다'는 표현도 흔히 쓴다. 이는 정신의 바다에서 자상을 길어 올려 먹는 것을 가리킨다. 자상에는 생명의 원초적 활동 에너지가 담겨 있으니 사람이 자상을 길어 올려 먹지 못하면 아무리 밥을 먹어도 활동 에너지가 생기지 않는다. 반대로 정신을 제대로 길어 올려 먹으면 '신'명 나고 '신'바람을 내는 엄청난 에너지를 보여 주기도 하니, '정신력'이 바로 이를 말하는 것이다.

이러한 정신을 심연에서 길어 올리고 외부 세계에서 수용한 감각 자료에 적용하는 일을 담당하는 것이 바로 제7 말나식인데, 〈그림 7〉에서는 제7 말나식이 이전과 다르게 돌출되어 전5식에도 닿아 있다. 이를 통해 나의 마음은 한편으로는 외부 세계와 관계를 맺는 동시에 다른 한편으로는 심층의 정신세계와도 관계를 맺을 수 있다. 말나식이 바로 이러한 역할을 수행하는 것인데, 앞서 〈그림 4〉, 〈그림 5〉에서는 설명의 단계상 돌출부를 생략해서 표현한 것이다.

좀 더 세밀하게 표현된 〈그림 7〉에서 우리의 자아는 말나식을 중심축으로 하고 거기에 자아의식이 덧붙어서 형성된다. 이처럼 우리 자아에는 각인(51쪽)을 통해 형성된 의식의 요소 외에 선천적인 말나식의 요소가 그 중심에 자리하고 있다. 이를 우리는 일상에서 무엇이라 부르고 있을까?

그것은 바로 우리의 '혼'이다. 우리 자아의 중심에는 이처럼 혼이 자리하고 있어서 정신을 길어 올린다. 진여의 훈습이나 양심의 가책도 혼을 통해서 나의 자아에 전달된다. '혼이 빠지다', '혼이 나가다' 등의 표현을 일상에서 쓰는데, 사람이 혼이 나가면 정신을 길어올리는 말나식의 작용이 멈추니 어리벙벙해지는 것이다.

우리의 혼은 선천적인 것이니, 영혼의 욕구는 후천적으로 형성된 의식, 의지로는 어찌할 수 없는 힘으로 나타난다. 사람이 살다 보면 '내가 왜 이러지?', '내가 도대체 왜 그랬을까?' 하는 순간이 있다. 이때 사람은 의식으로는 '내가 왜 이러지?' 하면서도 결국 영혼의 욕구대로 하지 않으면 만족하지 못해서 끝내 그렇게 하고 만다. 영혼의 욕구로부터 도망치지 못하는 것이다. 이럴 때 사람은 스스로 당황하지만, 이는 사람이 하늘의 도구라는 증거가 되는 것이다. 사람이 끝내 도망치지 못하는 이유가 그 때문이다. '팔자 소관'이라는 말도 그래서 생겨난다. 자기 팔자가 싫어서 도망가는 사람도 나중에 돌아보면 결국 팔자대로 살았음을 깨닫고는 하는 것이다.

우리는 흔히 '예술혼', '창작혼', '음악혼' 같은 말이나 '투혼을 불사른다', '혼을 다 바친다' 등의 표현을 쓰는데, 이 역시 영혼의 욕구를 반영한 표현이다. 영혼의 욕구는 이처럼 단지 무엇에 대한 열정을 넘어 헌신을 요구하는 것이다. 그 이유는 영혼의 욕구가 하늘로부터, 신(神)으로부터 온 것이기 때문이다.

신, 정신, 신비

오늘날 우리는 '정신'이라는 표현에 익숙하지만 원효는 그 용어를 '신(神)'으로 썼다.[17] '정신(精神)'이라고 할 때 한자 精(정)은 '정하다(정성을 들여서 거칠지 아니하고 매우 곱다)', '깨끗하다'는 뜻이니, '정(精)한 신(神)'은 의미에 있어서 신(神)과 차이가 없다. 〈그림 7〉에서 일렁이지 않은 청정한 심체가 곧 신이요, 정신인 것이다. 조선 초의 《훈민정음(해례본)》에서도 사람의 마음에 깃든 인의예지신(仁義禮智信) 오상(五常)을 "신(神)의 운행"[18]이라 하여 인간의 정신을 신(神)으로 표현하고 있다.

그런데 이를 '정신'으로 지칭하면 본질이 가려지는 측면이 있다. 인간의 정신이 바로 신(神)의 펼쳐짐이며, 신(神)이 다른 곳이 아닌 바로 우리 마음 안에 있는 것인데, 이 사실이 가려진다. 서양인들 역시 이러한 사실을 알았으니, 영어 단어 'spirit'이 '정신'을 뜻하면서 동시에 '영(靈)'을 뜻한다. 예를 들어 'holy spirit'은 성령(聖靈)을 뜻한다.

샤먼(무당)은 이 신과 접속하기 위해 자신의 의식에서 벗어나 내면의 심연으로 한없이 내려간다. 그리하여 신에 들리면 무아지경의 상태에서 신의 뜻을 전하는 것이다.

사람이 무의식에 접속되었을 때 창조성이 극대화되는 이유도 이 신에 접속되기 때문이며, 앞 장에서 살폈듯이 "한마음이 나타날 때… 네 가지 지혜가 완전해지는" 이유 역시 이 신에 접속되기 때문이다. "본각의 마음이 허망한 연에 의지하지 않으니 본성이 스스로 신을 풀어내는" 것이다.

이러한 창조성과 지혜는 우리 마음에 이미 갖춰진 것이다. 〈그림 7〉에서 보듯 우리 마음의 심연에는 청정한 자상(원형)의 광대한 바다가 펼쳐져 있다. 단지 필요한 것은 우리가 "허망한 연"에서 벗어나는 것이며, 무명의 이분법 분별에서 벗어나 한마음을 회복하는 것이다. 그래서 원효는 "마음 바깥에 법이 없는데 어찌 따로 구하고자 애쓰겠는가"라고 유심게를 읊었던 것이다.

원효가 "본성이 스스로 신을 풀어낸다"고 할 때, 신(神)은 신비(神祕)이기도 하다. 신, 정신, 신비는 같은 것이다. 생각하면 할수록 인간의 정신은 신비롭지 않은가?

칸트의 묘비에는 다음과 같은 글이 새겨져 있다.

생각하면 할수록 항상 새롭고 점점 더 커지는 감탄과 경외심으로 마음을 가득 채우는 것이 두 가지 있으니, 내 위에 있는 별이 빛나는 하늘과 내 안에 있는 도덕 법칙이 그것이다.[19]

이때 칸트가 말한 도덕 법칙은 바로 자기 안의 '정신'을 느낀 것이다. 인간의 정신에는 도덕 법칙이 들어 있고, 양심이 들어 있고, 인의예지신 오상이 들어 있다. 동물에 불과한 인간의 정신에 어떻게 이러한 도덕과 양심이 깃들어 있을까를 생각하면 신비롭기만 하다.

이 세상에 신비가 살아 있는가? 우리 마음 안에 정신인 신비가 살아 있다. 그래서 가끔 세상 밖으로 펼쳐진다.

이 세상에 신이 존재하는가? 우리 마음에 존재한다. 그래서 가끔 세상 밖으로 모습을 드러낸다.

신들린 연기, 신들린 연주, 신들린 플레이, 신들린 집필, 신들린 작곡 등이 모두 신비의 펼쳐짐이며, 신이 모습을 드러낸 순간들이라고 할 수 있다.

우리는 '정신'이라는 말을 들으면 무의식적으로 몸가짐을 바로 한다. 정신이라는 말에는 어떤 숭고함이 서려 있다. 이는 한국인이 그 무의식에 있어서 정신이 바로 신이며 신비임을 알고 있다는 사실을 보여 준다. 그리고 이는 원효가 마음을 찾아나선 여행에서 우리 마음 안에 자리한 신(神)을 발견했기 때문이다.

특히 그는 신(神)이 자상이라는 형태로 우리 안에 자리하고 있다는 사실을 규명했다. 원효 이전의 유식학에서도 자상의 존재는 이미 알고 있었다. 그러나 이 자상이 바로 신(神)이 현현(顯現)한 것이며, 인간 정신의 존재 형태임을 밝힌 것은 원효의 고유한 업적이다. 서양의 경우는 융이 원형에 대한 통찰에 도달하는 데만도 원효 이후 1,200년의 시간이 더 필요했는데, 그럼에도 융의 통찰은 아직까지도 제대로 이해받지 못하고 있다.

원효가 그처럼 독보적 성취를 이룰 수 있었던 이유는 그가 단지 글공부만 한 학자가 아니었기 때문이리라. 그는 학자로서 초인적인 연구와 저술 활동을 보이기도 했지만, 수시로 "산이나 물가에서 좌선을 했으며", "메아리 바위굴로 염불하는 법당"을 삼고 "끼룩대는 물새 소리를 마음의 벗"으로 삼아 삼매 선정에 몰입했던 수행자였다. 이처럼 마음의 심연을 직접 탐사한 끝에 그와 같은 통찰을 이루었을 것이다. 또한 그는 현실 참여를 마다하지 않는 철저한 실천가였으니, 무애박 하나를 들고 노래하고 춤추며 천촌만락에서 민초들과 어울렸다. 어떻게 한사람에게서 이 모두가 가능했을까? 그는 학자, 수행자, 실천가라는 세 방면에서 자신을 한계까지 밀어부친 사람이었다. 그가 주막과 사창가를 드나들며 끝간 데까지 갔던 무애행도 어찌 보면 자기 안의 정신을 파고들던 여정이 아니었나 싶은 것이다.

이처럼 오로지 마음의 실체를 찾고자 치열하게 파고들었던 모든 노력이 어우러진 결과, 원효는 신의 현현을 규명해 냈다. 신은 인간이 상상하거나 인간의 의식이 고안해 낸 것이 아니라 자상의 형태로 자신을 현현하고 있다. 즉 신은 엄연히 현존한다.

독자들이 그 의미를 찬찬히 생각해 보셨으면 한다. 원효는 신이 현존함을 규명한 것이다. 신이 존재하는가? 이는 인류의 가장 큰 질문이며 가장 중요한 질문이다. 그런데 이 질문을 원효가 7세기에 이미 대답한 것이다.

과학기술의 시대라고 할 21세기에도 종교는 지속되고 있으며, 그 가르침에 따르면 신은 존재한다. 그러나 많은 사람들은 신이라는 관념을 인간이 상상하거나 인간의 의식이 고안해 낸 것이라 생각하며 그 존재를 믿지 않는다. 원효가 제시한 신의 존재 규명은 그와 같은 의심을 구조적으로 깨뜨린다는 점에서 중요하다. 이는 그동안 많은 신학자, 철학자, 사상가들이 노력했지만 실패한 지점이라는 점에서 원효의 규명은 아주 독특하고도 획기적이다.

다시 한번 말하지만, 신은 우리 마음의 심연에 자리한 자상의 형태로 자신을 현현하고 있다. 자상은 상대적 인식을 넘어선 것이니, 이분법 분별로 인식하는 인간의 상상이나 의식은 자상을 직접 인식할 수 없다. 즉 원효가 규명한 신은 인간의 상상이나 의식이 만들어 낸 것일 수 없다.

오히려 신 쪽에서 불현듯 인간을 찾아오는 것이다. 원초적 에너지인 신명, 신바람, 신들림, 사로잡힘 등이 불현듯 찾아올 때라야 인간은 신을 느낀다. 또는 문득 떠오르는 영감, 창조성, 통찰, 지혜 등의 형태로 찾아오기도 한다. '문득 떠오르는 영감'이라는 말 자체가 영감이 우리 마음의 심연으로부터 '떠오르는 것'이지, 우리의 의식이 고안해 내는 것이 아니라는 사실을 담고 있다.

이러한 내면의 신을 보다 민감하게 느끼는 사람들이 있다. 자기 내면에서 들려오는 목소리를 느끼는 사람들이 있고, 그러한 메시지를 자신에게 전하는 내면의 어떤 '존재'를 느끼는 사람들이 있으며, 그러한 내면의 존재를 어떤 형상으로 느끼는 사람도 있다. 샤먼이 대표적으로 그러하며, 구약성서에 등장하는 이스라엘의 선지자들 역시 그러한 사람들이었으리라. 원효 역시 삼매 선정에 몰입함으로써 자기 내면의 신을 느꼈을 터이고, 자기 안에 담긴 도덕 법칙을 별이 빛나는 밤하늘과 함께 찬탄하며 경외감에 가득차 바라보았던 칸트 역시 그러한 사람이었을 것으로 생각한다. 이러한 사람들에 의해 내면의 신이 외재화함으로써 종교가 탄생하는 것이다.

또는 앞서 설명했듯 사람에게 영혼의 욕구가 작용할 때도 신을 느끼게 된다. 사람이 자기 영혼의 호명을 받게 되면 혼을 다 불사르지 않고서는 끝이 나지 않는다. 영혼의 욕구는 후천적으로 형성된 의식/의지로는 어찌할 수 없는 힘으로 나타나니, 사람은 '도대체 내가 왜 이러지?' 하면서도 끝장을 보고야 만다.

이처럼 사람은 일상의 삶 속에서도 자기로서 어쩔 수 없는, 자기의 의식/의지보다 강한 힘이 자신에게 작용하는 것을 느끼는 경우가 있다. 이런 경우를 통해서도 신의 관념이 형성되는 것이다. 이처럼 어떻게 보더라도 신은 체험의 소산이지, 상상이나 의식으로 인간이 고안해낸 허구의 산물은 아닌 것이다.

또한 원효는 인간 정신의 실체를 밝혀냈으니, 신이 인간의 정신으로 자리잡은 것이다. 즉 신은 인간의 마음의 심연에 정신이라는 형태로 자리잡고 있다. 〈그림 7〉과 같이 정신은 인간의 마음의 본체를 이루고 있다. 그리하여 우리 인간의 마음은 정신의 바다, 즉 신의 바다에서 자상을 길어올림으로써 생명력을 얻어 살아가고 있다. 자상을 길어올리는 정신 줄은 인간이 신과 연결된 줄인 셈이다.

원효가 일자로 제시한 한마음이 나의 마음이면서 너의 마음이고, 천지의 마음이며 우주의 마음일 수 있는 이유는, 모든 인간의 마음이 그 본체에 있어서는 '정신(자상)'으로 동일하기 때문이다. 지금까지 살펴본 훈습, 양심, 도덕 법칙, 인의예지신 오상 등은 모두 정신의 작용을 이르는 다른 말들로, 모든 인간의 마음에 공통이다. 즉 한마음이다. 이러한 한마음이 물질세계에 적용되면 법률이 되고 제도가 된다. 문명을 이룬다. 그리하여 한마음이 지금까지 걸어온 길, 앞으로 걸어갈 길이 역사인 것이다.

이상으로 원효가 마음 여행을 통해 이룬 사상적 성취는 그 의미를 두고두고 곱씹어야 한다. 원효는 그야말로 엄청난 업적을 이뤘다. 이는 인류사에 새겨져야 할 기념비적 업적이 아닐 수 없다.

그러나 그의 업적은 우리 역사의 부침과 궤를 같이했다. 조선왕조에 이르러 불교를 억압하면서 그의 가르침은 의식 수준에서는 망각되어 갔다. 그러다가 조선 말의 동학에 이르러 '한울님이 다른 데 있지 않고 사람의 마음속에 있다'는 가르침으로 부활한다. 동학은 조선왕조의 탄압에도 불구하고 우리 민족 최대의 종교로 빠르게 자리잡았는데, 그 비결은 '정신'이라는 말을 들으면 몸가짐을 바로 할 정도로 한국인들이 무의식 수준에서 정신이 바로 신이며 신비임을 알고 있었기 때문이라고 생각한다. 하지만 그후 동학(천도교)은 3.1운동을 주도했다가 일제의 대대적인 탄압을 받으면서 쇠락했고, 원효의 가르침 역시 다시 잊혀 갔다.

그러고는 지금에 이르렀다. 다시 말하지만 신의 현현을 규명하고, 인간 정신의 실체를 밝힌 원효의 업적은 인류사의 위대한 업적으로 이대로 망각해도 되는 것이 아니다. 이를 계승해서 발전시켜 나가는 것이 오늘날 후손들의 당연한 의무라고 하겠다.

3장

하나에서
나뉘고
하나로 돌아간다

불이의 철학

멸하지 않는
마음

그 자상인 심체는 멸하지 않는다.

其自相心體不滅
기자상심체불멸

《대승기신론소》, 〈해석분(解釋分)〉, 현시정의(顯示正義)

우리는 명상이 깊어진 경지를 흔히 '무념무상(無念無想)'의 상태라고 표현하는데, 이때 念(생각 념)과 想(생각 상)은 모두 이분법 분별에 따라 생겨나는 생각을 가리킨다. 念 자는 今(이제 금) + 心(마음 심)의 구조로 지금 이 순간 마음에 올라와 있는 어떤 생각을 가리키며, 想 자는 相(볼 상) + 心의 구조로 분별에 따른 어떤 상(相, 이미지)이 마음에 올라온 경우를 가리킨다.

명상이 깊어지면 이분법 분별을 넘어서니 허망한 상(相)들이 모두 사라지면서 想(상) 역시 사라진다. 그리고 이때 마음에는 어떤 생각도 올라와 있지 않으니 念(념) 역시 사라진다. 이리하여 온갖 상념(想念)이 멈추니 무념무상의 상태가 되는 것이다. 하지만 이때도 念과 相이 사라진 것일 뿐 밑바탕인 마음[心]은 남으니, 〈그림 7〉에서 자상으로 이뤄진 마음의 본체이자 심체(心體)가 바로 밑바탕을 이루는 마음이다. 이처럼 자상으로 이뤄진 심체(즉 정신)는 명상으로 무념무상의 상태에 도달했다 해도 멸하지 않고 여전히 남아 있는 것이다. 그리고 이처럼 자상이 멸하지 않고 남아 있기 때문에 무념무상의 상태에서도 마음의 지혜가 발휘될 수 있다.

> 마음의 지혜는 멸하는 것이 아니라 함은, 신을 풀어내는 본성을 마음의 지혜라 이름하는 것이니 … 이는 자상은 멸하지 않는다는 뜻을 밝힌 것이다.
>
> 非心智滅者 神解之性名爲心智 … 是明自相不滅義也
> 비심지멸자 신해지성명위심지 … 시명자상불멸의야
>
> 《대승기신론소》, 〈해석분(解釋分)〉, 현시정의(顯示正義)

앞서 명상 수행이 깊어지면 생멸의 마음인 자아의식을 넘어 한마음 본원으로 돌아갈 수 있고, 이때 네 가지 지혜가 완전해져 부처의 지혜 경지에 이를 수 있다고 했는데, 윗 구절은 이러한 지혜가 어디서 비롯하는지 보여 준다.

자상은 상대적 분별이라는 오염[染]을 넘어선 청정한 마음이라고 했는데, 이는 자상이 상대성을 넘어선 경지에 있음을 뜻하며, 무분별지(無分別智)의 원천임을 의미한다.

융은 원형에 대해 그 가장 깊은 성질은 우리 인간의 경험의 접근을 허용치 않는 것이라고 하면서도 스스로 다음과 같이 정의 내린 바 있다: 원형은 전체 조상들의 계보로부터 물려받은 정신 활동의 침전물에 해당하는 것이니, 즉 모든 유기체의 경험이 쌓아 올려지거나 모아진 것으로, 일백만 번도 더 반복되고 응축되어서 유형이 되기에 이른 것이다. 따라서 이 원형들에는 태초 이래 이 지구별에서 일어난 모든 경험이 반영되어 있다.[20]

이러한 융의 설명을 읽어 보면, 융이 원형을 진화의 산물로 여겼을 것처럼도 느껴진다. 하지만 그는 원형에 대해 이미 '이전에 형성된' 것이라는 점을 알 뿐 언제 어떻게 생겼는지는 아무도 모른다고 했고,[21] 원형이 언제 어떻게 생겼는가 하는 물음은 '형이상학의 물음'이어서 대답이 불가능하다고도 했다.[22] 융은 진화생물학을 공부한 사람이기 때문에 그의 이러한 언명은 원형을 진화의 산물로 규정짓기를 거부한 것이라고 필자는 생각한다.

진화생물학에 따르면 학습의 결과는 유전되지 않으므로 원형의 존재를 설명할 수 없다. 오늘날 진화심리학 분야에서는 인간의 마음이 과거 환경의 적응적 문제들을 풀기 위해 자연선택된 수많은 해결책들의 묶음이라는 사실을 인정하고 있으며, 그에 따라 인간의 마음은 각각의 적응적 문제들을 잘 해결하게끔 특수화된 수많은 심리적 '공구'들이 빼곡히 담긴 연장통과 같다고 설명한다. 그러나 동시에 "우리의 마음은 수백만 년 전 아프리카의 수렵-채집 생활에서 겪어야 했던 문제들을 잘 풀게끔 진화했다"고 한다. 그 결과 우리의 마음은 농경 사회에서조차 반드시 잘 작동하는 것은 아니라고 하며, 그 이유는 "복잡한 심리적 적응이 출현하려면 … 적어도 수천 세대에서 수만 세대에 걸쳐 진화해야" 하기 때문이다.[23] 그에 비해 약 1만 1,000년 전 시작된 농경 사회는 우리의 심리 구조에 유의미한 진화적 변화를 일으키기에는 턱없이 짧은 시간이었다고 한다.

이상과 같이 판단하는 이유는 아마도 돌연변이와 이후의 자연선택을 통한 진화라는 전통적 설명을 고수하기 때문일 듯하다. 하지만 그래서는 원형이 제시하는 풍성한 통찰이 설명되지 않는다. 앞장에서 언급한 신화나 《주역》의 64괘가 제시하는 통찰들은 시간과 공간의 특수성을 뛰어넘어 인류의 여러 문명에 공통으로 나타난다는 점에서 원형의 반영이다. 그런데 그 내용을 보면 수백만 년 전 아프리카의 수렵-채집 생활에서 겪어야 했던 문제들을 풀게끔 진화한 결과로는 도저히 볼 수 없는 것이다.

이처럼 원형이 진화의 산물이 아니라면, 결국 원형이 언제 어떻게 생겼는가 하는 물음은 '형이상학의 물음'이 될 수밖에 없다. 그리고 이에 대해 대답이 불가능하다고 한 융의 언명은 사실상 원효의 가르침과 궤를 같이하는 것이라고 할 수 있다. 즉 우리 안에 선험적으로 존재하는 자상(원형)은 본성이 스스로 '신(神)'을 풀어낸 것이어서 '리언절려(離言絶慮)'의 대상인 것이다. 궁극의 일자는 개별자인 인간의 인식을 넘어선다고 했던 헤겔과 쇼펜하우어 역시 이에 동의할 것이다.

어쨌든 원형(자상)은 최소한 원시 시대 이래 이 지구상에서 일어난 모든 유기체의 경험과 그에 따른 통찰이 응축된 것이니, 그 안에 담긴 지혜는 막대한 것이다. 게다가 상대적 분별을 넘어선 무분별지의 형태로 담겨 있으니, 상대성을 넘어 자재로운 창조성의 원천으로 기능한다. 앞서 인간의 창조성이 아라야식에서 나온다고 했던 이유도 이처럼 막대한 지혜와 창조성의 원천에 접속되기 때문이다.

이러한 자상들로 채워진 광대한 바다가 바로 우리 마음의 심체인데, 이 심체가 멸하지 않기에 한마음을 이룬다. "자상인 심체는 멸하지 않는다"는 말은 단지 명상으로 도달한 무념무상의 상태에서도 멸하지 않는다는 뜻을 넘어 개별자인 우리 인간 각자의 몸이 죽고 자아가 흩어진다 해도 우리 마음 안에 담겼던 자상 심체는 멸하지 않는다는 뜻이기도 하다. 이는 자상이 이 지구별에서 태초의 유기체 이래 계속 이어져 온 마음임을 생각해 보면 알 수 있다. 개별자인 내가 귀천한다 해도 후대로 계속 이어져 갈 마음이 자상 심체, 즉 정신이며 한마음인 것이다.

이 세상은 왜 아름다운가?

심체인 자상의 마음 바다는 청정하니 우리가 명상을 통해 한마음을 회복하면 분별에서 벗어남으로써 온갖 번뇌로부터도 벗어날 수 있다. 그리고 이때 광명과 함께 한량없는 기쁨이 찾아온다. 이런 기쁨이 찾아오는 이유는 복합적이다. 우선 번뇌에서 벗어나고 그에 따른 고통에서 벗어난 데 대한 기쁨이 있다. 다음으로 식(識)이 해제된 데 따른 기쁨이 있다. 이에 대해서는 환각제인 LSD를 복용한 경험자들로부터의 증언이 있다.

LSD는 깊은 명상 수행을 한 것과 유사한 효과를 가져온다는 점에서 주목되기도 하는데, 1960년대 미국에서 광범위하게 퍼져 당대의 히피 문화를 형성하는 데 큰 영향을 미친 바 있다. 그 후 금지 약물로 지정되었다가 2000년대 들어 우울증, 외상 후 스트레스 장애 등을 치료하기 위한 의료적 사용 가능성이 연구되고 있다.

LSD를 소량 복용하는 임상 시험에 참여한 사람들은 모두 이 세상이 놀라운 곳으로 보이는 경험을 한다. '모든 것은 하나다', '모든 것은 연결되어 있다', '이 세상의 본질은 사랑이다' 등등의 증언을 내놓으며 감동과 기쁨의 눈물을 뚝뚝 흘리기도 한다. 특히 나에게 주목되는 증언은 "감각의 필터를 제거한 것 같다"는 느낌이다. 그에 따라 "모든 감각 하나하나가 그토록 생생하다"고 증언하는데, 이는 안식과 의식이 해리되는 현상으로 볼 수 있다. 이 세상을 분별해서 보는 안식이 해리됨으로써 모든 감각 하나하나가 생생해지고 이 세상이 놀라운 곳으로 보이는 것이다. 이때 무한한 기쁨을 느끼는 이유는 우리의 식이 자유롭게 뛰노는 우리 본성을 억누르는 측면이 있기 때문이다. 그러다가 식이 해리되면서 억눌림을 벗어나니 해방의 기쁨을 느끼는 것이다.

최종적으로 명상을 통해 분별에서 벗어나고 식에서 벗어났을 때 한량없는 기쁨이 찾아오는 가장 근본적인 이유는 이 세상의 본질이 '진선미'이기 때문이다. 분별에서 벗어나 세상을 마주했을 때 그 실상이 진선미임을 느끼면 한량없는 기쁨이 찾아온다. 이 세상의 본질이 진선미라면 거기 속한 나 역시 진선미의 존재이니 어찌 기쁘지 않겠는가?

하지만 이 세상의 본질이 정말 진선미일까?

예를 들어 세계 어디를 가나 도시의 불빛을 멀리서 바라보면 참 아름답다. 어느 도시를 막론하고 모두 아름답다는 사실은 주목할 만하다. 아름답게 보이고자 인위적으로 배치한 것이 아닌데도 매우 아름답다. 범위를 좁혀서 밤에 아파트 건물 어느 한 동 앞에 서서 건물 전체의 불빛을 보면 역시 매우 아름답다. 한 집 한 집 그 안으로 들어가 보면 그 안에는 비극도 있을 것이다. 하지만 거리를 두고 멀리서 보면 전체로서는 매우 아름답다. 역시 아름답게 보이고자 인위적으로 배치한 것이 아닌데도 아름답다. 이는 사람의 인생에서도 마찬가지다.

찰리 채플린은 "인생은 가까이서 보면 비극이지만, 멀리서 보면 희극"이라는 명언을 남겼다. 슬픔 속에서도 유머를 발견하고 인간적인 연민과 웃음을 함께 전하고자 했던 그의 예술 철학을 잘 보여 주는 명언인데, 그대로 우리 인생과 이 세상의 본질이 무엇인지 잘 보여 주는 혜안이기도 하다. 우리가 바로 눈앞의 고통이나 어려움에 몰두할 때면 인생이 비참하게 느껴지지만, 시간이 흘러 거리를 두고 보면 그에 대해서도 미소를 지을 수 있다.

이때 거리를 두고 본 것이 이 세상의 참모습이며, 내 인생의 참모습이다. 다른 집들은 다 행복해 보이는데 우리 집에만 불행이 있는 것 같은 느낌을 받는가? 그 이유는 다른 집들은 거리를 두고 멀리서 보기 때문이다. 인생의 문제 역시 마찬가지다. 자기 인생의 문제에 있어서도 거리를 두고 볼 줄 아는 절제된 시각을 기른다면 그 본질이 진선미임을 느낄 수 있다.

최근 비행기에서 인상 깊은 경험을 한 적이 있다. 여행을 떠났다 귀국하는 길이었는데 해 질 녘에 비행기가 인천공항으로 접근하고 있었다. 창밖으로 저 멀리 서쪽 하늘에 해가 막 넘어가려는 순간이라 아름다운 놀이 졌다. 그런데 이때 비행기는 높으니 아직 해가 보이지만, 구름 밑 세상에서는 이미 해가 떨어진 모양이었다. 구름 아래 도시에는 불빛이 들어온 상태였고, 그 불빛이 구름에 비친 모습이 구름 위를 나는 비행기 탑승자에게는 보였다. 더없이 신비로운 분위기라 모든 탑승자가 넋을 잃은 채 조용히 보고 있었다. 이윽고 구름을 지나니 도시의 불빛이 그대로 눈에 들어왔는데, 안산쯤인지 바다와 땅이 한데 어우러지고 군데군데 도시의 불빛이 들어선 모습이 역시 아름다웠다. 이때 뒷자리의 젊은이들이 그 광경에 대해 아름답다며 나누는 대화가 귀에 들렸는데, 그중 한 친구가 불쑥 "쓸데없이 예쁘다"는 말을 내뱉었다. 그 한마디가 필자에게 인상 깊게 각인되었다.

때마침 우리 비행기가 지나가고 있었기에 그 광경을 목격했을 뿐 평소라면 아무도 하늘의 각도에서 그 광경을 볼 일이 없다. 정말 쓸데없이 예쁘다. 아무도 볼 일이 없는데 무려 바다와 대지가 동원되고 인간의 도시가 동원되어 감탄을 자아내는 걸작을 연출하고 있다. 어떻게 우리 우주는 이렇게 쓸데없이 예쁘단 말인가?

그 이유는 이 세상의 본질이 진선미이기 때문에 우주가 어떤 노력을 동원하지 않고 자연스레 그냥 두었을 때도 아름답기 때문이다. 우주가 있는 그대로 그냥 둔 것이 바로 자연(自然)이니, 자연은 '스스로 그러하다'는 뜻이다. 하지만 자연은 어디를 둘러봐도 아름답다. 이를 통해서도 이 세상의 본질이 진선미라는 사실을 알 수 있다.

이와 같은 진선미를 마주한다면 어찌 기쁘지 않겠는가? 이 세상은 그 실상을 바로 본다면 충분히 기쁠 수 있는 곳이다. 그에 따라 깊은 명상에 들었을 때 한량없는 기쁨이 찾아오는 것은 자연스럽다. 그러므로 명상 수행자들은 이 기쁨이 열반의 본질이라 생각하고 그와 같은 상태에 머무르고자 하는 경향이 있다. 그러나 원효는 그렇지 않다고 가르치니 이 점에 대해서는 글을 달리해 살펴보기로 한다.

모든 것이 태어나는
두 개의 문

진여문에는 생(生)을 가능하게 하는 뜻이 없고 … 생멸문

중에 생을 가능하게 하는 뜻이 있다.

眞如門 無能生義 … 生滅門中 有能生義
진여문 무능생의 … 생멸문중 유능생의

《대승기신론소》, 〈해석분(解釋分)〉, 현시정의(顯示正義)

서두에서 원효는 '진여문', '생멸문'같이 각각을 '문(門)'으로 지

칭하고 있다. 이는 한마음에 들어가는 문을 뜻하는데, 그 의미

에 대해 약간의 설명을 해야 한다.

문이란 외부에 선 사람에 대해 내부 공간에 대한 대표성을 갖

는다. 예를 들어 서울에 들어가는 문으로는 숭례문(崇禮門, 남

대문)과 흥인지문(興仁之門, 동대문)이 있다. 숭례문은 예(禮)를 숭상한다는 뜻이다. 이는 서울 앞에 선 외부자에 대해 서울이 예의 공간임을 표상한다. 외부자가 숭례문을 통과해 서울에 진입하면 예의 공간에 들어간 것이다. 흥인지문은 인(仁)을 흥하게 한다는 뜻이니, 이는 서울 앞에 선 외부자에 대해 서울이 인의 공간임을 표상한다. 그렇다고 서울이 각각 예와 인의 공간 둘로 쪼개진 것은 아니며, 예의 공간이면서 동시에 인의 공간이다.

한마음에 들어가는 진여문, 생멸문도 같은 취지이니, 한마음이 진여와 생멸 둘로 쪼개진 것이 아니라 한마음에는 진여의 측면도 있고 생멸의 측면도 있다는 뜻이며, 진여의 마음이면서 동시에 생멸의 마음임을 나타내는 것이다. 진여와 생멸을 각각 진여문, 생멸문으로 쓸 때는 이러한 취지를 내포한 것임을 염두에 두면 좋다.

다음으로 원효는 진여문으로 들어간 한마음에는 "생(生)을 가능하게 하는 뜻이 없다"는 점을 지적하고 있다. 진여문으로 들어간 한마음은 깨달은 마음이며 열반에 이른 마음이니 아무 문제가 없고 다 좋을 것 같은데 그렇지 않다는 말이다.

생(生)은 무언가를 '낳는다'는 뜻이다. 진여에는 이러한 생(生)을 가능하게 하는 뜻이 없으니, 한마음에 진여만 있다면 무언가를 낳을 수 없다. 이 세상에 삼라만상을 탄생하게 할 수 없는 것이다. 반면 생멸 가운데 생(生)을 가능하게 하는 뜻이 있다고 한다. 그러니까 생멸하는 마음이 있어야 이 세상에 삼라만상을 탄생시킬 수 있다는 것이다. 왜 그럴까?

태어남과 죽음, 선과 악이 모두 필요한 이유

모든 부처와 여래는 … 세속의 진리의 경계가 없으니 베풂과 작위를 여읜다. 단지 중생의 견문에 따라 이익을 얻게 한다.

諸佛如來 … 無有世諦境界 離於施作 但隨衆生見聞得益
제불여래 … 무유세제경계 이어시작 단수중생견문득익

《대승기신론소》, 〈해석분(解釋分)〉, 현시정의(顯示正義)

"세속의 진리의 경계가 없다"는 말은 빛과 어둠, 기쁨과 슬픔, 정당함과 부당함, 네 편과 내 편, 이것과 저것 등으로 경계를 짓지 않는다는 뜻이다. 부처와 여래는 시간의 장을 떠나 초월의 장인 피안에 이른 존재이며, 피안에는 이분법 분별이 존재하지 않는다. 그러므로 부처와 여래의 지혜 경지는 이분법 분별을 넘어서니, 일체의 분별과 집착이 없다. 이는 진여의 존재인 부처와 여래가 분별지를 여의고 무분별지만 지녔다는 뜻이다. 그리고 그 결과 부처와 여래는 구체적인 베풂과 작위를 여의게 된다. 이는 분별지를 바탕으로 어떤 구체적 작위를 행할 경우 나머지 절반에 대해서는 부작용이 미치기 때문이다.

예를 들어 서울에는 큰 산인 북한산이 있어 많은 줄기를 뻗었고 사람들은 그 골짜기에 깃들어 산다. 그 골짜기에 사는 어린아이는 산줄기 너머에 있는 학교에 가기 위해 힘들게 고개를 넘어가야 한다. 이때 어린아이를 지켜보던 북한산이 안쓰러워 산줄기를 들어 올려 다른 곳으로 옮겨 주면 어떨까? 어린아이에게는 좋지만 그 숲에 깃들어 살던 다람쥐, 족제비, 고라니 등 뭇 생명이 다치게 된다. 그러므로 북한산은 어린아이를 보면서도 오늘도 말없이 그냥 서 있는 것이다.

여래가 구체적 베풂과 작위를 행한다면 또 다른 측면에서도 곤란해진다.

관(觀)을 닦아 익히는 이는 마땅히 관해야 하리니, 일체 세간의 유위의 법이 오래 머무르지 못하여 잠깐 동안에 변하여 무너진다. … 이러하므로 고(苦)인 것이다.

修習觀者 當觀 一切世間有爲之法 無得久停 須臾變壞 …
수습관자 당관 일체세간유위지법 무득구정 수유변괴 …

以是故苦
이시고고

《대승기신론소》, 〈수행신심분(修行信心分)〉

위의 구절은 일체 세간의 유위(有爲)의 법이 덧없음을 말하고 있다. 유위(有爲)의 법은 어떤 것이든 오래 머무르지 못해 잠깐 동안에 변해 버린다. 그러고는 무너져 간다. 그래서 덧없는 것이며 그래서 어떤 것이든 결국 고(苦)일 따름이다. 어찌 여래가 이와 같은 고를 짓겠는가?

결국 생(生)을 가능하게 하려면 진여의 마음만이 아니라 생멸하는 마음이 또 필요함을 알 수 있다.

생(生)이란 초월의 장을 떠나 시간의 장으로 들어옴을 뜻한다. 그러니 이제 시간이 흐름에 따라 로·병·사(老·病·死)가 따라온다. 그래서 태어난 것은 반드시 죽으니 생멸(生滅)이다. 죽는 것이 싫다면 태어나지 않으면 된다. 태어나지 않으면 죽지도 않으니 불생불멸(不生不滅)이다. 그러나 이때는 태어남[生]도 없다. 생명의 탄생, 청춘의 약동, 성장의 기쁨이 없는 것이다. 역시 불생불멸 외에 생멸이 또한 필요함을 알 수 있다.

이른바 불생불멸의 마음이 생멸의 마음과 화합하여 같지도 않고 다르지도 않은 상태가 되니 아라야식이라 이름한다.

所謂不生不滅 與生滅和合 非一非異 名爲阿黎耶識
소위불생불멸 여생멸화합 비일비이 명위아라야식

《대승기신론》, 〈해석분(解釋分)〉, 현시정의(顯示正義)

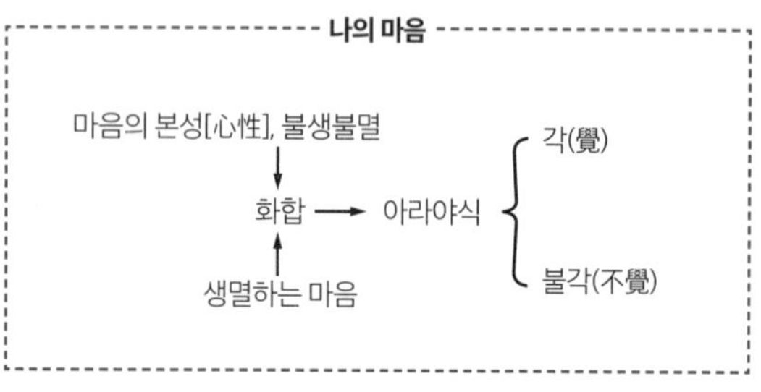

〈그림 8〉 내 마음속의 각(覺)과 불각(不覺)

그러므로 불생불멸의 마음인 진여가 홀로 존재하지 않고 생
멸의 마음과 화합해 아라야식을 이루는 것이다. 《기신론》은 이
아라야식에 두 가지 뜻이 있다고 말한다.

이 식에 두 가지 뜻이 있으니 일체법을 포섭할 수 있고 일체
법을 낳을 수 있다. 무엇을 둘이라 하는가? 첫째는 각(覺)의
뜻이요, 둘째는 불각(不覺)의 뜻이다.
此識有二種義 能攝一切法生一切法 云何爲二 一者 覺義
차식유이종의 능섭일체법생일체법 운하위이 일자 각의
二者 不覺義
이자 불각의

《대승기신론》, 〈해석분(解釋分)〉, 현시정의(顯示正義)

진여의 마음과 생멸의 마음이 화합해 아라야식을 이루었으니,

그 안에서는 각의 뜻과 불각의 뜻이 서로 맞서고 있는 것이다.

불각의 뜻이 본각을 훈습함을 말미암는 고로 모든 염법(染
法)을 낳으며, 또 본각의 뜻이 불각을 훈습함을 말미암는
고로 모든 정법(淨法)을 낳는 것이다. 이 둘의 뜻에 의해 일
체법을 다 낳기 때문에 "식에 두 가지 뜻이 있어서 일체법을
낳을 수 있는 것이다"라고 했다.

由不覺義熏本覺故　生諸染法　又由本覺熏不覺故　生諸淨
유불각의훈본각고　생제염법　우유본각훈불각고　생제정

法　依此二義　通生一切　故言識有二義生一切法
법　의차이의　통생일체　고언식유이의생일체법

《대승기신론소》, 〈해석분(解釋分)〉, 현시정의(顯示正義)

"염법"이란 말 그대로 하면 '오염된 존재'라는 뜻인데, 청정하
지 않은 속세의 모든 존재를 가리키는 말이다. "정법"은 반대로
속세를 벗어난 청정한 존재를 가리킨다.

아라야식 안에서는 불각의 뜻이 본각을 훈습해서 속세의 온
갖 존재를 낳으며, 반대로 본각의 뜻이 불각을 훈습해서 모든
청정한 존재를 낳는다고 한다. 그 결과 이 세상에는 온갖 청정
한 존재와 청정하지 않은 속세의 존재들이 모두 다 있게 된다.
이 우주에 삼라만상이 총천연색으로 펼쳐지는 것이다. 그러려

면 한마음에 진여의 마음만 있어서는 곤란하고 생멸의 마음 역
시 있어야 한다. 그리고 두 마음이 화합한 아라야식 안에서는
각각을 반영한 (본)각과 불각의 뜻이 서로 맞서서 겨루게 되는
것이다.

기독교를 반영한 서양의 신비주의 사상에서는 아스트랄계(또
는 아스트랄체)가 있어서 그곳에서 천사와 악마가 서로 싸운다
고 설명하는데, 인간의 무의식 세계인 아라야식이 바로 아스트
랄계에 해당한다. 여기서 본각은 불각을 훈습해서 청정한 존재
를 낳고자 하며, 불각은 본각을 훈습해서 오염된 존재를 낳고자
한다. 이처럼 우리 마음의 심연에 자리한 아라야식계에서는 본
각과 불각의 두 뜻이 치열하게 맞서며 서로 겨루고 있는 것이다.

원효의 이러한 설명은 기독교의 오랜 질문 하나를 해결한다.
하느님이 창조한 이 세상에 천사만 있으면 좋은데 그 외에 악마
가 또 있는 이유는 무엇인가? 이 우주에 삼라만상이 총천연색으
로 펼쳐지도록 하는 것, 즉 천지창조를 이루기 위해 악마도 필
요한 것이다. 천사는 이분법 분별을 하지 않으므로 천사만 있으
면 생(生)을 가능하게 하는 뜻이 없기 때문이다. 그리하여 천사
외에 악마가 또 있는 것이며, 이 둘은 우리 마음의 심연에 자리
한 아라야식계(아스트랄계)에서 서로 자신의 뜻을 펼치고자 맞

서며 치열하게 겨루고 있는 것이다. 그 결과 이 세상에는 온갖 삼라만상이 총천연색으로 펼쳐지는 것이다.

아울러 융은 무의식 안에 생명 에너지가 담겨 있다고 했는데, 이러한 생명 에너지가 어디서 나오는지도 이해할 수 있다. 원래 에너지는 낙차에서 생긴다. 물레방아나 수력 발전의 원리를 생각해 보면 알기 쉽다. 높은 곳에 있는 물이 아래로 떨어지며 낙차를 해소하는 과정에서 운동 에너지가 생긴다. 배터리도 마찬가지 원리이니, 배터리를 충전한다는 것은 배터리의 음극에 있는 음의 전자를 양극으로 이동시켜 놓음으로써 낙차를 발생시키는 것이다. 그러면 나중에 전자가 양극에서 다시 음극으로 돌아가는 과정에서 에너지가 생긴다. 비슷한 원리로 아라야식 안에 동시에 존재하는 각과 불각 간의 낙차 때문에 에너지가 생겨나는 것이다. 원효는 생멸 중에 생(生)을 가능하게 하는 뜻이 있다고 했는데, 융이 말한 생명(生命) 에너지와 그 용어도 절묘하게 일치하고 있다.

허무를 넘어
삶으로

원효가 제시한 생(生)의 에너지, 창조의 에너지 언급은 사상
사적으로 중요한 의미가 있다. 석가모니가 불교의 가르침을 전
파하던 초기 시절, 스님들이 스스로 목숨을 끊는 일이 많이 벌
어졌다.[24] 고디카 스님의 경우 해탈을 성취했다가 상실하는 일
이 6번 반복되자 7번째로 해탈을 얻었을 때 칼로 자살했다. 충
격적인 결론이지만 초기 불교의 논리 자체가 그와 같은 결론으
로 흐를 가능성을 안고 있었다.

한량없는 기쁨이 찾아왔고 자신이 열반에 도달한 것이 맞다
면 수행자의 선택지 중 하나는 그만 사는 것이다. 명상(삼매)에
든 시간은 한없이 기쁜데 명상에서 나와 현실의 삶을 이어 나가

려면 구차하기만 하다. 비루한 육체의 삶을 계속 이어 가야 할 이유가 어디 있겠는가? 실제로 당시 스님들은 자신의 부정한 육체에 너무 혐오감을 느낀 나머지 스스로 목숨을 끊었다고 한다.

초기 불교에서는 이 세상 자체를 고(苦)라 했고, 고를 없애는 방법으로 일체의 욕망을 제거하도록 가르쳤다. 욕망의 불을 끈 상태가 바로 해탈이다. 이러한 불교의 가르침은 현대에 이르기까지도 크게 인기를 끌고 있다. 우선 이 세상 자체가 고라는 가르침이 고통에 시달리는 사람들에게 큰 위안을 주기 때문이다. 우리는 누구나 고통에 시달리고 있는데 이 세상 자체가 고라고 하면 내가 잘못해서 나만 그런 것이 아니고 원래가 그런 것이라는 점에서 큰 위안이 된다. 또한 일체의 욕망을 제거하면 고를 없앨 수 있다는 가르침 역시 논리적 명쾌성으로 인해 납득이 되고 인기가 있다.

하지만 그렇게 일체의 욕망을 제거한 결과 결국 생(生)을 가능하게 하는 뜻을 상실하고 말았다. 그 결과가 스님들의 자살이었고, 설령 자살에 이르지 않더라도 삶의 의욕을 상실해 나태한 삶에 빠지게 하는 부작용이 있었다. 그리하여 불교계에서도 이에 대한 반성이 일어나니, 불교가 소승(小乘)에 빠지는 우를 경계하기 시작했다. 소승이란 불교가 금욕을 통해 개인의 번뇌와 고통을 없애는 것에만 집중하는 경우를 비판적으로 이르는 말이다.

소승불교와 쇼펜하우어 사상의 오류

이와 같은 오류는 불교만이 아니라 다른 사상과 철학에서도 나타나기 쉬우니, 19세기의 쇼펜하우어 역시 비슷한 오류에 빠졌다. 쇼펜하우어에 대해서는 앞서 잠깐 설명했듯 우리가 보는 세계의 이면에는 눈에 보이지 않는 힘인 하나의 의지가 작용하고 있다고 했다. 또한 그 의지는 맹목적이고 끝이 없기 때문에 우리는 하나의 목표를 이뤄도 결코 최종적인 만족을 얻을 수 없다. 이 맹목적인 의지, 허기진 의지 때문에 우리는 한없이 계속되는 노력에 나서게 된다. 그리하여 욕망이 충족되지 못하면 고통스럽고, 충족되고 나면 곧 권태가 찾아오기에 다시 새로운 욕망을 추구한다. 그 결과 우리의 "인생은 고통과 권태 사이에서 오락가락하는 시계추와 같다"는 말을 남겼다.

이러한 쇼펜하우어의 논리는 자연스레 소승불교와 유사한 결론에 이른다. 그는 금욕을 통해 의지를 제거함으로써 우리의 고통을 없앨 수 있다고 보았다. 그리고 나중에 자신의 사상과 불교가 유사하다는 사실을 알고 불교에 많은 관심을 보이기도 했다. 이러한 쇼펜하우어의 사상 역시 불교와 비슷한 이유로 인기가 있으니, 우리나라에도 그의 팬이 많다. 인생은 원래 고통과 권태 사이에서 오락가락하는 시계추 같은 것이라는 말은 크고 작은 고통에 시달리는 사람들에게 위안을 주며, 금욕을 통해 고통을 없앨 수 있다는 가르침은 그 명쾌함으로 인해 관심을 끈다. 하지만 그의 가르침 역시 고통을 없애는 데만 집중함으로써 소승불교와 똑같은 오류에 빠진 것이니, 삶의 의지를 상실하고 무기력한 상태에 이르게 한다.

이러한 쇼펜하우어의 사례는 초기 불교에서 스님들을 자살하게 만들었던 사상적 오류가 언제고 인간의 사상 전개에서 다시 나타날 수 있는 구조적인 것임을 보여 준다. 그리고 원효는 이에 대해 "진여문에는 생(生)을 가능하게 하는 뜻이 없고 … 생멸문 중에 생(生)을 가능하게 하는 뜻이 있다"는 한마디 말로 그 구조적 문제를 명쾌하게 지적한 것이다. 쇼펜하우어가 말하는 하나의 의지는 한마음과 다르지 않다고 앞서 설명했는데, 여기서 좀 더 부연하면 한마음 중 생멸의 마음에 해당한다. 우리로 하여금 한없이 계속되는 노력에 나서게 하는 맹목적인 의지, 허기진 의지란 나와 내 것에 집착하는 생멸의 마음을 가리킨다. 이 생멸의 마음이 낳는 온갖 번뇌가 바로 그가 말하는 고통이다.

이에 대해 원효는 생멸의 마음이 번뇌와 고통을 낳긴 하지만 그 가운데 생(生)을 가능하게 하는 뜻이 있다는 사실을 간명하게 제시했다. 쇼펜하우어는 의지를 부정함으로써 그 가운데 담긴 생(生)을 가능하게 하는 뜻도 부정해 버리는 오류에 빠진 것이다. 그 결과 그는 자신의 생일날 상복을 입는 등 염세주의로 흘러갔다. 하지만 '생(生)'이란 곧 창조인데, 창조는 창조주인 신(神)의 본질이다. 그러므로 생을 부정하는 것은 곧 신을 부정하는 것이다. 지금 이 순간도 우리를 둘러싼 대자연과 우주는 삼라만상을 총천연색으로 꽃피워 가고 있다. 그런데 생을 부정하는 것이 어찌 진리일 수 있겠는가?

그럼에도 고를 없애는 데 집중했던 초기 불교의 사상과 그에 따른 명상 수행은 반대 방향으로 흐를 가능성이 다분했다. 명상은 심연에 있는 마음의 본성(진여)에 가닿고자 하는 것이므로 기본적으로 침잠해서 깊이 내려간다. 이렇게 해서 깊은 명상에 도달했을 때 한량없는 기쁨을 느끼게 된다. 하지만 명상 수행은 이렇게 침잠한 상태로 끝내면 안 되니, 생의 뜻을 상실하기 때문이다.

쇼펜하우어는 자기 생일날 상복을 입는 퍼포먼스를 보여 줬을 뿐 자살하지 않았지만, 초기 불교 시절 그 사상을 진지하게 받아들였던 스님들은 실제로 삶을 그만두는 자살을 선택했던 것이다. 이처럼 생명을 부정하고 죽음으로 이끄는 사상은 진리일 수 없기에, 불교학자로서 원효의 사상적 노력은 초기 불교에 내재한 이 구조적 문제를 해소하는 데 집중되고 있다. 그리하여 생(生)의 뜻을 강조하는 것이 원효 사상의 특징이며, 한국 불교의 특징을 이룬다.

그러나 이렇게 생의 뜻을 강조함으로써 원효는 일자(一者)인 한마음의 분열을 초래한 것이지, 아직 사상의 완결을 이룬 것이 아니다. 이 상태 그대로는 한마음이 진여와 생멸로 나뉜 이자(二者)이지, 궁극의 일자가 되지 못한다.

원효가 "진여문에는 생을 가능하게 하는 뜻이 없다"고 말했을 때 원효는 진여를 일자의 자리에서 밀어냈다. 나아가 "생멸문 중에 생을 가능하게 하는 뜻이 있다"고 선언함으로써 한마음이 진여와 생멸로 이원화하듯 한 모습을 연출하고 있다. 그럼에도 원효가 한마음을 일자로 제시하고자 한다면, 그는 이제 이 이원성의 문제를 해결하지 않으면 안 된다. 이는 인류의 철학사에서 반복되는 일(一)과 다(多)의 문제를 해결하고자 하는 사상적 대도전에 원효가 나섰음을 시사한다.

하나에서 만물이 나오고 만물은 다시 하나가 된다

본디 철학이란 세계의 구조를 밝히려는 인간 정신의 시도라고 할 수 있다. 이러한 시도는 결국 일(一)과 다(多)의 문제에 마주하게 되므로 이 문제가 철학의 핵심 문제라고 할 수 있다. 이 세계에는 삼라만상이 넘쳐흐르는데 인간 정신은 현상계에 넘쳐나는 만유(萬有)를 개별적인 것으로만 보지 않으며, 그 다양성 안에서 동일성의 요소를 포착한다. 그에 따라 인간의 철학은 이러한 동일성의 근원이 무엇인지를 밝히고자 한다. 이는 곧 궁극의 실체를 찾는 것인데, 이러한 궁극의 실체는 결국 하나일 수밖에 없으니, 즉 일(一)이며 일자다.

인간은 본능적으로 이 '하나'를 추구한다. 그리고 자신의 행위 준거를 이 일자에 두고자 하니 종교가 생겨난 이유가 바로 이 때문이다.

하나를 추구하는 인간의 본능은 인간 정신의 숭고함을 보여 주는 것이기도 하다. 앞서 스님이 열반에 이르렀다고 생각했을 때 자살을 선택한 행동 역시 사상적 순수함의 결과였다. 자신이 수행 끝에 궁극의 일자인 진여와의 합일에 도달했다면, 사상적 귀결은 당연히 그 상태에 머물러야 하고 일자를 더럽힐 수 없는 것이다. 그런데 명상에서 나와 현실의 삶을 이어 가려면 비루함 에 다시 빠져들어 일자를 더럽히게 된다. 그 결과 스님들은 자 살을 통해 육체의 삶을 끊음으로써 자신이 도달한 합일의 순수 성을 지키고자 했던 것이다.

이처럼 정신의 존재로서의 인간에게 있어서 일자의 관념은 죽고 삶의 문제일 수 있다. 그러므로 인간의 철학이 일(一)을 찾고 나면 이제 일(一)에서 다(多)가 나오는 원리, 즉 삼라만상 의 다양성을 낳는 원리를 확보해야 한다. 철학이 이에 실패할 경우 하나를 추구하는 인간의 본능이 다(多)의 다양성을 부정하는 결과를 낳기 때문이다. 스님들의 자살 사건은 극단적인 예일 뿐 인간의 역사 전개에서 하나를 추구하는 원리주의가 전면에 부상할 때 다양성 파괴의 결과를 가져오는 것을 수시로 목도했고, 21세기인 현재에도 목도하고 있다.

그러므로 원효는 "생멸문 중에 생(生)을 가능하게 하는 뜻이 있다"고 선언함으로써 창조의 원리인 다(多)의 원리를 확보하는 시도에 나선 것이다. 이제 그의 앞에는 이원화하듯 한 진여와 생멸을 하나로 통합해야 하는 사상적 과제가 놓여 있다. 그가 이에 성공한다면 다양성을 잉태한 우주의 조화가 어떻게 가능한지 그 원리를 해명함으로써 사상에 있어 새로운 정초(定礎)를 놓는 위업을 이룰 것이다.

샤먼은
어디에서 살까?

샤먼(무당)은 어디에서 살까? 영화나 드라마에 조선 시대의 무당이 가끔 등장하는데 이들이 어디에서 사는지 눈여겨본 적이 있을까?

이들은 마을에서 뚝 떨어져 숲과 마을의 중간쯤에 산다. 이는 샤먼에게 철칙이다. 만약 이들이 마을 안 인가에 섞여 산다면 사람들은 샤먼을 견디지 못한다. 생각해 보라. 신의 목소리를 전하는 샤먼이 사람들 틈에 섞여 사는 모습을…. 사람들은 결코 이를 견디지 못한다. 그래서 샤먼은 마을에서 뚝 떨어져 홀로 살며, 오직 마을 안에서 해결하지 못하는 고민을 안고 사람들이 찾아올 때만 그들을 만난다. 이들을 상대로 신의 목소리를 전할 때, 오로지 이렇게 할 때만 샤먼이 환영받는 것이다. 그래서 샤먼은 마을 밖에 홀로 떨어져 산다.

반대로 샤먼은 완전히 숲속으로 들어가 살지도 않는다. 그가 사람들과 관계를 끊은 채 숲속에 홀로 산다면 그가 내뱉는 말은 외마디 짐승의 절규가 되고 만다. 샤먼은 오직 숲과 마을의 경계 지대에 살 때만 신의 소리를 전하는 샤먼일 수 있는 것이다.

모세가 가나안 땅에 들어가지 못하는 이유 역시 마찬가지다. 모세의 카리스마는 이스라엘 민족이 광야에서 어찌할 바를 모르고 떠돌 때 존경받는 것이다. 반대로 가나안 땅에 정착해서 살 때 모세가 그 안에 섞여 산다면 사람들은 결코 모세를 견딜 수 없다. 그리하여 모세는 가나안 입성을 허가받을 수 없는 것이다.

비슷한 이유로 여래(신)는 자신의 모습이 잘 드러나지 않도록 감춘다. 그래서 이를 대승불교에서는 여래장(如來藏)이라고 이른다. 여기서 장(藏)은 '감추다, 숨다'는 뜻이다. 그렇다면 여래는 어디에 숨어 있을까?

모든 생멸은 여래장의 작용이다

자기 성품의 청정한 마음을 여래장이라고 이름하니, 무명의 바람이 움직임에 의하여 생멸을 일으키므로 생멸은 여래장에 의한 것이다.

自性淸淨心 名爲如來藏 因無明風動 作生滅故 說生滅依
자성청정심 명위여래장 인무명풍동 작생멸고 설생멸의
如來藏
여래장

《대승기신론소》, 〈해석분(解釋分)〉, 현시정의(顯示正義)

원효는 우리 성품의 청정한 마음이 바로 여래장이라 말하고
있다. 우리 성품의 청정한 마음이란, 우리 마음의 심연에 자리
한 청정한 마음 바다인 심체를 가리킨다. 이 마음 바다는 본성
이 스스로 신(神)을 풀어낸 것인데, 이것이 바로 여래(신)가 그
모습을 감춘 것이라는 말이다.

즉 신은 애써 자기 모습을 감추고자 하여 인간의 마음의 심연
에 자리 잡았다. 그렇게 하는 이유는 생의(生義), 즉 만물을 낳
고자 하는 자신의 뜻을 펼치기 위함이다. 자신이 인간 사회에
직접 모습을 드러내면 신의 뜻인 창조에 역행하기 때문이다. 그
러므로 신은 창조를 위해 애써 자기 모습을 감추며, 무명의 바
람이 불도록 놓아 두는 것이다. 그리고 무명의 바람이 불 때 마
음 바다에는 파도의 물결이 일렁이는 것이다.

저 갖가지 경계와 이 망상이 자상의 마음 바다를 훈습하여

일곱 식의 파도의 물결을 일으키게 하니, 망상과 육진(六塵)
의 경계가 거칠어지면서 또한 드러나게 된다.

彼種種塵及此妄想 熏於自相心海 令起七識波浪 妄想及
피종종진 급차망상 훈어자상심해 령기칠식파랑 망상급
塵 麤而且顯
진 추이차현

《대승기신론소》, 〈해석분(解釋分)〉, 현시정의(顯示正義)

무명이 자상의 마음 바다를 훈습해 일곱 식의 파도의 물결을
일으키는 것이니, 〈그림 7〉(95쪽)에서 생멸하는 마음을 이루는
일곱 식은, 사실은 자상의 마음 바다(아라야식)에서 일어난 파
도의 물결에 해당하는 것이다. 사실 이 점에서 〈그림 7〉은 정밀
하지 못한 면이 있는데, 이해의 편의를 위해 도식화해서 제시한
것이니 양해를 바란다. 또한 앞 장에서 아라야식에 불각의 뜻이
있다고 했는데, 자상으로 이뤄진 심체 아라야식에 불각의 뜻이
있는 이유 역시 일곱 식의 파도가 아라야식 안에서 일어나기 때
문이다.

생멸하지 않는 마음(여래장)과 생멸하는 마음이 심체에는
둘이 없다. … 이는 마치 움직이지 아니하는 바닷물이 바람
에 불리어 움직이는 물결을 일으키는 것과 같으니, 동(動)과

정(靜)은 비록 다르지만 바닷물의 체는 하나이므로, 정수(靜水)에 의하여 동수(動水)가 있게 된다고 말할 수 있는 것과 같다. 이 중의 도리도 또한 그러함을 알아야 할 것이다.

不生滅心與生滅心 心體無二 … 如不動水爲風所吹而作
불생멸심여생멸심 심체무이 … 여부동수위풍소취이작
動水 動靜雖異 水體是一 而得說言依靜水故有其動水 當
동수 동정수이 수체시일 이득설언의정수고유기동수 당
知此中道理亦爾
지차중도리역이

《대승기신론별기》, 〈해석분(解釋分)〉, 현시정의(顯示正義)

이렇게 보면 〈그림 7〉에서 생멸하지 않는 마음(여래장)과 생멸하는 마음이 심체에는 둘이 없다는 사실을 이해할 수 있다. 원효의 설명 그대로 청정한 마음의 바다에 무명의 바람이 불어 대니 일곱 식의 파도의 물결(생멸하는 마음)이 일어나지만, 파도라고 해서 심체인 마음 바다를 벗어난 것은 아니기 때문이다. 그러므로 원효는 생멸 역시 여래장에 의한다고 말하는 것이다.

✿

둘은
다르지 않다

두 문이 이러한데 어떻게 한마음이 되는가?

이를테면 염·정(染淨)의 모든 법은 그 본성이 둘이 없으니

진·망(眞妄)의 두 문이 다름이 있을 수 없기 때문에 하나라

이름하며, 이 둘이 없는 곳이 모든 법 중의 실체인지라 허공

과 같지 아니하니 본성이 스스로 신을 풀어내기 때문에 마

음이라고 이름한다.

二門如是 何爲一心
이문여시 하위일심

謂染淨諸法 其性無二 眞妄二門不得有異 故名爲一 此無
위염정제법 기성무이 진망이문부득유이 고명위일 차무

二處 諸法中實 不同虛空 性自神解 故名爲心

이처 제법중실 부동허공 성자신해 고명위심

《대승기신론소》, 〈해석분(解釋分)〉, 현시정의(顯示正義)

원효가 "염·정(染淨)의 모든 법은 그 본성이 둘이 없다"고 말하는 이유는 오염된 존재인 염·법(染法)은 생멸하는 마음이 지어낸 것인데, 이 생멸하는 마음 또한 여래장에 의한 것이기 때문이다.

"진·망(眞妄)의 두 문"이란 한마음의 진여문과 생멸문을 가리킨다. 생멸 역시 여래장에 의한 것이니 그 본성은 둘이 없고, 따라서 "진·망의 두 문이 다름이 있을 수 없다". 그리하여 앞서 이원화하듯 보였던 한마음의 진여와 생멸이 이 지점에서 다시 하나가 되는 것이다.

"본성이 스스로 신(神)을 풀어내기 때문에 마음이라고 이름하는" 이유는 생멸의 마음 역시 자상이 적용된 결과이며, 여래장에 의한 것이기 때문이다.

무명의 바람에 따라서 생멸을 일으킬 때도 신을 풀어내는 성품은 본래와 다르지 않기 때문에 또한 자진상이라 이름함을 얻는 것이다.

隨無明風 作生滅時 神解之性 與本不異 故亦得名 爲自眞相

사람이 어떤 무엇을 인식하려면 자상이 적용되어야 하므로, 정신 줄을 놓지 않은 이상 생멸하는 마음에도 자상은 적용되는 것이다. 결국 최종적으로 생멸하는 마음까지도 본성이 스스로 신(神)을 풀어낸 결과이며 그 안에 여래가 숨어 있는 것이다. 그렇게 하는 이유는 물론 본성인 진여가 만물을 낳고자 하는 자신의 뜻을 펼치기 위함이다.

"모든 법 중의 실체"란 곧 궁극의 실체인 일자를 뜻한다. 서두에서 원효는 다시 한번 한마음이 우주의 삼라만상을 낳는 일자임을 선언하고 있다. 이때 원효가 제시한 일자의 특징은 텅 비어 있지 않다는 것이니, "허공과 같지 아니하다"는 말은 이를 이른다. 그 안을 본성이 스스로 신(神)을 풀어낸 자상이 채우고 있는 것이다.

진(眞)과 속(俗)이 둘이 없는 하나의 실체인 법으로 모든 부처가 귀속된 곳을 여래장이라 이름한다. … 한량없는 법과 일체의 행이 여래장 안으로 귀속해 들어가지 않음이 없다.
眞俗無二 一實之法 諸佛所歸 名如來藏 … 無量法及一切

진속무이 일실지법 제불소귀 명여래장 … 무량법급일체
行 莫不歸入如來藏中
행 막불귀입여래장중

《금강삼매경론》권하(下), 〈여래장품(如來藏品)〉

"하나의 실체인 법"은 일자인 한마음을 가리킨다. 아울러 이 한마음에 "모든 부처가 귀속"되어 있으니 이를 "여래장이라 이름한다".

"한량없는 법과 일체의 행이 여래장 안으로 귀속해 들어가지 않음이 없다"는 말은, 여래장(=한마음)이 이 우주의 삼라만상 모든 존재를 낳는 일자임을 거듭 천명한 것이다.

마음이
세상을 만든다

대승법에는 오직 한마음이 있을 뿐 한마음 밖에는 다시 다른
법이 없다. 단지 무명이 있어 자기의 한마음을 미혹하니 모
든 파도의 물결을 일으켜서 육도에 유전하는 것이다.

大乘法 唯有一心 一心之外 更無別法 但有無明 迷自一心
대승법 유유일심 일심지외 갱무별법 단유무명 미자일심

起諸波浪 流轉六道
기제파랑 유전육도

《대승기신론소》, 〈술의게(述意偈)〉

육도(六道)는 중생이 업에 따라 윤회하는 여섯 세계인 지옥
계[地獄道], 아귀계[餓鬼道], 축생계[畜生道], 수라계[修羅道],

인간계[人道], 천상계[天道]를 말한다. 흔히 '육도윤회(六道輪
廻)'라 하여 중생이 태어나서 살다가 죽고 나면, 생전에 지은 업
에 따라 여섯 세계 중 하나에 다시 태어난다는 윤회의 믿음과
관련해서 많이 쓰는 말이다. 하지만 원효에 따르면 이 육도윤회
는 우리가 죽고 나서 일어나는 일이 아니라 바로 지금 이 땅 위
에서 살아가는 동안 일어나는 일이다.

원효가 대오(大悟)의 순간 읊조렸듯 "마음이 일어난 고로 온
갖 존재가 생겨나는" 것이니 육도라고 해서 예외가 아니다. 일
체의 모든 것은 오직 마음이 지어내는 것이라는 말은, 우리 마
음이 이 세상을 지어내고 있다는 말이다. 세간의 일체 경계는
모두 우리 마음이 지어내고 지탱하는 것이니 지옥계, 아귀계,
축생계, 인간계 등 육도 역시 그러하다.

인간의 마음에 맡긴 신의 주사위

우리가 땅속에 묻히는 것만이 죽는 게 아니니, 우리는 하루에
여러 번 죽기도 한다. 무언가 잘못한 것이 있으면 내 마음이 지
옥으로 변하기도 하고, 탐욕에 눈이 멀어 아귀다툼을 벌이는 사
람들도 있다. 마음에 분노가 치밀어 눈을 부릅뜰 때는 아수라가
따로 없고, 때때로 어리석은 욕망에 사로잡히면 짐승보다 못한
존재가 되기도 한다.

이렇게 우리의 한마음이 무명에 미혹되면 바로 지금 여기서 끊임없이 길을 잃고 육도를 전전하는 것이다. 그에 따라 육도는 바로 지금 여기 이곳저곳에 펼쳐져 있으니, 땅 위의 세상이란 육도의 여섯 세계가 동시에 펼쳐져 각축을 벌이는 것이 그 실상이다.

이러한 육도윤회가 지금 여기에서 나타나는 이유는 우리의 생멸하는 마음 안에는 육도의 여러 마음이 다 있기 때문이다.

최근에는 뇌과학과 인지 과학이 발달해 해당 학문 분야에서 여러 흥미 있는 연구 결과가 눈에 띈다. 예를 들어 재갈매기 둥지에 빨간 알을 하나 가져다 놓으면 재갈매기는 어쩔 줄을 몰라 미쳐 날뛴다고 한다.[25] 빨간색이 공격성을 자극하는 반면, 알 모양은 알을 품는 행동을 자극하기 때문이다. 따라서 재갈매기는 알을 공격하면서 동시에 품으려고 한다는 것이다.

비슷한 맥락에서 큰가시고기 암컷이 수컷의 영역을 침범하면 수컷은 공격 행동과 구애 행동을 동시에 나타낸다.[26] 수컷가시고기 역시 '침입자'라는 신호와 '암컷'이라는 신호에 각각 자극받는데, 두 자극을 조율해서 원만한 하나의 인식과 행동으로 바꿔놓을 줄을 모르기 때문에 행동이 혼란에 빠지는 것이다. 그의 마음이 '나의 영역을 침범당했다'는 생각으로 기울면 암컷과 사랑이 아닌 싸움을 벌이게 될 것이다.

사람이라면 이런 상황을 적절하게 판단하고 조율할 수 있으니, 이는 인간의 마음이 조류나 어류보다 진화했음을 의미한다. 하지만 가시고기가 느끼는 갈등은 오늘날의 인간에게도 그대로 반복되고 있으니, 우리가 시달리는 온갖 번뇌가 이런 경우다.

우리의 마음이 타인과 심각한 갈등을 느낄 때, 또는 타인과의 관계에서 애착을, 분노를, 질투를 느낄 때 우리는 번뇌에 휩싸인다. 또는 간절히 원하는 어떤 것이 바로 눈앞에 있어서 욕망과 도덕 사이에 갈등을 느낄 때나, 선과 악의 기준이 혼란스러워 무엇이 옳은 선택인가에 대한 갈등을 느낄 때 번뇌에 휩싸인다. 이때 우리 마음은 가시고기와 같은 상태에 있으니, 동시에 작동하는 여러 신호 앞에서 어쩔 줄을 모르는 것이다. 어떤 마음을 먹어야 할지 고뇌하는 것인데, 그렇게 번뇌에 시달리다 그만 축생의 마음을 먹기도 한다.

가시고기를 번뇌에 휩싸이게 한 상황은 그에게 주어진 시험이자 해결 과제다. 그는 이를 넘어서서 보다 진화할 것을 요구받는다. 가시고기보다 진화한 우리 인간에게는 그러한 상황이 명백하게 보인다.

이와 유사하게 오늘날 인류에게도 여러 번뇌가 주어졌으니 이는 우리 인류에게 주어진 시험이며, 우리는 이를 넘어설 것을 요구받고 있다. 이 글을 쓰고 있는 2025년 7월 현재도 이 별에서는 끔찍한 전쟁이 진행 중이다. 이는 가시고기의 마음이 '나의 영역을 침범당했다'는 무명에 사로잡혀서 짝이 될 수 있는 암컷과 사랑이 아닌 싸움을 벌이는 것과 같다. 우리의 마음이 지금보다 진화한 시점에 되돌아보면 상황이 명백하게 보일 것이다.

우리는 이러한 시험에 대해 축생의 마음으로도, 인간의 마음으로도, 또는 천상의 마음으로도 답할 수 있다. 이와 관련해 과학계에는 '신은 주사위를 던지는가' 하는 유명한 논쟁이 있었다. 이에 대해 알베르트 아인슈타인은 "신은 주사위 놀이를 하지 않는다"는 말로, 우주가 인과의 측면에서 결정론적으로 움직인다고 주장했다. 반면 닐스 보어를 비롯한 양자역학 진영은 우주가 비결정적(불확정적)인 방식으로 움직인다고 보았다. 오늘날에는 양자역학 진영의 입장이 여러 과학 실험을 통해 지지를 받으면서, 우리 우주가 인과의 측면에서 비결정적인 방식으로 움직인다는 관점이 현대 물리학의 표준이 되었다. 그러자 이번에는 이러한 실험 결과가 '신이 존재하지 않는다'는 사실을 입증하는 과학적 증거라는 주장을 접하게 된다.

하지만 이러한 생각은 신의 폭넓은 뜻을 오해한 것이다. 신은 애써 주사위를 던진다. 그 이유는 그렇게 하는 것이 바람직하기 때문이다. 앞서(130쪽) 살펴본 대로, 신이 나서서 직접 관여하는 것은 삼라만상의 창조에 바람직하지 않기 때문에 애써 모습을 감추고 대신 주사위를 던지는 것이다. 이때 인간의 마음이 바로 신이 던지는 주사위다. 그러므로 인간의 마음은 똑같은 인(因)이 주어졌을 때도 다른 마음을 먹고, 다른 결과[果]를 낼 수 있다. 그리하여 이 우주에는 삼라만상이 다양하게 꽃을 피운다.

진여 → 정신 → 마음으로 이어지는 인간의 마음은 이 우주에서 유일한 '무대(無對)'의 존재다. 무대란 상대성에 의해 규정되지 않는다는 뜻인데, 그러므로 어디로 튈지 모른다. 그에 따라 무슨 일을 해낼지 모른다. 신은 이러한 인간의 마음을 그가 행하는 창조의 조력자로 삼는 것이다.

어떤 마음을 먹을 것인가?

동양에는 신과 사람이 맺은 관계에 대한 멋진 비유가 있다. 維(벼리 유) 자가 그것인데, 維 자는 새와 새의 주인이 맺은 관계를 상징한다. 오늘날 벼리라는 단어는 그물과 그물 주인을 연결하는 한 가닥 줄을 의미하는 뜻으로 쓰이고 있다. 하지만 維 자의 원형적 의미는 새와 새 주인의 연결된 관계를 상징하는 시치미 줄을 의미하는 것이다.

〈그림 9〉維의 갑골문

維 자는 糸(실 사)와 隹(새 추) 자가 합쳐진 모습인데, 〈그림 9〉에서 維 자의 갑골문을 보면 새의 다리에 실이 매인 모습을 형상화한 글자임을 알 수 있다. 이는 매사냥을 위해 매를 길들인 후 주인이 있는 매임을 표시하기 위해 매의 다리에 시치미를 매단 모습을 형상화한 것이다.

이처럼 매나 독수리를 길들여 함께 사냥하는 것은 전통 시대 이(夷)족 문화권에서 널리 행해지던 풍습이다. 우리나라에서도 조선 시대까지만 해도 사대부들 사이에 오늘날의 골프와 버금갈 만큼 폭넓게 행해지던 호사 취미였다. 이때 길들인 매의 다리에 매인 시치미는 매가 주인과 연결된 존재임을 상징한다. 이 때문에 매는 자유롭게 하늘을 날지만, 사냥감을 잡는다는 임무를 달성하고 나서는 다시 주인에게 돌아가는 것이다.

그런데 이처럼 자유로이 하늘을 나는 매가 주인의 일을 하고 또 주인에게 돌아간다는 것은 생각해 보면 기적과도 같은 일이다. 그 모습이 갑골문을 창안했던 은나라 사람들의 상상력을 사로잡았다. 은나라 사람들은 이러한 매와 매 주인의 관계로부터 사람과 하늘이 맺은 관계를 상상했다. 그 결과 〈그림 9〉와 같은 멋진 상형문자를 고안했던 것이다.

이때 그림 속 새는 육도의 세계를 날아다니는 '인간'이라는 새다. 그렇다면 이 인간이라는 이름의 새에게 부여된 임무는 무엇인가? 그것은 육도에 하늘의 뜻을 실현하라는 것이다. 보다 구체적으로 말하면 육도를 천상계로 끌어올리라는 것이다. 이러한 하늘의 의도는 성공했을까?

지난 역사를 돌아보면, 최초의 생명이 출현했을 때는 그 마음이 아직 미미해서 세상은 오로지 서로가 서로를 잡아먹는 아귀계에 머물렀다. 이후 생명의 마음이 모성애와 같은 감정을 느끼기 시작했을 때 축생계가 열렸다. 인간이라는 생물종 역시 축생계 단계에서 출현했으니, 인간의 마음이 축생의 마음에 머물던 시기에 인류는 가족 단위로 흩어져 살며 먹고 번식하는 생존의 문제에 매달렸다. 이후 수라계는 씨족 사회에서 출발해 집단을 이룬 인류가 끊임없이 서로 전쟁(폭력 행사)을 벌이던 시기다. 이때는 공동체를 규율하는 규칙의 문제가 부각된다. 이후 인간의 마음이 진화하면서 서서히 폭력이 감소하고, 규칙을 넘어선 도덕과 양심의 문제가 부각된다. 이리하여 인류의 역사는 인간계의 문턱을 막 올라선 참이다. 이후 도덕과 양심의 문제가 완전히 해결되면 천상계가 열릴 것이다.

이처럼 인류의 역사가 진보를 이뤄 인간계에 도달했다 해도 그것은 동적 평형을 유지하는 상태에 있다. 지상에서 육도의 여섯 세계가 동시에 펼쳐져 서로 각축을 벌이는 가운데 인간계가 가까스로 우세를 유지하는 상황인 것이다. 오늘 현재 우리가 목도하고 있는 전쟁과 같이 퇴보가 일어나기도 해서 자칫 방심하면 언제든지 전체 평균이 수라계, 축생계로 추락할 수 있다. 심지어 지옥계로 떨어질 수도 있다. 육도의 시작은 지옥계가 아니라 아귀계이니, 지옥계는 타락한 인간의 마음이 지어내는 것이라 수라계 이후에야 등장하는 것이다.

그럼에도 인류가 총체적으로 인간계에 도달했다는 것은 놀라운 성과다. 사실 기적이요 신비다. 호모 사피엔스 역시 그저 동물일 뿐이 아닌가. 강자가 보이면 도망가고 약자가 보이면 뺏고, 배불리 먹고 번식하면 그만이다. 그럼에도 축생인 사람이 축생의 마음을 넘어선 행동을 한다는 것은 생각하면 할수록 놀라운 일이다. 칸트가 놀라움을 표시한 바와 같이 인간의 마음은 생각하면 할수록 신비인 것이다.

그러므로 신은 인간의 마음에 신의 주사위 역할을 맡긴 것이다. 인간의 마음에는 자유 의지가 있어 같은 질문을 두고 축생의 마음으로도, 인간의 마음으로도, 또는 천상의 마음으로도 답한다. 인간에게 자유 의지가 있는가 하는 논쟁도 있다. 하지만 인간에게 자유 의지가 없었다면 인류 사회는 아직도 축생계에 머물고 있을 것이다.

신의 주사위인 이 마음이 어떤 마음을 먹을 것인가가 중요하다. 인간의 마음은 무명에 사로잡혀 제 한 몸에 갇힌 좁은 마음을 먹을 수도 있고, 한마음을 먹을 수도 있다. 한마음이 바로 천상의 마음이니, 원효가 마음 여행 끝에 찾아낸 마음이 바로 한마음이다.

어떤 마음을 먹을 것인가? 그에 따라 인류 사회가 자칫 축생계로 퇴보할 수도 있고, 천상계로 나아갈 수도 있다.

4장

머무르지
않는 자리가
곧 깨달음의 자리다

깨달음의 길

하늘이 사람의 마음에 바란 단 한 가지

우리는 살아가면서 다양한 사람을 만난다. 태어나서 부모와 형제자매를 만나고 일가친척을 만나는 것을 시작으로, 학교에 가면 선생님과 친구들, 선후배를 만나고, 사회에 나오면 직장동료, 상사·부하, 거래처, 고객 등을 만난다. 나아가 우리가 어떤 사건을 겪는다 하면 그것은 사람에게서 비롯되는 것이다. 우리가 어떤 물건을 받는다 하면 그 물건 역시 사람으로부터 온 것이다. 결국 우리가 이 세상을 살아간다는 것은 끊임없이 사람을 만나는 것이라고 할 수 있다.

이러한 모든 만남을 불교에서는 '연(緣)'이라고 부른다. 緣 자는 糸(실 사) 자와 彖(판단할 단) 자가 결합한 모습이다. 彖 자는 돼지의 모습을 그린 상형 문자인데, 오늘날 돼지는 복과 재물을 가져다주는 동물 정도의 이미지이지만 전통 시대의 돼지는 자신의 믿음에 충실한 존재를 상징했다.[27] 그러므로 緣 자는 믿음에 충실한 돼지가 혼자 떨어져 있는 것이 아니라 다른 누군가와 끈으로 연결된 모습을 형상화한 것이다.

불교에서는 이러한 연(緣)을 통해 모든 현상은 홀로 존재하는 게 아니라 다양한 연을 만나서 생겨난다[연기(緣起)]는 뜻을 담고 있다. 우리는 서로서로 연줄로 엮여 있으며, 연이라는 관계의 그물망 안에 들어가 있다. 그리하여 우리는 서로가 서로에게 '연으로 작용'한다.

우리의 삶이 이처럼 다양한 연과의 만남으로 이뤄지는 데에는 그만한 이유가 있다.

다른 사람과 연을 맺는다는 것

이러한 외부의 연에 한량없는 뜻이 있으니 … 어떤 경우는 권속·부모·어른이 되며 어떤 경우는 급사가 되며 어떤 경우는 벗이 되며 어떤 경우는 원수가 되어 … 훈습하는 힘으로 중생이 선근을 증장케 하여 보거나 들음에 이익을 얻게 할 수 있기 때문이다.

如是外緣有無量義 … 或爲眷屬父母諸親 或爲給使 或爲

여시외연유무량의 … 혹위권속부모제친 혹위급사 혹위

知友 或爲怨家 … 熏習之力 能令衆生增長善根 若見若聞

지우 혹위원가 … 훈습지력 능령중생증장선근 약견약문

得利益故
득이익고

《대승기신론》, 〈해석분(解釋分)〉, 현시정의(顯示正義)

우리 삶에 다양한 외부의 연이 존재하는 데는 한량없는 뜻이 있으니, 그로써 훈습하는 힘을 일으켜 우리에게 이익을 얻게 한다는 말이다. 앞서 살펴본 우리 내면의 진여에서 비롯하는 훈습만이 아니라 외부의 연을 통한 진여의 훈습이 또 있다는 것이다.

예를 들어 우연히 누군가의 사려 깊은 친절을 받았을 때 감동이 커서, 나도 저렇게 해야겠다 생각한 적이 있지 않을까? 이런 경우가 바로 그 사람과의 연을 통해 진여의 훈습을 받은 것이다. 이렇게 서로가 서로를 훈습할 수 있도록 다양한 연이 존재한다.

나아가 앞의 글에는 '선근(善根)'이란 표현이 등장하는데, 이 개념이 이 글에서 중요한 의미가 있다. 선근이란 말 그대로 해석하면 '좋은 뿌리'라는 뜻인데, 우선 근(根)은 뿌리가 외부 세계로부터 수분과 양분을 빨아들이듯 외부 세계를 인식하고 받아들이는 통로이자 능력을 의미한다. 선근이라고 하면 좋은 뿌리가 되는데, 이는 불법(佛法)을 잘 받아들일 수 있는 능력을 뜻한다. 특히 이 선근이 사람마다 조금씩 다르다는 점에 의미가 있다. 예를 들어 누구는 탐욕이 없는 마음을 타고났고, 누구는 성내지 않는 마음을, 누구는 어리석음이 없는 마음을 타고나는 식이다. 그러므로 불법을 설할 때는 상대의 선근을 보고 그에 맞게 방편을 달리한다는 뜻으로 많이 쓰는데, 여기서는 연의 훈습과 관련해 쓰이고 있다.

이를테면 모든 중생은 각자 선근이 조금씩 다르므로 각자의 선근에 특화해서 이 세상을 바라보고 받아들인다. 그에 따라 각자가 이 세상에서 얻는 통찰이 조금씩 다르다. 그리고 이처럼 조금씩 서로 다른 통찰을 갖고 서로에게 연의 힘으로 작용해서 서로를 훈습하는 것이다. 그 결과 우리는 서로 각자의 선근을 증장시킨다. 모든 중생은 저마다 독특한 선근을 지녔는데 이 세상에는 다양한 연이 있어 자신의 선근에 알맞은 훈습을 받을 수 있다.

어떻게 보시를 닦을 것인가? … 만약 액난·공포·위핍을 보거든 자기에게 감당하도록 맡겨진 범위에 따라 두려움 없는 용기를 베풀어 준다. 만약 어떤 중생이 와서 법을 구함이 있거든 자기가 이해할 수 있는 방편에 따라 설해 준다.

云何修行施門 … 若見厄難恐怖危逼 隨己堪任施與無畏
운하수행시문 … 약견액난공포위핍 수기감임시여무외

若有衆生來求法者 隨己能解方便爲說
약유중생래구법자 수기능해방편위설

《대승기신론》, 〈수행신심분(修行信心分)〉

어떻게 보시를 닦을 것인지를 설명하는 《기신론》의 위 구절은 우리 각자에게 감당하도록 맡겨진 용기의 범위가 서로 다르다고 말한다. 실제로 살다 보면 평소에 겁이 많다고 생각했던 사람이 어떤 경우에는 모두가 깜짝 놀랄 만큼 용기를 발휘하기도 한다. 우리 각자에게 감당하도록 맡겨진 용기의 범위가 다르다는 것은 이런 경우를 말하는 것이다. 또한 자기가 생각하기에는 별것 아닌 조언인데, 상대가 큰 도움이 되었다며 고맙다고 하는 경우가 있다. 이런 경우가 "어떤 중생이 와서 법을 구함이 있거든 자기가 이해할 수 있는 방편에 따라 설해 준다"는 것이다.

이처럼 사람마다 독특한 선근이 발달했으므로 각자에게 감당하도록 맡겨진 범위는 사람에 따라 다르다. 그에 따라 나에게 별것 아닌 것이 남에게 큰 위로, 희망, 용기를 줄 수 있다. 우리 삶에 다양한 외부의 연이 존재하는 이유는 바로 이 때문이다. 서로를 훈습함으로써 각자의 선근을 증장시켜 이익을 얻게 하는 것이다. 우리 중에는 보다 더 절제를 잘하는 이, 보다 더 공감을 잘하는 이, 보다 더 용기 있는 이 등이 있는데, 서로가 얻은 통찰을 상호 훈습함으로써 함께 정신의 성장을 이룰 수 있는 것이다.

또한 이처럼 타인의 연을 통해 훈습을 받을 때 우리 마음에 깊은 감동과 숭고한 감정이 일어난다는 사실 역시 주목할 만하다. 이때의 감동은 타인의 진여와 나의 진여가 만나 공명하면서 일어나는 것인데, 이는 타인의 진여와 나의 진여가 동체(同體)이기에 가능한 일이다. 이렇게 개별자의 진여와 진여가 만나 공명함으로써 커다란 한마음의 심체(心體)를 이루는 것이다.

앞서 우리 내면의 진여로부터 올라오는 훈습이 존재한다는 사실이 인류의 희망이라고 했는데, 연을 통한 훈습이 존재한다는 사실 역시 인류의 희망이다. 인류는 연의 그물망에 속해 각자의 선근을 증장하고 서로를 훈습함으로써 축생계를 넘어 인간계로 올라설 수 있었던 것이며, 언뜻 한없이 위태로워 보이는 인간 세상이 아직도 망하지 않고 유지되는 이유 역시 이 때문이다.

앞서 사람들이 인생 사진을 애정한다는 사실을 살펴봤는데, 우리 삶에는 인생 사진과 유사한 '인생의 순간'이 있다는 점에 대해서도 생각해 보자.

자기 모습이 참되고 선하고 아름답게 드러나는 진선미의 순간을 담은 것이 인생 사진인데, 돌이켜 보면 누구나 자신의 지나

온 삶 중에 인생 사진처럼 한 장의 스틸 컷으로 기억되는 소중한 순간이 있음을 깨달을 것이다. 그 순간은 사람의 참 존재를 증명하는 순간이다. 사람은 생존 경쟁에만 몰두하는 축생이 아니라는 것, 좁은 육체의 욕구를 넘어선 진선미의 존재임을 입증하는 순간이다. 이때 보여 주는 모습이 바로 한마음 본원을 회복한 모습이기도 한데, 구체적으로 어떤 경우들일까?

인생의 순간은 타인의 연을 만나는 순간이다. 타인의 연을 만나 타인의 진여와 나의 진여가 서로 감응해 공명하는 순간이다. 이 순간이 바로 진선미의 순간이며, 신비의 순간이다. 동물에 불과한 사람이 동물을 넘어서는 순간이기 때문이다. 이는 우리가 불각에서 각으로 나아가는 순간이며, 우리 안에 자리한 신이 모습을 드러내는 순간이다.

이러한 진선미의 순간을 이루는 것은 정신의 신비를 현상계에 현현시키는 것이며, 하늘의 뜻을 이 땅 위에 실현하는 것이니, 애초에 본성이 정신을 풀어낸 이유가 바로 이 순간을 위한 것이다. 신비를 이 땅 위에 펼치고자 함이며, 하늘의 뜻을 펼치는 것이다. 또한 정신의 담지자인 사람은 이걸 하러 여기 왔으니, 그에게는 인생의 순간을 맞는 것 자체가 보상이다.

인생의 순간은 인생 사진과 유사하게 한 장의 스틸 컷으로 기억되는데, 그 단 한 장의 기억만으로도 인생이 지탱된다. 순간의 기억이 평생을 지탱한다. 또한 이는 영원한 양식이니, 우리가 죽음의 여행실을 갈 때의 노자요 양식이다. 많은 사람이 죽음의 순간에 공포에 질리지만, 인생의 순간을 간직한 사람은 그렇지 않다.

인생의 순간은 나를 나일 수 있도록 하는 모든 것이다. 사람들은 흔히 '나'가 계속되는 줄 알지만, 실상 어제의 나와 오늘의 나는 다른 사람이며, 1년 전의 나와 오늘의 나, 10년 전의 나와 오늘의 나는 말할 것도 없다. 그래서 나에 대한 집착이 덧없다는 것이다.

그럼에도 수십 년 세월을 뛰어넘어 나를 계속 나일 수 있도록 하는 것이 있으니, 바로 인생의 순간에 해당하는 몇몇 순간의 기억이다. 이 기억들이 나의 삶의 의미이며 나의 핵심이다. 이게 없다면 나는 텅 빈 것이며 껍데기만 있는 것이다.

이처럼 인생의 순간은 타인의 연을 만나는 순간이니, 인생 사진을 홀로 찍을 때조차 우리는 사실 혼자가 아니다. 사람은 좁은 육체에 갇힌 존재가 아니기 때문이다. 인생 사진을 찍었을 때 사진이 꽉 차 보이는 것은 과거의 연, 현재의 연이 나와 함께하기 때문이다. 그래서 화면을 꽉 채우는 것이다.

그럼에도 우리는 실상을 바로 보지 못하니, 그 이유는 우리의 6

근(六根)이 무명으로 말미암아 색 중독에 사로잡히기 때문이다.

보살이 세상과 마주하는 법

중생의 6근이 한마음에서부터 일어났는데 자기의 근원을
등지고 6진으로 흩어져 달려 나간다.

衆生六根 從一心起 而背自原 馳散六塵
중생육근 종일심기 이배자원 치산육진

《대승기신론소》, 〈귀경게(歸敬偈)〉

윗글에서 6근이란 〈표 1〉에서 보듯 인간이 세상을 인식하고
받아들이는 여섯 가지 감각 기관을 가리킨다. 예를 들어 안근은
눈이니 시각을 담당하고, 이근은 귀로 청각을 담당한다. 이러한
6근은 6경(六境)으로 불리는 여섯 대상을 만나 6식으로 불리는
여섯 가지 식을 일으키니, 〈그림 7〉의 전5식과 제6 의식이 바
로 그것이다.

윗글에서 6진(六塵)은 6경을 가리키는 다른 이름이다. 색(色),
성(聲), 향(香), 미(味), 촉(觸), 법(法)이라는 여섯 가지 감각 대
상이 우리의 청정한 마음에 달라붙어 번뇌와 집착을 일으키는
양상이 마치 먼지가 깨끗한 거울에 달라붙어 거울을 흐리게 만
드는 것과 같다 하여 6진(塵, 먼지)으로 부르는 것이다.

윗글에서 원효의 가르침처럼 우리의 6근은 원래 한마음에서

6근(根)	안근(眼根)	이근(耳根)	비근(鼻根)	설근(舌根)	신근(身根)	의근(意根) (말니식)
6경(境) [6진(塵)]	색(色) 색깔	성(聲) 소리	향(香) 향기	미(味) 맛	촉(觸) 촉각	법(法) 진리, 존재
6식(識)	안식(眼識)	이식(耳識)	비식(鼻識)	설식(舌識)	신식(身識)	의식(意識)

〈표 1〉 6근과 6진, 6식

부터 일어난 것이다. 예를 들어 눈이 있다고 하면 우리는 이를 '나의 눈'이라고 생각하지만, 실상 이 눈은 한마음이 이 세상을 보는 눈이다. 그럼에도 6근은 자기의 근원인 한마음을 등지고 6진으로 흩어져 달려 나간다. 그리하여 이분법 분별을 통해 없는 경계인 6진을 지어내는 것이다.

그 결과 우리는 네 편, 내 편, 친한 친구, 싫은 사람, 원수 등으로 우리가 만나는 타인의 연을 분별해 인식한다.

모든 중생은 오직 한마음이 지은 것이므로, 오직 식일 뿐이라는 이치에 따라 4섭행을 취해야 한다.
諸衆生 唯一心作 隨唯識理 取四攝行
제중생 유일심작 수유식리 취사섭행

《금강삼매경론》 권하(下), 〈여래장품(如來藏品)〉

우리가 스스로 지어낸 6진의 경계를 걷어낼 수만 있다면 "모든 중생은 오직 한마음이 지은 것"임을 볼 수 있다. 그러므로 원효는 위에서 이 모든 분별이 "오직 식일 뿐이라는 이치에 따라" 분별을 거두고 4섭행을 취하도록 권면하는 것이다.

4섭행(攝行)이란 보살이 중생을 대하는 네 가지 방법인데, 자신의 재물이나 지식을 베푸는 보시(布施), 따뜻하고 자비로운 말로 중생을 대하는 애어(愛語), 말만이 아니라 실제로 중생들에게 도움이 되는 행동을 실천하는 이행(利行), 높은 곳에서 가르치려 하지 않고 중생과 같은 처지에서 그들의 어려움을 함께 겪으며 공감과 이해를 바탕으로 불법을 전하는 동사(同事) 등의 네 가지를 말한다. 모든 분별은 오직 식일 뿐이라는 유식(唯識)의 이치를 깨친다면 내가 마주한 중생이 나와 한마음이며 여래장임을 볼 수 있고, 그들을 4섭행으로 대할 수 있다. 원효가 무애박 하나를 들고 천촌만락에서 민초들과 어울려 노래하고 춤추며 한마음이 되었던 일 역시 4섭행 중 동사행(同事行)이었던 것이다.

어떻게 인욕을 닦을 것인가? 이른바 응당 타인의 번뇌를 참아서 마음에 보복할 생각을 품지 말아야 한다.
云何修行忍門 所謂應忍他人之惱 心不懷[28]報
운하수행인문 소위응인타인지뇌 심불회 보

《대승기신론》, 〈수행신심분(修行信心分)〉》

타인이 가하는 모욕에도 화내지 않고 참을성을 발휘하는 인
욕의 덕목을 어떻게 닦을지를 설명하면서 《기신론》은 그와 같
은 타인의 모욕은 그의 번뇌에서 연유하는 것임을 지적한다. 그
역시 청정한 마음 바다를 간직한 사람이지만 무명의 바람이 불
어대니 그만 번뇌에 휩싸여 그와 같은 행동이 나오는 것이다.
나아가 이러한 무명풍에 또 다른 뜻이 있다.

1991년 미국에서는 거대한 초현대식 온실을 지어 놓고 그 안
에 완벽한 지구 생태계를 조성하는 실험을 했다. 언젠가 인류가
지구를 떠나 다른 행성에 정착하려 할 때를 대비해 생태계를 새
로이 구축하는 실험을 한 것이다. 그리고 지구 생태계의 중요한
부분 중 하나가 나무이니 이 온실에 많은 나무를 심었다.

온실에 심었던 나무들은 출발이 좋았다. 온실 내부라는 호의
적인 환경에서 빠르게 성장한 것이다. 하지만 2년이 채 못되어
많은 나무가 죽어 버렸다. 도대체 뭐가 문제였을까? 돌봄과 영
양은 모자라지 않았고 오히려 넘쳤다. 나무들에게 부족했던 것
은 스트레스였다. 좀 더 구체적으로 말하면, 자연 상태일 때 늘
나무를 흔들어 대며 스트레스를 줬던 바람이 없었던 것이다.

결국 나무에게 바람은 최악의 적수로 꼽히지만, 그 바람이 없다
면 나무가 살 수 없다는 사실이 드러났다. 끊임없이 불어대는 바

람에 맞서면서 나무는 저항력을 키우고 그만큼 단단해진다. 바람이 없는 온실과 같은 곳에서라면 나무는 너무 허약하게 자라나므로 결국 제 무게를 못 견뎌 제풀에 자빠져 버리는 것이다.[29]

이처럼 역경을 통해 생명체가 오히려 더 강인해지는 일이 많기 때문에, 이러한 생물학적 현상을 일컫는 '호르메시스 효과'라는 용어까지 존재한다.

연의 그물망에 속해 함께 살아가는 인간 공동체에도 호르메시스 효과가 존재하니, 무명으로 인해 끊임없이 불어대는 바람이 우리에게 가해지는 역경이요 스트레스다. 하지만 우리는 이 무명풍에 맞서면서 저항력을 키우고 그만큼 단단해지는 것이다.

그리고 다른 한편에는 서로의 연을 통한 훈습이 있다. 연의 그물망에 속한 사람은 무명풍과 훈습이 맞서는 상황에서 선택을 한다. 이것이 신의 주사위인 사람의 마음에 주어진 역할이다. 그가 보이지 않는 벼리줄(〈그림 9〉)에 이끌려 불가에서 각으로 나아간다면, 4섭행을 통해 자신의 진여를 현상계에 현현시킬 것이다. 이때 그의 진여가 타인의 진여를 만나 공명을 이룬다. 인생의 순간을 이루는 것이다. 이것이 하늘이 사람의 마음에 바라는 뜻이다.

깨달음은
머물지 않는다

마음이란 무엇인가? 예를 들어 마음과 정신은 비슷하면서도 다른데, 어떻게 같고 다를까?

우선 마음의 한자는 心이다. 心(심)은 심장의 모양을 형상화한 상형 문자이니 이는 우리 마음이 가슴에 있음을 상징한다. 얼핏 우리 마음이 머리(뇌)에 있다고 생각할지 모르나, 우리 머리에 있는 것은 사고 기능(이성이 이와 유사하다)으로 마음의 일부 기능일 뿐이다.[30]

우리는 마음이 따뜻한 사람이라고 말하는 대신 가슴이 따뜻한 사람이라고 말할 수 있지만 머리가 따뜻한 사람이라고는 말할 수 없다. 마음이 떨린다는 말 역시 가슴이 떨린다고는 말할 수 있으나 머리가 떨린다고는 할 수 없다. 이를 보면 우리 마음이 머리가 아니라 가슴에 있다는 사실을 알 수 있다.

하지만 그 결과 우리의 마음은 뜨거워지기도 하고 식기도 하며, 떨리기도 하고 아프기도 하고 설레기도 한다. 이는 우리 마음이 일렁이는 생멸심을 포함한 것임을 보여 준다. 반면 이 모든 경우에 정신은 해당하지 않는다. 앞서 〈그림 7〉을 통해 살폈듯 일렁이지 않은 청정한 심체가 곧 정신인데, 상대적 분별을 넘어선 자상들로 이뤄졌기 때문이다. 정신은 이분법 분별을 하지 않으니 감정에 좌우될 일이 없다. 역시 청정한 심체인 것이다.

그렇다면 우리에게 청정한 정신이 있으면 되지 왜 또 마음이 필요한 것일까? '대비(大悲)'를 느끼는 것은 우리의 마음이기 때문이다.

마음이란 무엇인가?

모든 생멸법을 멸하니

열반에 머무를 것이나,

대비가 빼앗는 바 되니

열반이 멸하여 머무르지 않는다.

滅諸生滅法
멸제생멸법

而住於涅槃
이주어열반

大悲之所奪
대비지소탈

涅槃滅不住
열반멸부주

《금강삼매경》, 〈여래장품(如來藏品)〉

대비(大悲)는 대자대비(大慈大悲)한 큰 사랑, 즉 자비(慈悲)를 말하는 것인데, 자(慈)와 비(悲) 중 비(悲)를 대표로 삼아 말한 것이다. 慈(사랑 자)는 중생에게 적극적으로 즐거움과 행복을 주려고 하는 자애로운 마음을 가리키고, 悲(슬플 비)는 중생의 고통을 보고 함께 아파하며 그 괴로움을 덜어 주고자 하는 마음을 가리킨다. 양자 중 후자가 기본이 되기에 이를 대표로 삼아 말한 것이다. 대비의 마음은 상대를 긍휼히 여기고 측은히 여기는 마음으로 넓고 커서 끝이 없다. 조건이 없으며 상대를 가리지도 않으니 원수까지도 사랑하는 마음이다.

이와 같은 큰 사랑이 사람에게 가능한 이유는 사람이 신비의 존재이기 때문이다. 본성이 풀어낸 신(神)이 담겨 있기 때문이다. 이를 불교에서는 자비라 칭했고, 유교에서는 인(仁)이라 하고, 기독교에서는 사랑이라 이름한 것이다.

'사랑'이라고 하면 한자로는 흔히 愛(애)를 떠올리지만 불교에서는 애(愛)와 자비(慈悲)를 분명하게 구분한다. 자비는 우리 안의 신비가 펼쳐 내는 큰 사랑이니 자기애(自己愛), 애욕(愛欲) 등과는 차원이 다르다. 자비는 분별을 넘어선 것으로 상대를 가리지 않는다. 애(愛)는 상대가 있는 감정이라 집착으로 흐를 수 있으나, 자비는 상대가 없는 것이다.

예수가 "너희 원수를 사랑하며 너희를 박해하는 자를 위하여 기도하라"(마태복음 5장 44절)고 했을 때 이는 애(愛)가 아닌 자비(慈悲)를 말한 것이다. 맹자가 "사람들은 누구나 차마 남의 고통을 외면하지 못하는 마음[불인인지심(不忍人之心)]을 가지고 있다"고 하면서 측은하게 여기는 마음[측은지심(惻隱之心)]인 인(仁)을 사례로 든 것 역시 애(愛)가 아닌 자비(慈悲)를 말한 것이다.

하지만 상대를 가리지 않는 사랑, 원수조차 사랑하는 큰 사랑을 어떻게 사람이 가질 수 있을까? 이것이 정말 가능한 얘기일까? 바로 이 지점에 자비의 독특성이 있으며, 인간의 마음과 정신의 문제가 얽혀 있다.

우선 자비는 상대적 분별을 넘어선 것이니 이분법 분별로 이뤄진 인간의 의식 수준에서 자비가 생겨나는 것은 불가능하며,

자상으로 이뤄진 심연의 정신에서라야 가능한 일이다. 그러나 자비를 느끼는 것은 또한 마음이라야 가능하다.

정신은 "본성이 스스로 신(神)을 풀어낸" 것이므로 온전하며 통합되어 있어 이분법 분별이 있을 수 없다. 그 결과 정신에는 자비를 포함한 영원한 진리가 담겼으되, 어떤 내용을 갖지 않는 형태적 틀로 존재하므로 이는 우리 인간에게 직접 인식될 수 없다. 오직 마음이라야 이를 간접적으로나마 느낄 수 있다. 어려운 얘기인 듯하지만, 한국인은 오히려 이러한 구조를 이해하기 쉬우니 한국인의 '정(情)'이 바로 자비의 바탕이기 때문이다.[31]

'미운 정, 고운 정 다 들었다'고 할 때 '밉다'는 것은 의식의 판단이다. 그런데 이처럼 밉다고 생각하면서도 그 사람과 정이 들 수 있다는 것은 정이 이성적 판단(의식, 사고)을 넘어선 곳에서 오고 있음을 보여 준다. '정에 이끌려서 그만…'이라는 말 역시 정이 합리적 판단(의식)을 넘어선 곳에서 오고 있음을 보여 준다. 또한 '정이 들다'는 표현은 정이 내가 의식적으로 행하는 것이 아니라 알게 모르게 의식 밖에서 스며드는 것임을 보여 준다.

情의 어원을 보면, 心(마음 심)과 生(날 생)과 丹(붉을 단)이 합쳐진 글자다. 여기서 丹 자의 갑골문을 보면 井(우물 정) 자 안에 점이 찍혀 있다. 여기서 井 자는 땅속으로 파들어 간 광산의 벽을 그린 것이고, 그 안에 찍힌 점은 광산 속 깊은 곳에 있는 보석을 상징한다. 生 자는 싹이 터 자라는 모습을 그린 것이니, 이들의 합자인 情은 결국 저 아래 깊은 심연으로부터 싹터 올라오는 마음을 형상화한 글자다.

여기서 광산 속 보석은 우리 마음의 심연 깊은 곳에 자리한 보석이다. 이처럼 우리 마음의 밑바닥 말 없는 심연에는 보석이 빛을 발하고 있으니, 우리의 정신이 바로 그것이다. 그러므로 저 아래 깊은 심연에서 싹터 올라오는 마음이란 바로 정신의 바다에서 싹터 올라오는 마음임을 말한다.

이처럼 사람에게는 깊은 심연에 자리한 정신으로부터 싹트는 마음이 있으니, 바로 정이며 자비다. 이러한 마음은 이성적 판단(의식, 사고)을 넘어선다. 그 때문에 정은 알게 모르게 의식 밖에서 스며드는 것이며, '미운 정'이라는 말이 성립하고, '정에 이끌려서 그만…'이라는 말이 성립하는 것이다.

이러한 정의 어원은 또한 사람이면 누구나 갖고 있는 공통의 인지상정(人之常情)이 어떻게 해서 존재 가능한지를 설명해 준다. 모든 사람의 심연에 공통으로 자리 잡고 있는 정신이라는 근원에서 온 것이기 때문이다. 그러므로 사람은 서로에게 정을 느끼는 것이다. 공통의 근원에서 왔기 때문이다. 공통된 토대 위에 있지 않으면 서로 정을 느끼기란 불가능하다. 이를 불교에서는 '동체대비(同體大悲)'라 이른다.

정신과 마음은 한마음 안에 있다

비록 육도의 물결을 일으키지만 한마음의 바다를 벗어나지
아니한다. 진실로 한마음이 움직여 육도를 일으키기 때문
에 널리 구제하는 서원을 발하게 되는 것이요, 육도가 한마
음을 벗어나지 않기 때문에 동체대비를 일으킬 수 있는 것
이다.

雖起六道之浪 不出一心之海 良由一心動作六道 故得發弘
수기육도지랑 불출일심지해 양유일심동작육도 고득발홍

濟之願 六道不出一心 故能起同體大悲
제지원 육도불출일심 고능기동체대비

《대승기신론소》, 〈술의게(述意偈)〉

동체(同體)는 '같은 몸'이라는 뜻이니, '동체대비'란 모든 중생
은 나와 한 몸이기에 그 고통과 아픔을 자기 일로 느끼고 함께
슬퍼하는 마음을 뜻한다. 그 결과 고통을 덜어 주려는 조건 없
는 자비가 나오는 것이다. 육도를 헤매는 중생은 비록 축생계라
할지라도 한마음(=여래장)인 '동체'이기에 자비의 마음이 나오
는 것이다.

〈그림 10〉은 나의 마음이 진여 및 정신과 어떤 관계를 맺고
있는지를 보여 준다. 그림에서 나의 자아는 심연에서 올라오는

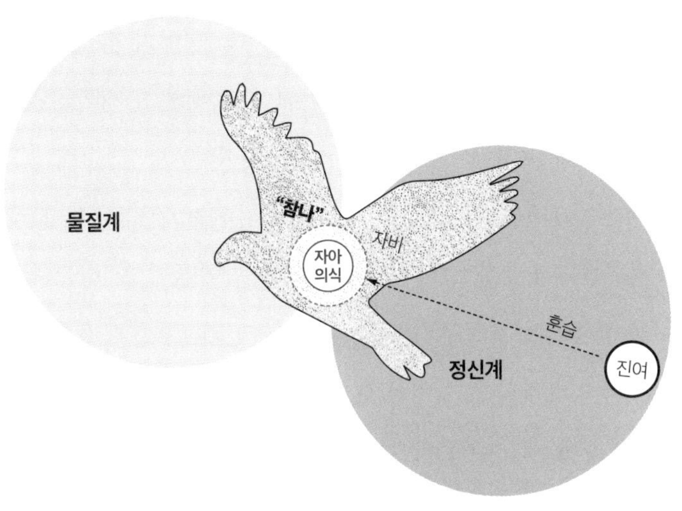

<그림 10> 나의 마음, 정신, 진여 그리고 우주

정신을 받아들여 자비의 마음을 발하고 있다. 이때 인간의 마음은 좁은 의식을 넘어서게 된다. 의식의 이해타산에 더 이상 갇히지 않으니, 그의 마음은 푸른 창공으로 날아오르는 한 마리 새가 된다. 철학의 관점에서 말하면 그는 자유 의지를 가진 주체가 된다.

주체로 선다는 것은 그의 마음이 더 이상 조건에 따라 기계적으로 결과 지어지지 않는다는 뜻이니, 그는 축생의 몸을 가졌으면서도 축생을 넘어선 행동을 한다. 그의 몸은 자비를 실천한다. 창조의 조력자인 신의 주사위에 합당한 역할을 해내는 것이다.

이는 "무아(無我)의 이치라야 비로소 참나[眞我]일 수 있다"

고 했던 원효의 가르침을 실천하는 것이다. 자아가 정신을 받아들어 자비의 마음을 발할 때 '나[我]'를 중심에 놓고 헤아리던 좁은 의식에서 벗어나 '참나'로 거듭나는 것이다.

〈그림 10〉에서 참나로 거듭난 나의 자아는 전5근(〈표 1〉 참조)을 통해 물질계로부터 감각 자료를 받아들이고, 의근(말나식)을 통해 정신계로부터 자상을 받아들인다. 이를 바탕으로 판단을 내리고 몸을 움직여 하늘을 난다. 이처럼 나의 마음 중 자아가 중심에 서서 좌우의 두 날개를 펼쳐 물질계와 정신계로 이뤄진 우주를 훨훨 날아다니고 있다.

이때 새(인간의 마음)에게 부여된 임무는 무엇인가? 우선 정신을 탐험하는 것이다.

내 마음의 심연에 자리한 본성(진여)이 스스로 신(神)을 풀어낸 것이 정신이니, 정신에는 만법(萬法, 만 가지 진리)이 다 갖춰져 있다. 하지만 정신은 상대적 인식을 넘어선 자상(自相)의 형태로 자리하고 있으니, 우리 인간의 의식은 자상을 직접 인식할 수 없다. 앞서 언급했던 여러 신들린 순간, 또는 영감이 문득 떠오를 때, 또는 타인의 연의 훈습을 받아 정신의 고양을 느낄 때 등에만 정신이 그 모습을 드러낸다.

또 다른 경우로는 애써 노력을 거듭한 끝에 정신이 모습을 드러내는 경우들이 있다. 예를 들어 우리가 글을 쓸 때는 한참을

궁싯거린 뒤에야 간신히 몰입되어 글이 써진다. 한참의 노력 끝에 심연의 정신에 접속이 이뤄지면서 글이 써지는 것이다. 그러다가 누가 말을 시키는 등으로 해서 접속이 끊어지면 도로 아미타불이 되곤 한다. 실은 위에 언급한 신들린 경우 등도 모두 평상시 애쓴 노력이 쌓인 끝에 나오는 것이다.

이처럼 마음이 애써 갈구하는 만큼 본성(진여)이 신을 풀어내는 것이니, 현재 아라야식을 채우고 있는 정신은 이 별에서 최초의 생명이 탄생한 이래 지금까지 그 마음이 삶을 경험하는 과정에서 해답을 갈구했던 만큼 풀려나오고 인식되어 쌓인 것이다. 보다 구체적으로는 우리가 물질계로부터 감각 자료를 받아들였을 때 해결하지 못하는 문제, 즉 번뇌를 일으키는 문제가 있으면 그 해답을 갈구하게 된다. 이때 그 자료는 의근(말나식)을 거쳐 아라야식에 저장되며, 이에 대해 본성은 정신을 풀어내는 것이다.

이러한 과정을 거치며 정신은 조금씩 더 모습을 드리내 진여의 뜻 자체에 근접하게 된다. 진여가 정신계를 펼쳤으되 다시 정신 외에 인간의 마음을 낸 이유가 이 때문이다. 자신의 뜻인 정신을 풀어내기 위함이다. 이를 가능케 하는 것이 인간의 마음이며, 그 마음을 이끄는 우리의 자아의식이다.

앞에서는 참나로 거듭나기 위해 좁은 의식에서 벗어나야 한다고 했지만, 그것으로 얘기가 끝인 것은 아니다. 마음의 작용인 의식에는 중요한 사명이 있으니, 오직 의식이라야 정신을 의식하고 이해할 수 있는 것이다. 그리고 이를 위해서는 우리가 번뇌를 감당해야 한다. 우리가 번뇌한다는 것은 정신을 탐험한다는 말과 동의어인 것이다.

이렇게 애써 갈구한 결과 마음이 정신을 새로이 인식하고 이해했을 때 우리는 '의식의 확장'을 이루게 된다. 그리고 새로이 인식한 정신은 각자의 '정신세계'가 된다. 한마음의 진여는 모두에게 공통이지만, 각자의 정신세계에 차이가 있는 이유는 이 때문이다. 또한 각자의 정신세계로 자리 잡은 만큼은 '그의 정신'이 되며, '그의 마음'이 된다. 이렇게 해서 우리 일상의 언어에서는 마음과 정신을 혼용하게 되지만, 개념 자체는 구분되는 것이다. 〈그림 10〉에 표상된 '정신계'는 어디까지나 신(神)과 동격이다. 이 정신계의 일부가 각자에게 인식되어 그의 '정신세계'를 이루는 것이다.

새(인간의 마음)에게 부여된 두 번째 임무는 진여가 펼친 정신을 물질계에 실현하는 것이다. 이 측면에서 인간의 마음은 정신의 선봉이라고 할 수 있다. 물질계에 정신을 펼쳐나가는 전위(前衛)가 되는 것이다. 보다 구체적으로는 마음이 정신의 힘으로, 정신의 뜻에 따라 물질세계를 빚어내는 것이다. 모든 물질은 정신의 뜻에 따라 구부러지고, 잘리며, 모양을 잡아 나간다. 그리하여 길이 나고, 학교가 서며, 문명이 들어선다. 이를 위해 우리 우주에는 정신세계와 물질세계가 같이 있는 것이다. 물질세계가 있음으로 해서 거기에 정신을 구체화하고 현현시킬 수 있다. 그리고 정신이 현현함으로써 이 우주가 곧 신의 현현이 되는 것이다.

이러한 정신의 실현이 어디까지나 마음에 맡겨진 임무임을 다시 생각해 볼 필요가 있다. 무엇이 실현(實現)되려면 이분법 분별의 장으로 들어서야 한다. 이는 정신이 실현되려면 '분열'되어야 한다는 뜻인데, 자상으로 이뤄진 정신은 온전하며 통합되어 있어 분열이란 있을 수 없다. 그러므로 정신이 직접 현상계에 현현할 수는 없는 것이다. 그래서 정신과 마음이 짝을 이뤄 존재하는 것이라 할 수 있다.

이상 두 가지 임무를 통해 마음은 일체의 모든 깃을 지어내고 있으니 원효의 유심게는 바로 이를 노래한 것이다.

또한 마음이 이 두 가지 임무를 수행할 때 판단 기준이 되는 것은 자비의 마음이다. 인간의 내면에는 앞서 살펴본 육도의 마음이 다 들어 있어서 어떤 마음을 먹을 것인지는 그의 '마음먹기'에 달렸다. 어떤 마음을 먹을 것인가 고민할 때 선택 기준은 자비여야 한다. 그래서 또한 진여는 정신계를 펼쳤으되 다시 정신 외에 인간의 마음을 내고, 이 마음을 별도로 훈습하는 것이다. 이 마음이라야 자비를 느낄 수 있고 자비를 실현할 수 있기 때문이다. 그리고 이렇게 자비의 마음을 느낄 때 열반이 멸하니 더 이상 열반에 머무르지 않게 된다.

모든 생멸법을 멸하고 열반에 머무를 때 인간의 마음은 무한한 기쁨을 느낀다. 이 열반에 계속 머무를 것인가? 하지만 돌아보면 이 땅 위에 지옥계, 축생계 등의 육도가 펼쳐져 각축하고 있으니 타인의 고통을 차마 외면할 수 없다. 그리하여 대비(大悲)의 마음을 느낄 때 열반이 멸해 머무르지 않게 되는 것이다.

달리 보면 열반에 머문다는 것은 자기 내면의 진여 및 진여가 풀어낸 기존 정신세계에 안주하며 기쁨을 맛보는 것이다. 이는 자리행(自利行, 자기를 이롭게 하는 수행)에 해당하는 반면 열반을 멸하고 대비의 마음을 따라가는 것은 이타행(利他行, 다른 이들을 이롭게 하는 수행)으로, 자기 내면을 벗어나 〈그림 10〉에서 새의 비상을 이루는 것이다. 이는 신의 뜻인 정신을 실현(=창조)하는 창조의 대리자로서의 사명을 다하는 것이다.

무생의 행, 무상의 법, 부동의 실제

아인슈타인은 최고의 과학적 지성으로 꼽히곤 하는데, 사상가로서도 탁월한 혜안이었다고 생각한다. 그는 진리를 찾는 것은 이성적 사유에 의해서가 아니라 종교적 감정(religious feeling)이며, 인간의 이성은 이렇게 찾은 진리를 인간이 이해할 수 있는 방식으로 정리하는 것이라고 보았다. 그가 말한 종교적 감정이 바로 자비(사랑)의 마음이라고 할 수 있다.

인간이 발견한 진리를 쌓아 올린 것이 곧 문명인데, 흔히 이를 이성에 의한 것이라 착각하기 쉽다. 하지만 이성은 논리를 따지는 것으로 차가운 '머리'에 속하는 것이다. 이를테면 논리와 이성은 비용 대비 효율을 따지는 것인데, 핵무기도 비용 대비

효율이 높은 것이다. 히틀러의 나치즘 역시 이성의 산물이었고, 제국주의의 침략과 원주민 학살 등이 모두 그러했다. 만약 지금까지 이 세상에서 논리와 이성이 자비(사랑)의 마음으로 통제되지 않았다면 그 결과는 끔찍할 것이다.

> 영혼의 모든 **자연적** 움직임은 물질계의 중력 법칙과 유사한 법칙들에 의해 지배된다. 은총만이 예외이다.
>
> …
>
> 두 가지의 힘이 우주를 지배한다. 빛과 중력. [32]

시몬 베유가 《중력과 은총》에서 언급한 '은총'은 불자(佛者)가 느끼는 '훈습'을 기독자(基督者)의 시각에서 느낀 것이다. 그녀의 언급처럼 은총이 없다면 이성을 포함한 모든 자연적 움직임은 중력의 적용을 받아 결국은 추락하고 말 것이다. 그럼에도 인류는 긴 시간을 두고 역사의 전개를 보면 조금씩 상승하고 있으니 이는 전적으로 진여의 훈습(은총)과 그 결과로 피어나는 자비(사랑)의 마음 때문이다.

훈습(은총)을 발하는 신의 본질은 곧 자비(사랑)이기에 신의 창조란 곧 자비의 실현이다. 창조의 결과로 존재하는 진선미 역시 자비의 실현이니, 인류가 지금까지 쌓아 올린 문명의 원동력은 자비의 마음인 것이다.

이는 인간의 마음이 '주체'임을 다시 한번 살핀 것이다. 사실 인간의 마음은 불완전하기에 자주 번뇌하고 실수하며, 때로 폭주하고 때로 엉거주춤하기도 한다. 그러다가 축생의 마음으로 추락하기도 한다. 그럼에도 다른 무엇이 아닌 인간의 마음이 훈습과 자비를 느끼며, 정신을 인식하고 실현한다. 인간의 마음이 삶을 산다. 그리하여 철학에서는 이를 주체라고 명명하는 것이며, 그 역할을 다른 무엇이 대체할 수 없기에 인간의 마음이 소중한 것이다.

무생의 행이라 무상과 그윽히 부합하며, 무상의 법이라 본디의 이익을 순조로이 이룬다. 이익이 이미 본디 있는 것이니 이익이지만 새로 얻는 것이 아니다. 고로 흔들림 없는 궁극의 실체다.

無生之行 冥會無相 無相之法 順成本利 利旣是本 利而無
무생지행 명회무상 무상지법 순성본리 이기시본 이이무
得 故不動實際[33]
득 고부동실제

《금강삼매경론》 권상(上), 〈서품(序品)〉

자비를 느끼는 인간의 마음은 구체적인 실천 행동에 나서게 되니, 그 행위는 '무생(無生)의 행(行)'이라야 한다. 무생(無生)의 행(行)이란 '내가 꼭 무엇을 낳겠다'고 고집함이 없는 실천 행위를 말한다. 자비의 마음 때문에 어떤 실천 행동에 나서지만 그로 인해 꼭 어떤 결과를 낳고 말겠다는 집착의 마음이 없는 행위를 가리킨다. 원효는 이러한 무생의 실천이라면 "무상과 그윽히 부합한다"고 말한다. 여기서 '무상(無相)'은 내가 행하는 실천 행위의 결과물이 반드시 어떤 모습이어야 한다는 고정된 상(相)이 없다는 뜻이다.

이처럼 무상과 그윽히 부합하는 무생의 실천이 가능해지는 이유는 거기에 '아(我)'가 없기 때문이다. 그러므로 아(我)에 집착하는 좁은 마음을 넘어 한마음을 회복한 사람, 즉 참나를 일으켜 세운 사람의 실천이 무생의 실천인 것이다.

일체 중생을 자기 몸과 같이 여기기 때문에 또한 중생상을 취하지 않는다. 이는 무슨 뜻에 의해서인가? 이를테면 일체 중생과 자기 몸이 진여로서 평등하여 구별과 다름이 없는 것임을 여실히 알기 때문이다. 이와 같은 대방편지가 있으므로 무명을 제멸하고 본디의 법신을 보아 자연히 불가사의한 업의 갖가지 작용을 갖는 것이다.

以取一切衆生如己身故 而亦不取衆生相 此以何義 謂如

이취일체중생여기신고 이역불취중생상 차이하의 위여

實知一切衆生及與己身眞如平等無別異故 以有如是大方
실지일체중생급여기신진여평등무별이고 이유여시대방

便智 除滅無明見本法身 自然而有不思議業種種之用
편지 제멸무명견본법신 자연이유불사의업종종지용

《대승기신론》, 〈해석분(解釋分)〉, 현시정의(顯示正義)

동체대비의 마음이면 "일체 중생을 자기 몸과 같이 여기기 때문에 중생상(衆生相)을 취하지 않는다". "일체 중생과 자기 몸이 진여로서 평등하여 구별과 다름이 없는 것임을 여실히 알기 때문"에 나는 특별한 존재라고 하는 '아상(我相)'이 또한 있을 수 없다.

이러한 사람은 타인의 연을 통한 훈습을 기꺼이 수용한다. 그러므로 자기가 행하는 실천 행위의 결과물이 반드시 어떤 모습이어야 한다는 고정된 상이 없기에, 무상의 법을 지향하고 무생의 행을 실천한다.

또한 이렇게 무생의 실천으로 무상의 법을 추구하면 "본디의 이익을 순조로이 이룬다"고 했다. "이익이 이미 본디 있는 것"이라는 말은 영원한 진리인 정신에 의해 이미 예비된 것임을 말한다. 무생의 실천으로 무상의 법을 추구하면 정신이 예비한 이익, 진여가 풀어내고자 예비한 이익이 풀려나온다는 뜻이다. 그러므로 "이익이지만 새로 얻는 것이 아니"라고 했고, 그렇게 달성하는 이익은 "흔들림 없는 궁극의 실체"라고 했다. 이는 덧없는 것이 아니라는 뜻이다.

고요히 모든 것을 이루는 힘

이처럼 한마음 본원을 회복하고 무생의 실천에 나선 사람은 불가사의한 결과를 낼 수 있다. 그 이유는 본디의 이익이므로 순조로이 이루는 것이다. 이익이지만 새로 얻는 것이 아니며, 이뤄져야 할 이익, 이뤄져 마땅한 이익이라 진여가 이미 예비한 것을 이루기 때문이다.

《주역》에는 이와 관련해 참고할 만한 구절이 있다.

하늘의 도는 가득 찬 것을 이지러뜨리고 겸허한 것을 이롭게 하며,
땅의 도는 가득 찬 것을 변하게 하고 겸허한 쪽으로 흐르며,
귀신은 가득 찬 것을 해하고 겸허한 것에 복을 주며,
사람의 도는 가득 찬 것을 미워하고 겸허한 것을 좋아한다.[34]

《주역》, 〈단전·겸(謙)괘〉

《주역》이 가장 싫어하는 것이 "가득 차는 것"이다. 얼마나 싫어하는지 하늘과 땅과 사람이 모두 싫어하고 미워하며, 귀신까

지도 해하고자 한다. 그야말로 온 우주가 나서서 가득 찬 것을 이지러뜨리고 만다는 것이다. 반대로 온 우주가 "겸허한 것"을 좋아해 이롭게 하고 복을 준다고 한다.

여기서 "가득 찼다"는 것은 아상(我相), 중생상(衆生相)으로 가득 찬 것을 말한다. "겸허하다"는 것은 나[我]를 비워서 타인의 연의 훈습을 기꺼이 받아들임을 말한다.

성인이 일을 이룸에 능한 것은 사람들이 공모하고 귀신이 공모하는 것이다. 백성이 더불어서 해내는 것이다.
聖人成能 人謀鬼謀 百姓與能
성인성능 인모귀모 백성여능

《주역》, 〈계사하전〉 12장

《주역》은 성인이 큰일을 해내는 비결 역시 자신을 비우는 것이라 말하고 있다. 자신을 비우기에 사람들과 귀신이 공모하는 것이다. 그 결과 백성이 같이 더불어서 일을 해낸나고 한다. 이처럼 만백성이 더불어서 해내니 불가사의한 결과를 이룰 수 있는 것이다.

그러므로 아상과 중생상이 없이 진정으로 하늘이 바라는 바(=진여가 예비한 바)를 행하고자 한다면 사람은 누구나 성인이 해낸 일을 할 수 있을 것이다. 성인이 큰일을 이룬 비결이 바로 그것이기 때문이다.

또한 성인의 비결이 바로 한마음에 들어가는 것임을 알 수 있다. 한마음은 나의 마음이면서 너의 마음이고 천지의 마음이며 우주의 마음이다. 그러므로 어떤 일을 하는 사람이 한마음에 들어가면, 사람들이 공모하고 귀신조차 같이 공모하는 것이다. 귀신이 해하려 드는 것이 아니라 그를 돕는다. 그리고 만백성이 더불어서 해내니 불가사의한 결과를 이루는 것이다.

한마음을 회복한 사람이 자비의 마음으로 무생의 행을 펼쳐 본디의 이익을 이뤄 냈을 때, 그것은 진선미의 순간이자 인생의 순간에 해당하는 것이기도 하다. 무생의 행을 펼쳐 무상의 법을 이루는 동안 그는 타인의 연의 훈습을 받기도 하고 주기도 한다. 그리하여 서로의 진여가 공명하는 순간, 정신의 고양을 느끼는 순간을 맞는다. 마음과 마음이 만나 빚어지는 인생의 순간은 스스로 열반에서 벗어난 이에게 주어지는 보상이며, 제2의 열반이라 할 수 있다.

열반은 모든 생멸법을 멸함으로써 진여와 합일을 이루는 것인데, 무생의 행을 펼치는 이는 어쨌든 다시 생멸의 마음을 일으킴으로써 열반에서 벗어난다. 하지만 무상의 법으로 진여가 예비한 본디의 이익을 이뤘을 때 그는 타인과 진여가 공명하는 순간을 맞이함으로써 다시 진여 본성을 회복한다. 또한 진여가 이루고자 하는 정신을 이 땅 위에서 실현한다.

이 순간 그는 무한한 초월의 장(진여)과 유한한 시간의 장(생멸)을 이은 것이다. 이 순간 무생행을 실천하는 그의 마음과 몸은 무한과 유한을 연결하는 통로가 되며, 이 통로를 통해 진여의 뜻이 유한한 생멸의 장에서 실현된다. 그러므로 이 지점에서 무생의 행과 진여의 회복이 동시에 이뤄진다. 이는 무생의 행(생멸)을 통해 진여와 다시 합일을 이루는 것이니, 바로 이 지점에서 생멸과 진여의 두 측면을 지닌 한마음이 이원화할 위험성을 극복하고 일자의 위치를 확립하고 있다.

즉 바로 이 지점에서 원효의 사상이 새로운 정초(定礎)를 확립하고 있다. 무생의 행을 통해 창조를 낳는 다(多)의 원리가 확보되고, 그러면서도 진여와 다시 하나로 통합되니 일(一)이 확보되고 있다. 이를 통해 원효는 궁극의 일자인 한마음을 확보하고, 삼라만상의 다양성을 낳는 원리까지 확보힘으로써 하나의 일관된 사상을 완성한 것이다.

아인슈타인은 진리는 아름다운 것이라고 확신했다. 그래서 그는 대학원생 제자가 추론의 결론으로 뽑아 온 수식이 추한 모습을 하고 있으면 추론이 틀렸을 것으로 보고 그 전개과정을 들여다보기를 거부했다고 한다.

니 역시 아인슈타인의 생각에 동의한다. 진선미는 삼위일체이니 진리는 아름다운 것이다. 그런 관점에서 서두에 제시한 원효의 가르침을 아래에 다시 보면 그 언명이 아름답다.

무생의 행이라 무상과 그윽히 부합하며, 무상의 법이라 본디의 이익을 순조로이 이룬다. 이익이 이미 본디 있는 것이니 이익이지만 새로 얻는 것이 아니다. 고로 흔들림 없는 궁극의 실체다.

無生之行 冥會無相 無相之法 順成本利 利旣是本 利而無
무생지행 명회무상 무상지법 순성본리 이기시본 이이무
得 故不動實際
득 고부동실제

《금강삼매경론》 권상(上), 〈서품(序品)〉

이 문장을 한문으로 보면 더욱 아름다움을 느낄 수 있다. 일체의 군더더기 없는 간결한 문장으로 우주의 진리를 담아냈다.

우리 우주는 삼라만상의 무궁한 다양성을 창조하면서도 하나로 일관된 조화를 이루고 있다. 어떻게 그럴 수 있을까? 원효는 간결하고 함축적인 언명으로 그 원리를 해명해 냈다. 이 종합적인 언명에 담긴 풍성한 의미에 대해서 계속 살펴보고자 한다.

불완전한 깨달음

만약 대비를 여읜 채 바로 정(定)과 혜(慧)를 닦으면 2승의 경지에 떨어져 보살도에 장애가 된다. 또 설령 자비를 일으키더라도 정과 혜를 닦지 않으면 범부의 고질에 떨어지니 보살도가 아니다. 고로 세 가지를 닦아 양극단에 치우침을 멀리 여의고서 보살도를 닦아야 무상각을 이룬다.

若離大悲 直修定慧 墮二乘地 障菩薩道 設唯起悲 不修定慧
약리대비 직수정혜 타이승지 장보살도 설유기비 불수정혜

墮凡夫患 非菩薩道 故修三事 遠離二邊 修菩薩道 成無上覺
타범부환 비보살도 고수삼사 원리이변 수보살도 성무상각

《금강삼매경론》 권하(下), 〈여래장품(如來藏品)〉

위에서 원효가 말한 정(定)은 선정(禪定)을 뜻하니, 삼매의 수행을 통해 생멸하는 마음 바다의 파도를 가라앉혀 청정한 마음의 본체를 회복함을 말한다. 혜(慧, 지혜)는 사물의 참된 모습을 꿰뚫어 보는 지혜를 말함이니, 정(定)과 혜(慧)는 불교에서 내면의 수행과 깨달음에 직결되는 핵심 요소다. 그럼에도 원효는 "대비를 여읜 채 정과 혜만을 닦으면 2승의 경지에 떨어져 보살도에 장애가 된다"고 한다. 2승(乘)이란 자기 개인의 해탈만을 추구하는 수행자를 낮추어 부르는 말이니, 바른 수행이 아니라는 뜻이다. 그 이유는 대비를 여읜 채 정과 혜만을 닦으면 아상과 중생상에 빠지기 때문이다.

예를 들어 서양 철학에는 플라톤으로부터 시작해 헤겔로 이어지는 '관념론'이라고 하는 일련의 사상 흐름이 있다. 플라톤은 '철인 국가론'이라 해서 철학자가 왕이 되어 통치해야 이상적인 국가를 이룰 수 있다고 주장했는데, 그 이유는 보통 사람은 이데아(idea)를 보지 못하고 오로지 철학자만이 이데아를 볼 수 있기 때문이다. 아울러 그는 철인 국가에서 시인들은 추방되어야 한다고 주장했는데, 시인들이 철학자의 이성에 기반한 통치에 이의를 제기해서 이상 국가의 질서를 방해한다고 보기 때문이다.

헤겔의 경우는 인간의 이성이 발전해서 최종 단계인 절대정신에 이르며, 특히 철학의 개념적 사유를 통해 절대정신의 목적이 무엇인지를 파악할 수 있다고 했다. 플라톤과 헤겔의 주장은 일맥상통하는 것으로, 철학자 또는 지식인 엘리트의 이상과 일반 대중을 낮춰 보는 중생상이 들어선 견해임을 알 수 있다.

만약 마음에 얻음도 있고 머무름도 있으며 볼 수 있다고 말하는 자가 있다면 곧 아뇩다라삼먁삼보리인 반야를 얻을 수 없게 되니 이것은 긴 밤이 되느니라.
若有說心有得有住及以見者 卽爲不得阿耨多羅三藐三菩
약유설심유득유주급이견자 즉위부득아뇩다라삼먁삼보
提般若 是爲長夜
리반야 시위장야

《금강삼매경》, 〈무생행품(無生行品)〉

플라톤의 경우는 이데아, 헤겔의 경우는 절대정신을 철학자만이 제대로 볼 수 있다는 것인데,《삼매경》의 가르침대로 궁극의 진리를 자기는 "볼 수 있다고 말하는 자가 있다면" 그는 결코 궁극의 진리를 얻을 수 없고 도리어 긴 밤(무명)에 빠진 것이다.

일반 대중이 보지 못하는 이데아를 자신들은 볼 수 있다고 주장하는 엘리트 철학자의 이성에 기반한 이상 국가를 건설하려는 시도는 역사에서 여러 번 나타난 적이 있다.

진시황을 옹립했던 법가(法家) 철학자들이 그러했고, 국가사회주의 건설을 추구했던 독일의 나치즘[35]이 그러했고, 이상적인 공산국가를 건설하리던 마오쩌둥의 문화대혁명이 그러했다. 이들은 모두 분서갱유를 저질렀다는 공통점이 있는데, 이는 철학자가 통치하는 완벽한 이상 국가에서 시인은 추방해야 한다던 플라톤의 주장과 일치한다.

자신들만이 진리를 볼 수 있다는 엘리트 우월주의는 결국 자신들만이 절대적으로 옳다는 절대주의, 이에 대해 이의를 제기하는 상대는 척결해야 한다는 배타주의로 흐른다. 그리하여 결국 원리주의로 귀결되며, 정치적으로는 전체주의, 독재주의로 흐른다. 그래서 독일의 관념론, 특히 헤겔 철학이 나치즘의 사상적 토대를 제공했다고 비판받는 것이다.

헤겔은 정신이 이 세상의 주인공이며, 정신이 완전히 실현되는 것이 이 세계의 존재 목적이라 한 점에서 한마음의 존재를 깨달은 혜안이라고 할 수 있다. 또한 그 목적을 향해 정신이 점점 자기 자신을 발전시키고 펼쳐 가는 여정이 역사의 전개라고 함으로써 역사 창조라는 생(生)의 뜻을 세웠다는 점에서 쇼펜하우어의 반대편에 섰던 철학자라고 할 수 있다.

하지만 그는 정신 외에 마음이 또 있다는 사실을 이해하지 못했고, 마음의 한 기능에 불과한 이성(머리의 사고 기능)을 절대시함으로써 오류에 빠졌다.

깨달음은 자비로 완성된다

보리의 성품은 곧 분별이 없는 것인데, 분별함이 없는 지혜가 분별이 무궁하니, 무궁한 상(相)은 오직 분별이 멸한 것입니다. 이와 같은 뜻과 상(相)은 불가사의하며, 불가사의한 가운데 분별이 없습니다.

菩提之性 卽無分別 無分別智 分別無窮 無窮之相 唯分別滅
보리지성 즉무분별 무분별지 분별무궁 무궁지상 유분별멸

如是義相 不可思議 不思議中 乃無分別
여시의상 불가사의 불사의중 내무분별

《금강삼매경》, 〈여래장품(如來藏品)〉

우리 우주를 가득 채운 채 지금도 뻗어 나가는 삼라만상은 그야말로 끝이 없는 "무궁한 상(相)"이다. 《삼매경》은 오직 "분별함이 없는 지혜"라야 분별이 무궁하다고 한다. 이에 비해 이성은 어디까지나 '분별하는 지혜'다. 이분법 분별을 통해 대상을 파악하는 분별지에 해당하니, 기껏해야 세상의 질반만을 볼 수 있을 뿐이다. 이러한 절름발이 인식 기능으로는 '절대정신'은 결코 볼 수 없다.

절대정신이라는 것이 있다면, 무한한 초월의 장에 존재하는 진여의 뜻을 가리킬 것이다. 인간의 유한한 이성은 무한한 진여의 뜻을 직접 인식할 수 없다. 할 수 있다고 말한다면 그것은 사실 신성모독이며, 인간의 오만방자함의 표출일 뿐이다. 헤겔이 이리한 의도를 갖고 있지는 않았을 것이나, 그가 제시한 사상체계는 그 방향으로 흐르고 있다.

"분별함이 없는 지혜가 분별이 무궁하니, 무궁한 상(相)은 오직 분별이 멸한 것"인데, 분별하는 지혜인 이성으로는 분별이 무궁할 수 없고, 삼라만상의 무궁한 상(相)을 낳을 수 없다. 실제 역사 전개에서도 원리주의 정권은 분서갱유를 저지름으로써 다양성을 억압하는 결과로 흘렀다. 결국 헤겔은 역사 창조라는 생(生)의 뜻을 세우고자 했지만, 도리어 생의 뜻을 얼어붙게 함으로써 다양성을 낳는 다(多)의 원리 확보에 실패하고 있다.

원효가 서두에서 정과 혜만이 아니라 동체대비까지 세 가지를 닦아야 궁극의 깨달음인 무상각을 이룬다고 말하는 이유는 이상과 같은 사정 때문이다.

동체대비의 마음을 통해 "일체 중생과 자기 몸이 진여로서 평등해 구별과 다름이 없는 것임을 여실히 알" 때 중생상과 아상이 들어설 수 없다. 그때 자연스레 몸에서 배어나는 자비의 마음으로 무생의 행이 가능해지고, 오직 이때라야 생이 무궁할 수 있다.

무생의 행은 생멸의 장으로, 즉 분별의 장으로 나아가면서도 동체대비에 근거하므로 외부의 연의 훈습에 열려 있다. 어떤 상을 고집함이 없는 무상의 법을 추구하니, 분별이 없게 된다. "무궁한 상은 오직 분별이 멸한 것"인데, 이와 같은 뜻과 상은 생각하면 할수록 "불가사의한 것"이다. 오직 자비의 마음이 이러한 불가사의를 가능하게 한다.

마음에는 끝이 없다

마음에 끝[邊際]이 없다 함은, 한마음 본원에 돌아가면 심체가 두루 편재하니, 시방에 편재하므로 끝[邊]이 없고, 3세에 두루 미치므로 끝[際]이 없는 것이다. 3세에 두루 미치나 예와 지금의 다름이 없으며, 시방에 편재하지만 이쪽이나 저쪽에 특별히 처하는 곳이 없다.

心無邊際者 歸一心源 心體周遍 遍十方故無邊 周三世故
심무변제자 귀일심원 심체주편 편시방고무변 주삼세고

無際 雖周三世而無古今之殊 雖遍十方而無此彼之處
무제 수주삼세이무고금지수 수편시방이무차피지처

《금강삼매경론》 권하(下), 〈진성공품(眞性空品)〉

"마음에 끝이 없다"고 할 때 "끝"은 두 가지를 말하고 있으니, '변(邊)'은 공간상의 끝을 말하고, '제(際)'는 시간상의 끝을 말한다. 우리 마음은 우주가 끝나는 곳 너머를 생각하니 공간상으로 끝이 없고, 빅뱅으로 우주가 열리기 전인 무시(無始)의 때로부터 우주가 끝난 후까지를 생각하니 시간상으로도 끝이 없다. 그러므로 우리 마음은 공간상으로도 시간상으로도 끝이 없는 것이 맞다.

하지만 우리 마음이 분별을 일으키는 순간 그 무한성은 끝이 난다. '끝이 난다'는 말은 원래 없던 끝이 생겨난다는 뜻이니, 생멸하는 마음이 일어나 없던 경계를 짓고 이쪽과 저쪽을 편 가름을 말한다. 그리하여 끝이 없던 무한한 마음이 협렬한 마음으로 떨어지고 만다.

그러므로 우리 마음에 끝이 없다는 말은 청정한 심체, 즉 생멸의 마음을 여읜 정신의 바다를 가리키는 것이다. 시방[十方]은 사방팔방에 상하를 더해 온 우주라는 공간을 표현한 말이니, 진여가 풀어낸 정신은 무한한 우주를 가득 채워 끝이 없고, 3세[三世]는 과거·현재·미래의 세 시간을 말함이니, 정신은 과거·현재·미래에 두루 미치므로 시간상으로도 끝이 없다.

"시방에 편재하지만 이쪽이나 저쪽[此彼]에 특별히 처하는 곳이 없다"는 말은 피차의 구별이 없다는 뜻으로, 정신이 특정한 무엇에 집착하거나 머무르는 일이 없다는 뜻이다. 나아가 정신은 "3세에 두루 미치나 예와 지금의 다름이 없다"고 한다. 정신은 과거·현재·미래를 통틀어 변치 않는다는 말인데, 과연 그럴까?

리처드 도킨스의 밈으로 읽는 원효의 연기

헤겔 같으면 처음에는 미미했던 정신이 계속 발전해 결국 절대정신에 이른다고 했으니 이 말에 동의하지 않을 듯하다. 하지만 헤겔이 말한 정신의 발전이란 사실 정신이 발전하는 것이 아니라 인간의 의식(마음)이 정신을 인식하고 이해해서 확장하는 것이다. 정신 그 자체는 언제나 완전하다. 정신은 신이 스스로를 풀어낸 것이니 완전하지 않을 턱이 없다. 그 안에는 모든 진리가 담겨 있다. 이 우주에 존재하는 모든 지혜와 영감과 창조성이 담긴 것이다.

공룡의 시대에도 이 우주는 완전했으며 정신도 완전했다. 단지 공룡의 마음(의식)이 정신을 다 인식하지 못했을 뿐이다. 인간에 이르러 그 마음이 정신을 좀 더 인식하게 되었고 그만큼 의식의 확장을 이뤘다. 그만큼 문명을 이뤘다.

이처럼 인간에 이르러 정신 인식의 폭이 넓어졌지만, 그러나 아직도 부족하니 인간 문명이 빚어내는 많은 문제, 인간 개개인의 숱한 번뇌가 그 때문이다.

진화생물학자 리처드 도킨스는 역작 《이기적 유전자》를 통해 진화에는 생물학적 진화 외에 문화적 진화가 또 있다는 사실을 제시했다. 그리고 생물학적 '유전자(진, gene)'에 대응하는 문화적 유전자를 '밈(meme)'이라고 명명했다. 요사이는 이 밈의 뜻이 변질되어 '온라인상에서 빠르게 확산되는 콘텐츠'를 가리키는 인터넷 용어로 널리 쓰이고 있지만 원래의 의미는 그게 아니다.

밈의 예로는 대중가요나 패션 스타일, 요리법에서부터 예술과 건축, 종교적 신념, 사상 등에 이르기까지 다양하다. 도킨스는 생물학적 유전자가 퍼져 나갈 때 정자나 난자를 운반자로 하여 이 몸에서 저 몸으로 뛰어다니는 것과 같이, 밈도 퍼져 나갈 때 복제라 할 수 있는 과정을 거쳐 뇌에서 뇌로 건너다닌다고 했다. 누군가가 멋진 아이디어나 생각을 듣거나 읽으면 그는 이를 친구에게 전달할 것이다. 이 생각이 인기를 얻으면 서로서로 전달하면서 이 뇌에서 저 뇌로 퍼져 간다. 이처럼 그 수가 늘어나는 과정에서 문화적 돌연변이가 출현하고, 자연 선택의 과정을 거치면서 문화적 진화가 일어난다는 것이다.[36]

이러한 도킨스의 통찰은 탁월한데, 다만 그는 생물학자의 입장에 충실하게 밈의 복제가 '뇌에서 뇌로 건너다니며' 이뤄진다고 했다. 하지만 사실은 마음에서 마음으로 건너다니며 복제가 이뤄지는 것이다. 또한 그는 밈을 '문화적 유전자'라 했다. 과거

원시적인 DNA 분자가 지구상에 등장한 유기물의 수프 속에서 자신을 복제해 나갔듯, 문화적 유전자인 밈은 '인간의 문화'라는 새로 등장한 수프 속에서 자신을 복제해 나간다고 했다. 하지만 밈은 문화적 유전자가 아니라 '마음의 유전자'이며, 개별자의 마음들로 이뤄진 한마음이라는 수프 속에서 자신을 복제해 나가는 것이다. 인간의 문화란 단지 마음이 현상계에 투사된 '결과물'로 종속 변수일 뿐이니 실체(substance)가 될 수 없고, 어디까지나 마음이 실체임을 알 수 있다.

사실 도킨스는 생물학적 유전자인 진(gene)에 뒤이어 신종의 자기 복제자인 밈이 등장했다고 언명함으로써 진화가 새로운 단계로 접어들었다는 사실을 느끼고 있었다. "유전자를 선택의 단위로 하는 낡은 유형의 진화"가 뇌를 만들어 냄으로써 밈이 발생할 수 있는 '수프'를 마련해 줬고, 밈이 등장하면서 이들은 "낡은 유형의 진화보다 훨씬 빠른 독자적 진화를 시작했다". 심지어 그는 "우리 생물학자는 유전자에 의한 진화의 사고방식에 완전히 빠져 있기 때문에", 생물학적 유전자에 의한 진화가 여러 진화 중 하나의 사례에 불과하다는 사실을 자칫하면 잊어버린다고까지 썼다.[37]

밈이 등장했을 때 진화는 육체적 차원을 넘어 마음과 정신의 새로운 차원으로 넘어갔던 것이다. 그러나 이를 간과한 도킨스는 《이기적 유전자》에서 시종일관 유전자를 선택의 단위로 하는 생물학적 진화라는 관점에 머물렀고, 그에 따라 인간의 몸은 '유전자(진, gene)를 운반하는 기계'라는 시각을 계속 견지했다. 하지만 밈의 등장 이후 진화가 새로운 차원으로 올라섬으로써 이제 인간의 몸은 '밈을 운반하는 기계'라는 관점이 더욱 중요하다. 그리고 이제 진화생물학에서는 이 인간의 몸이라는 생존 기계가 존재하는 목적이 무엇인지를 다시 생각해야 한다.

그동안 생물학자들은 인간이 왜 창조되었는가 하는 질문에 대한 과학적 대답은 분명하다고 했다. 유전자의 번식에 봉사하기 위해서라고 한다. 하지만 이제 이 대답은 바뀌어야 하니, 밈의 번식에 봉사하기 위한 것이다. 나아가 어떠한 밈이 번성하고 있는지 살펴볼 필요가 있다. 밈의 자연 선택에 있어서 어떠한 밈이 최종적으로 선택되고 있을까?

그동안 흘러온 장구한 역사를 돌아보면, 진선미이자 자비에 부합하는, 즉 신의 뜻에 부합하는 밈이 선택되고 있다. 위태위태해 보이는 인류의 문명이 망하지 않고 지금까지 진보해 온 이유는 이 때문이다.

물론 단기적으로는 말초 신경을 자극하는 흥미 위주의 밈, 심지어 혐오를 조장하는 밈들이 득세하기도 한다. 오늘날 온라인에서 범람하는 밈들을 보면 알 수 있다. 하지만 이들은 길게 가지 못하니, 긴 시간을 두고 보면 이들은 결국 썩어 없어진다. 지난 역사가 증명하는 사실이다.

인간은 진의 지배를 받아 생물학적 번식을 위해 식욕과 성욕에 따른 행동을 한다. 하지만 이에 계속 머무는 것이 아니다. 진화가 이미 그것보다 높은 차원으로 올라섰으니, 밈의 지배를 받아 밈을 실현하기 위한 활동을 한다. 신의 뜻인 정신을 물질계에 실현하는 것이 그것이다. 그 결과물이 인류의 문명인 것이다.

도킨스는 자신이 밈의 개념과 체계를 통해 인간 문명에 대한 위대한 이론을 만들어 내려고 한 것이 아니라고 극구 사양했지만,[38] 사실 그렇게 한 것이 맞다. 그는 인류 문명을 바라보는 관점을 획기적으로 바꿀 수 있는 개념과 체계를 제시했다. 다만 그는 생물학적 진화에 충실하느라 자기 발견의 참 의미를 이해하지 못했다. 그 결과 도킨스는 계속해서 신을 부정하는 무신론자의 대표주자로 남았다.

필자가 보기에 도킨스는 신이 친히 바로 앞까지 찾아와 손짓해 불렀지만 알아차리지를 못했다. 그토록 뛰어난 학자가 자기 이론 체계의 자연스런 결론을 보지 못했다는 것은 매우 흥미롭게 느껴진다. 이는 자연과학 외에 인문학이 또 필요한 이유를 보여 주는 것이라고 할 수 있고, 우리들 각자의 선근이 다른 까닭이기도 할 것이다. 도킨스는 자연과학자로서 탁월한 선근을 지녔다. 자연과학에 특화된 그 선근이 생물학자로서 빼어난 업적을 이루도록 함과 동시에 인문학적 통찰은 간과하는 결과를 빚는 듯하다.

이러한 도킨스의 사례는 어째서 이 세상이 숱한 연(緣)들로 쪼개져 있고, 만물이 반드시 연기(緣起)를 통해 일어나도록 만들어졌는지 이해하는 단초가 된다. 그렇게 해야 건강하기 때문이다.

우리는
신의 뜻을 이해할 수 있는가?

우리는 각자 자신의 선근에 따라 독특한 방식으로 세상을 이해하며 정신을 이해한다. 각자 자신만의 독특한 정신세계를 구축한다. 이때 각자의 정신세계는 각자의 선근에 따라 각기 뛰어난 면이 있고 또 부족한 면이 있다. 우리는 각자 자신의 정신세계를 바탕으로 밈을 만들어 내고 타인과 공유하는데, 이때 그 밈이 진실로 신의 뜻에 부합하는 것일 때 다수에 의해 받아들여짐으로써 널리 자리 잡게 된다. 즉 다양한 연(緣)의 그물망을 통해 자연 선택의 과정을 거침으로써 검증되고 진화가 일어나는 것이다.

단, 나의 마음이 '정신을 이해한다'는 말에 대해서는 부연 설명이 필요하겠다. 〈그림 7〉로 돌아가서, 마음의 심체(心體)인 정신은 우리 마음의 심연인 아라야식에 자리 잡고 있다. 그러므로 정신은 우리 마음이 직접적으로 인식하고 이해할 수 있는 대상은 아니며, 그 속성은 어디까지나 리언절려(離言絶慮)이며, '신비' 자체라는 사실을 잊지 말아야 한다.

정신에는 진여가 펼친 뜻이 담겼으되 그 존재 방식은 분별을 여읜 자상으로서 존재한다. 그러므로 이분법 분별로 인식하고 이해하는 인간의 마음은 정신을 직접 인식하고 이해할 수 없으며, 오히려 정신 쪽에서 인간을 찾아오는 것이다. 문득 떠오르는 영감, 창조성, 통찰, 지혜 등의 형태로 찾아오기도 하고, 원초적 에너지인 신명, 신바람, 신들림, 사로잡힘 등의 형태로 불현듯 찾아오기도 한다. 오로지 이런 순간들을 통해서만 정신을 느낄 수 있는데, 이렇게 해서 정신의 호명을 받은 인간은 최선을 다해 정신의 뜻을 이해하고자 노력한다.

이는 신의 뜻을 이해하는 것이니, 그 이해는 바른 이해가 되지 않으면 안 된다. 도킨스의 동료인 험프리는 《이기적 유전자》에서 다음과 같이 말하고 있다. "당신이 내 머리에 번식력 있는 밈을 심어 놓는다는 것은 말 그대로 당신이 내 뇌에 기생하는 것이다".[39] 이 말을 할 때 그 역시 생물학자의 관점에 충실하다.

그는 바이러스가 숙주 세포에 기생하면서 숙주 세포를 이용해 번식하는 것과 같이 나의 뇌가 밈의 번식을 위한 운반자가 되어 버린다는 차원에서 밈의 전파를 "당신이 내 뇌에 기생하는 것"이라 표현했다. 하지만 이는 "당신의 정신이 나의 마음에 들어와 사는 것"이라 표현해야 맞다. 즉 내가 훈습을 통해 어떤 밈을 상대의 마음에 심었을 때 이는 나의 정신이 그의 마음에 들어가 사는 것이다.

이후 험프리의 표현에 따르자면, 그의 마음에 심어진 나의 정신은 바이러스가 숙주 세포에 기생하면서 숙주 세포를 이용해 번식하는 것과 같이 그의 마음을 운반자로 이용해 계속 번식하게 된다. 즉 그의 마음을 통해 또 다른 사람의 마음으로 전파가 일어나는 것이다. 이렇게 해서 나의 정신적 성취는 여러 사람의 마음속에서 살게 된다. 그리고 내가 전파한 밈이 진실로 신의 뜻에 부합하는 바른 정신이라면, 나의 정신은 한마음이라는 밈의 풀 속에서 영원히 살게 된다. 이것이 바로 나의 육체가 죽더라도 나의 정신은 불멸한다는 말의 구체적인 뜻이다. 또한 이렇게 한마음 안에서 영원히 살게 될[40] 정신적 성취를 한마음으로 되돌리는 것이 한마음 본원으로 돌아간다는 말의 참뜻이며, 이것이 신의 주사위로 창조된 개별자 인간의 존재 목적이자 그의 마음이 존재하는 이유다.

그런데 만일 타인의 마음에 옮겨 심어진 나의 정신이 혹시 잘

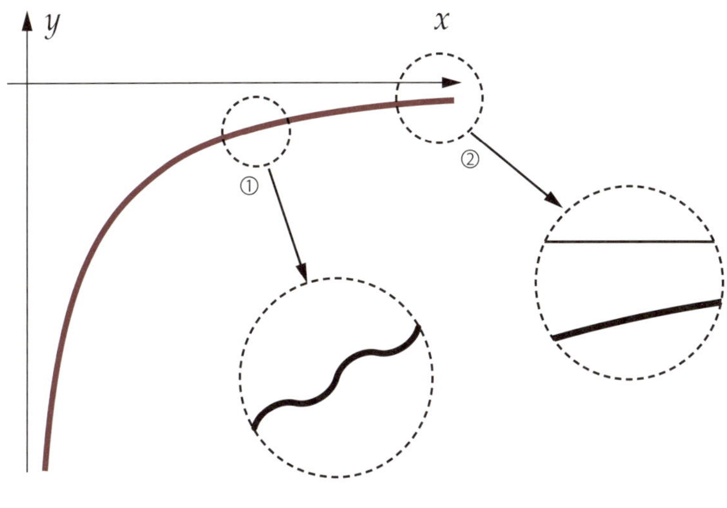

〈그림 11〉 우주의 역사

못된 정신이라면 어떻게 되겠는가? 이는 말할 수 없이 큰 죄를 짓는 일이 될 것이다.

그러므로 나의 마음이 정신을 이해하고자 할 때, 즉 신의 뜻을 이해하고자 할 때 겸허한 자세가 반드시 필요하다. 시간의 장에 존재하는 모든 존재는 유한하기 때문이다. 이분법 분별로 현상을 인식하므로 그 인식은 불완전한 인식이다. 중생만이 아니라 철학자의 인식도 그러하니, 신의 뜻을 이해했다고 생각하는 자는 항상 나침반의 바늘과 같은 떨림의 자세를 몸에 지녀야 한다. 나침반의 바늘은 늘 북쪽을 가리키지만 그 바늘은 항상 미세하게 떨고 있다. 그 바늘의 떨림은 신 앞에 선 자의 경건한 떨림을 상징한다. 신(神)은 신비(神祕)이므로 유한한 인간이 그 뜻을 다 알 수 없다. 그 뜻을 짐작해 보려는 자가 어찌 떨지 않을 수 있는가?

신의 뜻을 이해했다고 생각하는 자가 여전히 나침반 바늘의 떨림을 지닐 때 그의 실천은 겸허한 무생의 행을 이룬다. 반면 신의 뜻을 이해했다고 생각하는 자가 신 앞에서의 경건한 떨림을 상실할 때 그의 실천은 일방적 폭력이 되니, 원리주의자들이 초래한 역사의 사례가 이를 증명한다.

〈그림 11〉은 수학에서 유리함수 $y=k/x$ $(k<0)$의 그래프인데, 이러한 수학 그래프가 신의 뜻을 이해하고 실현하려는 인간의 노력이 어떤 양상을 빚는지를 보여 주는 적절한 상징이 된다. 그림에서 그래프의 궤적은 우주의 역사이자 생명의 역사이며, 이를 대표해서 이끄는 인간의 역사가 그려 온 궤적이다.

이 그래프에서는 x축이 '점근선(漸近線)'이 된다. 점근선이란 점차로 근접하는 선을 뜻하니, 신의 뜻을 이해하고 실천하려는 인간의 노력이 시간의 흐름에 따라 점점 x축에 가까워짐을 표현하고 있다. 물론 ①의 부분을 확대한 그림에서 보듯 때론 신의 뜻에서 멀어지면서 역사의 부침이 있었으나(그리고 2025년 현재도 멀어지고 있지만), 긴 시간을 두고 보면 포물선을 그리면서 점점 신의 뜻에 가까워지고 있다. 하지만 인간은 결코 신의 뜻에 완전히 닿을 수는 없다.

점근선이란 점차로 근접하긴 하지만 영원히 닿을 수 없는 선을 뜻한다. 수학에서 유리함수의 그래프는 점근선을 향해 무한히 근접하지만 결코 닿을 수 없다. 신의 뜻을 알고자 하는 인간의 노력이 바로 이와 같으니 점차로 근접하지만 결코 완전히 닿을 수 없다. 그림에서 ②의 경우처럼 점점 근접하겠지만 확대해서 보면 아직도 간격이 있다. 그리고 이 간격은 영원히 '0'이 될 수 없다. 인간은 결코 신의 뜻을 완전히 다 이해할 수 없다는 말이다. 그래서 '신비'인 것이며, 21세기에도 종교가 존재하는 것이다.

만약 그래프가 점근선에 닿는다면 이는 인간의 마음이 신의 뜻인 정신을 모두 이해해서 의식의 확장을 완벽하게 이룬 상태를 뜻한다. 하지만 그렇다고 하면 신이 유한하다는 얘기니 모순이 된다. 유한하다는 것은 한계가 있다는 뜻이며, 전체가 아닌 부분이라는 말이다. 신이 부분적 존재라면 그것은 신이 아니다. 그러므로 점근선에 닿는다고 하면 신성모독이 된다.

그럼에도 인간은 끊임없이 '최종적인 도달점' 같은 것이 존재하며 거기에 도달할 수 있다고 생각한다. 예를 들어 헤겔은 당대의 미국 독립 혁명과 프랑스 혁명의 경우 인류의 역사적 진화가 종착점에 도달해서 역사의 전개가 끝을 맺은 사례라고 주장했다고 한다.[41] 두 혁명에 의해 왕정을 폐지하고 자유주의 국가를 달성함으로써 역사의 진화에서 절대정신이 실현되었다는 것이다. 그리하여 헤겔은 나폴레옹을 보고서 "저기 절대정신이 걸어간다"라고 외쳤다는 일화를 남겼다.

헤겔은 철학의 개념적 사유를 통해 절대정신의 목적이 무엇인지를 파악할 수 있다고 주장했지만, 이 경우 그는 형편없이 틀렸다. 나폴레옹은 자기 스스로 황제의 관을 씀으로써 자유주의 국가를 끝장냈고, 오늘날의 미국에 절대정신이라는 것이 있어 실현되었는지를 묻는다면 아무도 동의하지 않을 것이다.

그럼에도 헤겔의 주장은 현대에 이르러 되풀이되었다. 보수 논객인 프랜시스 후쿠야마는 인류의 역사에서 동서 냉전이 끝나고 소련이 붕괴했던 1990년대에 《역사의 종말》이라는 책을 통해 인류의 역사적 진화가 이제 종착점에 도달해 역사의 전개가 끝났다는 주장을 다시 한번 제기했다. 헤겔의 역사철학을 기반으로 해서 '자유민주주의'와 '자유시장경제'가 결합한 인간의 정치 조직이 역사의 진화에서 절대정신이 실현된 최종적 형태라고 주장했던 것이다. 절대정신을 알아봤다는 그의 주장 역시 형편없이 틀렸다.

전 세계를 휩쓴 2008년의 세계 금융위기와 2020년의 코로나

위기, 2025년 현재 미국에서 촉발된 관세 전쟁으로 '자유시장경제'는 무너졌다. 나아가 '자유주의 국가' 또는 '자유민주주의 국가'가 실현되면 신의 뜻과 동격인 절대정신이 실현된 것인가? 2025년 현재의 미국을 본다면 아무도 이 생각에 동의하지 않을 것이다.

정신과 마음의 긴장, 창조의 힘

하지만 앞으로도 '절대정신'과 같은 '최종적인 도달점' 관념은 끊임없이 인간의 영감을 자극할 것이며, 거듭 되풀이될 것으로 본다. 이는 우선 유한한 시간의 장에 사는 존재의 습벽에 기인한다. 우리는 유한한 것을 자꾸 본다. 그래서 은연중 '끝이 있다'는 생각을 당연시한다. 그러나 '무한한' 신에게는 끝이 없다. 그럼에도 유한한 존재인 인간은 끝을 볼 때까지 가지 못하면 부족한 것으로, 무언가 허전한 것으로 생각한다. 자신의 노력이 부족한 것이어서 더 나가야 하는 것으로 은연중 생각히기도 한다. 그래서 정신을 의식화하는 인간의 노력도 끝을 봐야 좋은 것으로 은연중 가정한다. 하지만 이는 신의 '무한한' 속성을 이해하지 못한 결과일 뿐이다. 무한해서, 끝이 없어서 결코 가닿지 못하는 것이 정녕 신비이며 그 상태로 좋은 것이다.

또 다른 관점에서 보면, 신의 뜻인 점근선이 도달 불가능하지만 '지향점'으로 존재하기 때문에 끊임없이 인간의 영감을 자극한다. 〈그림 11〉에서 x축에 해당하는 신의 뜻(=정신)은 인류 역사의 지향점으로서 인간이 그리는 역사 궤적이 궤도를 이탈해 표류하지 않도록 붙들어 주는 중요한 역할을 하고 있다. 이는 방패연을 붙들어 주는 끈과 같으니, 우리말에는 "끈 떨어진 연 신세"라는 말이 있다. 만약 신의 뜻이 인류 역사의 지향점으로서 존재하지 않는다면 인간의 역사는 그야말로 끈 떨어진 연 신세가 되어 무한정 표류할 것이다. 그러므로 신의 뜻은 인류의 지향점으로서 분명히 존재하는 소중한 관념이다. 개인에게 있어서도 신의 뜻이나 '정신'은 나아갈 방향을 제시한다.

위험한 것은 그 관념이 절대화하는 것이다. 신의 뜻이 지향점의 위치를 떠나 도달 가능한 '최종 도달점'으로 위치 지어질 때 그 관념은 '절대정신'이 된다. 그리하여 소수의 엘리트가 자신들은 절대정신이 지시하는 목적이 무엇인지 분명히 안다고 주장하고, 다수가 이들을 추종할 때 나치 정권이 탄생한다. 이 이야기를 반복하는 이유는 오늘날 서구에서 이미 신나치주의가 부활해서 횡행하고 있기 때문이다. 그리고 그 사상적 토대는 칼 포퍼가 지적했듯[42] 헤겔 철학이기 때문이다.

서구는 나치즘과 2차 세계대전을 겪었음에도 헤겔 철학과 관념론을 철저히 비판하지 못했다. 그로 인해 서구 문명은 다시 한번 위기에 처했다. 서구 문명의 뿌리는 기독교라고 하는데, 기독교의 근본은 신 앞에 선 자의 경건함과 겸허함, 그리고 사랑(자비)이다. 하지만 오늘날 서구 문명에서 경건함과 겸허함, 사랑(자비)을 찾아볼 수 있는가?

절대정신을 다 안다는 헤겔의 주장은 기독자에게서는 나올 수 없는 것이다. 그러한 주장에는 신 앞에 선 자의 경건한 마음이 없다. 오만방자함이 있을 뿐이다. 그리고 인간의 마음이 경건과 겸허를 상실했을 때 사랑의 마음도 상실하게 된다. 사랑은 불완전한 존재가 서로 사랑하는 것이기 때문이다. 이것이 동체대비의 뜻이다. 사랑은 무례히 행치 않는 것인데, 어찌 오만방자한 자에게서 사랑이 나올 수 있겠는가?

그리하여 오늘날 서구에서 횡행하는 극우적 주장에는 경건과 겸허, 사랑이 동시에 증발해 버린 모습만을 목도할 뿐이다.

〈그림 11〉에서 역사의 전개에 끝이 없다는 것은 창조주가 펼쳐가는 창조에 끝이 없다는 말이기도 하다. 창조주의 뜻은 창조의 과정을 펼치는 데 있다. 창조가 펼쳐지는 동안 의미를 펼칠 수 있기 때문이다.

티베트 불교에는 이에 관한 멋진 상징이 있으니, 만다라의 전통이 그것이다. 티베트 불교의 승려는 수개월에 걸친 각고의 노력으로 정교하고 아름다운 모래 만다라를 완성한다. 하지만 완성하고 나면 정성 들여 완성한 만다라를 스스로 허문다. 어째서 허무는지 이유를 물으면, 허물어야 새로 만들 수 있다고 답한다. 이처럼 만다라는 완성하는 것이 목적이 아니라 창조하는 과정 자체에 기쁨과 의미가 담겨 있다. 앞서 살펴본 《주역》의 가르침 역시 마찬가지이니, 하늘과 땅과 귀신과 사람이 가득 찬 것을 허물고 새로운 탄생을 응원하는 이유 역시 여기에 있다. 그리하여 신의 창조는 멈추지 않고 계속되며 신은 계속해서 의미를 펼칠 수 있는 것이다.

창조주가 펼치려는 의미의 구체적 내용은 진선미이며 자비(사랑)다. 하지만 창조주가 펼친 정신 자체는 내용을 결여하므로, 의미는 정신이 물질계에 적용되어 만물이 창조되는 시간의 장에서 펼쳐진다. 그러므로 초월의 장은 항상 시간의 장과 병행한다. 또한 시간의 장에서 정신을 받아들여 의식화하고 이를 물질계에 적용해 신이 바라는 창조를 실제로 전개하는 나의 마음이 필요하다. 즉 나의 마음이 신의 창조에 동참해 의미를 지어내는 것이다.

화가 이우환이 쓴 시 〈그리는 일〉[43]은 창조에 있어서 우리의 마음이 어떤 역할을 하는지를 잘 보여 준다. "내가 그림을 그리고 있으면, 어느새 그림이 내게 그리게 하고 있다"고 한다. 이는 무의식이 그리게 하는 것이다. 그림을 그리다 무아지경에 이르렀을 때 무의식의 자상에 담긴 창조성이 풀려나오는 것이다.

괴테나 존 레논이 경험한 신들린 집필과 작곡이 가능한 이유도 이 때문이니, 나의 무의식에서 무언가가 터트려지면 무아지경 상태에서 '글이 내게 쓰게 하는' 상태가 된다. 이때 작가는 무의식(정신)의 도구가 되어 무아의 몰입 상태에서 엄청난 속도로 글을 써대게 된다.

이처럼 무의식이 그리게 하는 과정 없이 의식만으로 그림을 그리면, 그 그림은 결코 걸작이 되지 못한다. 하지만 그렇다고 해서 "그림에게 맡긴 채로 그려 버리면" 그 역시 "그 무언가가 터트려지지 않게 된다". "작품이 불가사의한 힘으로 가득 차"려면, 즉 걸작이 되려면 나(마음, 의식)와 그림(무의식)이 팽팽하게 겨루어야 한다. "이 텐션과 밸런스의 무언가"가 사람을 화가이게끔 하는 것이다.

이우환의 시는 걸작의 창조에 무의식만이 아니라 나의 마음(주체) 역시 꼭 필요하다는 사실을 잘 묘사하고 있다. 괴테는 《젊은 베르테르의 슬픔》을 쓸 때 자신의 의식이 기여한 것은 전혀 없다고 주장했지만, 이는 상황을 극적으로 묘사하기 위해 다분히 과장을 섞은 표현이다. 정말 의식이 개입함이 없이 무의식에만 맡긴 채 글이 나오면 그 글은 조리(條理)를 결여한 채 나열된 부르짖음 같아서 광야를 홀로 떠도는 광인의 외침과 같을 것이다.

창조의 핵심은 이우환이 말하는 "이 텐션과 밸런스의 무언가"다. 나의 마음과 무의식(정신)이 팽팽하게 겨루는 "텐션(긴장)과 밸런스(균형)의 무언가"가 바로 나침반 바늘의 떨림이다. 신 앞에 서서 신의 뜻을 짐작해 실행하려는 인간의 경건한 마음, 그 마음은 잘못될까 저어함이 있다. 그리하여 긴장된다. 그러나 사명감과 자비의 마음은 실천을 포기하지 못하게 한다. 그 결과 무생행으로 무상법을 추구하게 된다. 이것이 균형이다.

이 긴장과 균형은 신의 뜻을 실천하려는 자의 타고난 숙명이다. 이 긴장과 균형을 다른 말로 하면 번뇌이니, 역시 창조의 대리자가 괴롭더라도 감당해야 할 몫이다. 나의 마음이 번뇌하는 만큼 인간의 정신 이해는 더욱 자라게 된다. 나의 마음이 무의식의 창조성에 새로 덧붙인 이 노력이 걸작의 창조를 가능하게 하는 것이다. 그리하여 창조의 대리자인 신의 주사위 노릇을 해내는 것이다. 그래서 정신이 있고도 또 인간의 마음이 있는 것이다.

5장

한마음 밖에는
다시
다른 법이 없다

한마음

만다라로 피어난
한마음의 우주

사리불이 아뢰었다.

일의 상(相)에 머물지 않으면서도 공용이 없지 않으니, 이 법이야말로 참된 공으로서 상·낙·아·정하며 두 가지 아를 넘어선 대반열반이겠습니다. 그 마음은 매이는 데가 없으니 이는 위대한 힘을 지닌 관(觀)이겠나이다.

舍利弗言 不住事相 不無功用 是法眞空 常樂我淨 超於二
사리불언 부주사상 불무공용 시법진공 상락아정 초어이

我 大般涅槃 其心不繫 是大力觀
아 대반열반 기심불계 시대력관

《금강삼매경》, 〈진성공품(眞性空品)〉

서두에서 "일의 상에 머물지 않으면서도 공용이 없지 않다"는 것은 무생의 행을 통해 무상의 법을 추구함을 이른다. 추구하는 바가 무상의 법이므로 일의 상(相)에 머물지 않는 것이고, 무생의 행을 실천하니 공용이 없지 않은 것이다.

《삼매경》은 사리불의 입을 빌어 이러한 무생행이야말로 참된 공으로서 '대반열반'이라 말하고 있다. 대반열반은 '크고 완전한 열반'으로 제2의 열반을 뜻하니, 명상 수행으로 이르는 제1의 열반에 대비해서 이르는 말이다. 우리는 명상 수행으로 일상의 분별과 집착에서 벗어남으로써 번뇌를 소멸할 수 있다. 이때 이 세상의 실상이 진선미라는 사실을 바로 보니 한량없는 기쁨이 찾아온다. 이러한 제1의 열반도 뜻이 깊지만 수행자는 여기에 계속 머물러서는 안 되니, 제2의 대반열반으로 나아가야 하는 것이다.

사리불은 이러한 대반열반이 "상(常)·낙(樂)·아(我)·정(淨)하며 두 가지 아(我)를 넘어선" 것이라고 한다. 상·낙·아·정은 참된 열반의 네 가지 덕[44]을 가리키며, 두 가지 아는 인아(人我)와 법아(法我)로 대반열반만이 이를 넘어섰다고 하니, 1차 열반이 아닌 2차 열반이 진실한 열반이라는 뜻이 된다. 이러한 1차, 2차 열반의 차이는 만다라 그림을 통해 살펴보면 이해하기 쉽다.

〈그림 12〉는 만다라의 이미지 상징 중 핵심 요소를 간략히 도

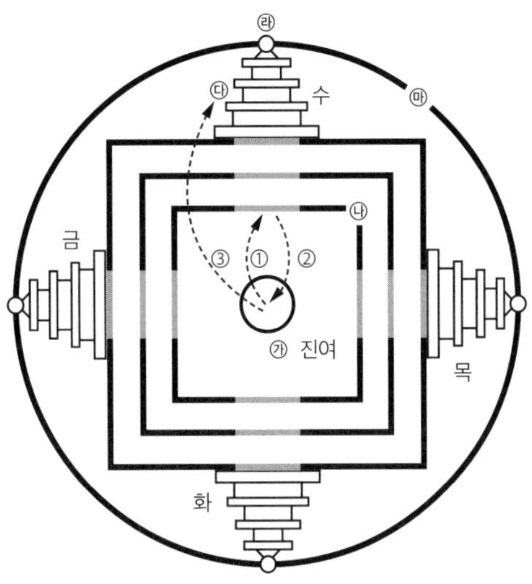

〈그림 12〉 만다라로 보는 대반열반

해로 제시한 것이다. 만다라는 원래 불교에서 명상과 수행을 위한 시각적 지원 도구로 쓰이던 것인데, 융이 심리 치유에 도입하면서 널리 알려졌다.

융은 만다라에 관해 알기 전부터 피분석자들의 꿈에 곧잘 4로 구분되는 형상이나 인물의 배치 또는 원의 상이 나타나는데, 이것이 그들에게 커다란 감동을 주고 그들의 마음에 균형을 가져다주는 것을 관찰했다. 그래서 이것이 어떤 원초적인 체험으로서 모든 해리된 정신을 통합하는 마음속의 기능을 표현하는 것이라 보았다. 그리고 역사적으로도 서양 중·고대에 그리스도를 중심으로 4복음자가 네 귀퉁이에 있는 그림과 같이 원과 사위(四位)가 전일(全一)의 경지로서 무척 중요한 역할을 함을 알게 되었고, 원 또는 구(球)가 인간의 영혼, 인간의 마음의 전체 또는 핵심으로 많이 비유되는 것을 보았다. 또한 중심, 원, 사위(四位)가 오래전부터 신의 상징이었음을 알게 되었다.[45] 이후 도교의 수행 관련 비서(秘書)인《태을금화종지》에서 동일한 상징을 발견함으로써 비로소 이 상이 보편적인 원형의 상임을 확인해 발표했던 것이다.

그 뒤로도 북아메리카 인디언 나바호족의 주술사가 그리는 만다라 형식의 치유의 그림이나, 아프리카, 오스트레일리아 원주민의 군무에서 만다라 형식의 춤이 발견되기도 했다.[46] 원과 사위로 이뤄진 우리나라 태극기도 만다라에 해당한다. 〈그림 12〉에 표시한 바와 같이 오행의 배열 구조 역시 만다라에 해당한다. 그림에서 표시를 생략한 토(土)는 진여의 자리인 중심에 위치한다.

이처럼 만다라의 상징이 시공을 초월한 세계의 여러 문명에서 공통적으로 목격되는 이유는 그와 같은 상이 인류의 마음의 심층에 자리한 자상(원형)이기 때문이다. 자상은 인류가 보편적으로 간직한 영원한 진리의 패턴이기에 그와 같은 상이 도처에서 목격되는 것이다.

만다라는 우주의 구조와 그 조화 원리인 질서를 표상하며, 개인 차원에서는 깨달음에 이르는 길을 표상한다. 하지만 현재에 이르기까지도 그 상징 이미지의 여러 요소가 지니는 정확한 의미를 알지 못하고 있는데, 신라인이 편찬한 《금강삼매경》을 통해 정확한 의미를 알 수 있다.

만다라에서 중심에 놓인 ㉮의 둥근 원은 초월의 장에 자리한 진여를 상징한다. 원은 인류의 여러 문명에서 완전무결을 표상하는 상징으로 쓰이니 진여의 상징으로 원이 채택된 것은 자연스럽다. 그다음에 놓인 ㉯의 방형(方形, 네모)들은 진여에서 나온 것으로, 시간의 장에 펼쳐진 세상 만물을 상징한다. 말 그대로 세상 만물이니 사람 역시 ㉯에 해당한다. 방형의 方(모 방)은 모가 나 있다는 뜻이니, 진여의 둥근 원에 비해 세상 만물이 방형이라는 것은, 진여가 완전무결함에 비해 세상 만물은 모두 불완전해서 모가 나 있다는 뜻이다. 사람 역시 세상 만물에 포함되므로 이는 사람 역시 모두 모가 나 있음을 의미한다. 사람은 누구나 둥글고 원만한 모습이 아니며 완전무결하지 못한 것이다. 그리하여 모가 난 사람들은 서로를 아프게 하며 섬세한 사람은 스스로를 자책하기도 하니, 번뇌의 시작이다.

그림에서 ①의 화살표는 마음이 진여에서 일어나 모난 세상과 부딪히며 열심히 살아가는 노력을 상징한다. 하지만 이는 번뇌를 일으키니 시간이 흐를수록 마음의 기운은 소진되고 만다.

②의 화살표는 마음이 진여로 돌아감을 상징한다. 마음의 심연으로 내려가는 명상이 이것이니, 진여와의 합일로 번뇌를 소멸한다. 산란한 마음이 적멸에 이르러 지극한 평온을 얻으며 광명과 기쁨이 있으니 1차 열반이 이것이다. 하지만 이 자리에 계속 머무르는 것은 진리의 길이 아니다.

자기만의 열반을 넘어 궁극의 열반으로

2승(乘)을 닦는 사람들은 모든 육신과 지혜의 생멸하는 법을 멸하고 열반에 들어가는데, 그 안에서 8만겁을 머물고, 내지 10천겁을 머무르기만 한다. 그러므로 모든 부처와 동체인 대비의 마음을 말미암아 저러한 열반을 탈피시키는 것이다. 다시 마음을 일으키게 하니, 마음을 일으킬 때 열반이 멸하는 것이다.

二乘人 滅諸身智生滅之法 入於涅槃 於中八萬劫住 乃至十
이승인 멸제신지생멸지법 입어열반 어중팔만겁주 내지십

千劫住 而由諸佛同體大悲 奪彼涅槃 令還起心 起心之時 涅
천겁주 이유제불동체대비 탈피열반 령환기심 기심지시 열

槃卽滅
반즉멸

《금강삼매경론》 권하(下), 〈여래장품(如來藏品)〉

원효는 1차 열반에 계속 머무르기만 하는 것은 협렬한 2승을 닦는 사람들의 태도라고 비판한다. 동체대비의 마음을 결여했기 때문이다. 만약 수행자가 진실로 진여와 합일을 이뤘다면, 그에게서는 진여의 속성인 대비의 마음이 저절로 일어날 것이다.

달리 생각해 봐도 자기만의 열반에 안주하는 것은 어쨌든 이기적인 태도가 아닌가? 그것은 자기만의 쾌락을 찾고 이를 탐닉하는 것이며, 보다 깊은 곳에서 울려 나오는 요청, 즉 자비의 요청에 귀 기울이지 않는 것이다. 그러므로 이는 아(我)를 넘어선 것이라고 할 수 없다. 진여가 바라는 뜻은 아직 다 실현되지 못했으니 내 주위에는 고통받는 이들이 존재한다. 내 마음의 심연에 자리한 진여는 이들에게 자비를 베풀 것을 요청하니, ②의 길을 통해 기운을 회복한 사람은 다시 ③의 길로 나아가는 것이다.

③의 길은 ㉱의 탑을 일으켜 세우는 것이니, 이는 자기만의 열반에서 벗어나 진여의 요청인 자비를 펼치겠다는 보살의 대서원을 세우고 실천함을 상징한다. 이렇게 다시 미음을 일으켜 세우니, "마음을 일으킬 때 (1차) 열반이 멸하는 것"이다. 대신 그의 노력은 탑 꼭대기의 ㉵ 보주(寶珠)로 결실을 맺게 된다. 이는 보살의 삶을 사는 수행자가 타인의 연을 만나 서로의 진여가 공명하는 '인생의 순간'을 맞는 것이다. 이 순간 진여의 뜻인 정신이 나(마음)를 통해 이 땅 위에서 실현되니, 나의 마음은 진

실로 한마음 본원을 회복한 것이다. 이것이 바로 "상·낙·아·정하며 두 가지 아를 넘어선" 대반열반, 즉 크고 완전한 열반이다.

그림에서 동서남북 사방에 각각 서 있는 탑은 서로 다른 선근을 지닌 이들이 각자의 처소에서 각자의 탑을 세움을 상징한다. 사방으로서 둘레의 모든 방향을 상징하는 것이니, 이처럼 각자의 자리에서 세운 탑의 정신적 성취(보주)가 모여 360도 큰 하나의 마음 ㉤를 이룬다. 이는 초월의 장에 있는 ㉮의 진여가 시간의 장에 자신을 펼친 것이다.

수행자는 애초에 ㉮의 진여가 빅뱅을 통해 이 우주를 펼친 이유가 ㉤에 도달하는 데 있음을 사색해야 한다. 이 점을 고려하면 1차 열반에 안주하는 것이 진여의 뜻이 아님을 깨달을 수 있다. 그림에서 ②의 1차 열반을 통해 기운을 회복함으로써 다시 ③의 길로 나아갈 수 있으니 1차 열반도 소중한 것이다. 다만 1차 열반에 안주하는 것은 자기만의 열반과 그 기쁨·평온에 집착하는 것이니, 이는 그 마음이 열반에 매인 것이다. 이처럼 그 마음이 매이는 데가 없어야 진리를 바로 볼 수 있기에, 서두에서 대반열반의 마음이어야 "위대한 힘을 지닌 관(觀)"이라고 했다.

대반열반은 원래 불교에서 석가모니 부처가 육체적인 죽음과 함께 맞이한 완전한 해탈 상태를 의미했다. 즉 석가모니 부처의 죽음은 단순한 육체적 죽음이 아니라 모든 고통과 윤회의 굴레에서 완전히 벗어난 궁극적 해탈에 이른 것임을 강조하는 의미였다. 그 결과 불교에서는 열반을 두 단계로 구분했으니, 유여열반(有餘涅槃)은 깨달음을 얻었지만 아직 육체가 남아 있는 상태를, 무여열반(無餘涅槃)은 육체마저 소멸해 완전히 모든 조건으로부터 해탈한 상태를 가리켰다. 대반열반은 바로 이 무여열반을 가리키는 것이었다.

그러므로 서두의 《금강삼매경》 구절은 대반열반의 의미를 새로이 정의한 것이다. 무생행을 실천함으로써 무상법을 이루고, 그리하여 한마음 본원을 회복한 상태가 대반열반이라는 새롭고 고유한 통찰을 제시한다. 《금강삼매경》은 신라에서 출현한 경전이니, 이는 그대로 원효를 위시한 당대 신라인들이 도달한 독자적 사상의 성취에 해당한다. 이러한 고유 사상이 시공을 초월해 만다라의 상징에 그대로 부합함은 그 사상이 우주적 원리를 보아 낸 것임을 입증한다고 하겠다.

모든 법을 초월한
깨달음

금강삼매는 모든 법을 깨뜨려 무여열반에 들어가 다시는 무엇을 받아 남지 않도록 할 수 있다 했으니, 비유하자면 진짜 금강이 모든 산을 깨뜨려 멸하여 없애서 남는 것이 없도록 할 수 있는 것과 같다.

金剛三昧者 能破一切諸法入無餘涅槃更不受有 譬如眞金
금강삼매자 능파일체제법입무여열반갱불수유 비여진금

剛能破諸山令滅盡無餘
강능파제산령멸진무여

《금강삼매경론》 권상(上), '제목을 해석함[釋題目]'

서두에서 말하는 '금강'은 다이아몬드를 가리키니, 불교에서

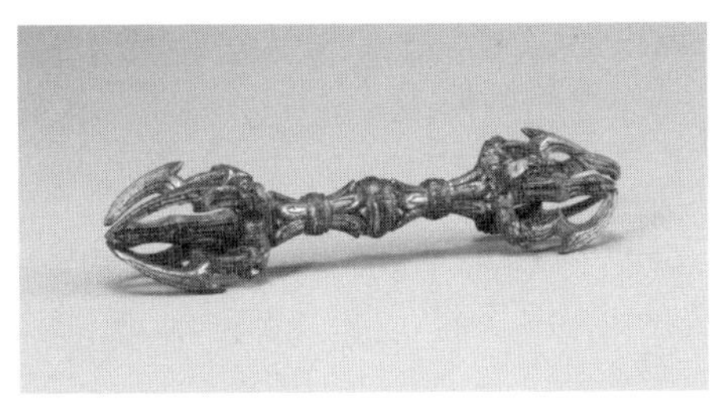

<그림 13> 도봉산 영국사 터에서 발굴된 고려 시대 금강저

는 최고로 단단한 물성을 지닌 금강을 종교적 상징으로 즐겨 사용한다. 사찰의 문을 지키는 금강역사(金剛力士)가 그러하고, 극강의 무기인 금강저(金剛杵)가 그러하다. <그림 13>의 금강저는 제석천이 아수라의 군대와 싸울 때 손에 드는 무기로, 무엇이든 깨뜨리지 못하는 것이 없으며 또한 철저하게 깨부수니 그 무엇도 뒤에 남는 것이 없게 하는 극강의 무기를 가리킨다.

'금강삼매'는 이와 같은 금강의 물성을 비유로 삼아 최고로 단단한 삼매임을 말하는 것이다. 금강삼매가 "모든 법을 깨뜨려 무여열반에 들어간다"는 것은 2승의 협렬한 1차 열반을 깨뜨려 무엇 하나 의혹을 남김이 없이 완전한 무여열반에 들어간다는 말이다. 바꾸어 말하면 1차 열반은 유여열반으로 아직 해결되지 못한 문제가 남아 있다는 말이니, 진여의 뜻인 자비의 실천, 창조의 실천을 결여하는 문제점이 그것이다.

금강삼매가 "다시는 무엇을 받아 남지 않도록 할 수 있다"는

것은 금강삼매의 가르침이 1차 열반의 문제섬을 해결해 어떤
의혹도 남기지 않은 '크고 완전한 열반'에 이르렀음을 선언한 것
이다.

금강이란 사물에 비유해서 말한 것인데, 견실함을 체로 삼
으며 뚫고 깨뜨리는 것을 공능으로 삼는다. 금강삼매도 역
시 그와 같음을 알아야 하리니, 궁극의 실체를 체로 삼으며
깨뜨리고 뚫는 것을 공능으로 삼는다. 궁극의 실체를 체로
삼는다 함은 진리의 궁극적인 본원을 깨닫기 때문이다.…
뚫고 깨뜨림을 공능으로 삼는다는 것에는 두 가지 뜻이 있
으니, 하나는 모든 의혹을 깨뜨리는 것이고, 다른 하나는 모
든 선정을 꿰뚫는 것이다.

言金剛者 寄喩之稱 堅實爲體 穿破爲功 金剛三昧 當知亦
언금강자 기유지칭 견실위체 천파위공 금강삼매 당지역

爾 實際爲體 破穿爲能 實際爲體者 證理窮源故 … 破穿爲
이 실제위체 파천위능 실제위체자 증리궁원고 … 파천위

能者 有其二義 一破諸疑 二穿諸定
능자 유기이의 일파제의 이천제정

《금강삼매경론》 권상(上), '제목을 해석함[釋題目]'

윗글에서 "진리의 궁극적인 본원"은 궁극의 일자인 한마음 본

원을 가리킨다. 결국 금강삼매가 "궁극의 실체를 체로 삼는다"
는 말은 한마음 여래장을 체로 삼는다는 뜻이며, 그럴 수 있는
이유는 한마음 여래장이 진리의 궁극적인 본원임을 깨닫기 때
문이다.

또한 "진리의 궁극적인 본원을 깨닫는" 것이 바로 본각이니, 윗
구절은 금강삼매의 수행을 통해 본각을 이룬다는 점을 말하고
있기도 하다. 이처럼 삼매의 수행을 통해 본각을 이루고 그 결과
"모든 의혹을 깨뜨리니" 다이아몬드처럼 단단해지는 것이다.

또한 금강삼매는 "모든 선정을 꿰뚫는다"고 했는데, 그 이유
는 다음과 같다.

선정을 꿰뚫는다 함은 이 (금강의) 선정이 다른 모든 삼매들
을 유용하게 하니 마치 값진 구슬들을 꿰뚫어서 유용하게 쓰
게 하는 것과 같기 때문이다. … 이 삼매 역시 그러하니 모
든 법 가운데 통달하지 못할 것이 없어서, 모든 삼매들을 다
유용하게 하는 것이다. 마치 자거·마노·유리는 오직 금강
석만이 뚫고 들어갈 수 있는 것과 같다. … 저들 삼매로 하
여금 능히 스스로에 대한 집착을 여의게 할 수 있으니, 이를
말미암으면 걸림이 없어서 자재함을 얻기 때문이다.
穿諸定者 此定能令諸餘三昧皆得有用 如穿寶珠 得有用

천제정자 차정능령제여삼매개득유용 여천보주 득유용

故 … 此三昧亦如是 於諸法中無不通達 令諸三昧皆得有

고 … 차삼매역여시 어제법중무불통달 령제삼매개득유

用 如硨磲碼磁瑠璃 唯金剛能穿入 … 令彼三昧 能離自

용 여자거마노유리 유금강능천입 … 령피삼매 능리자

著 由是無㝵 得自在故

착 유시무애 득자재고

《금강삼매경론》 권상(上), '제목을 해석함[釋題目]'

자칫 소승의 길로 빠질 수 있는 2승의 삼매로 하여금 "스스로
에 대한 집착을 여의게" 하여 대승의 길(대반열반의 길)로 나아
가게 하니, 다른 "모든 삼매들을 다 유용하게 하는 것이다".

그러므로 금강삼매가 "모든 의혹을 깨뜨린다"는 것은 "깨뜨림
이 없되 깨뜨리지 않음이 없는"[47] 것이라고 할 수 있다.

'동요함 없는 마음이 여(如)하니 결정된 참 성품'이라 함은
이 자리에서 금강삼매에 들어가기 때문이다. '대반열반이
어서 오직 성품이 공하고 크다' 함은 적멸하고 무위하니, 한
모습이자 모습이 없기 때문이다.

不動心如決定實性者 此位得入金剛三昧故 大般涅槃唯性

부동심여결정실성자 차위득입금강삼매고 대반열반유성

空大者 寂滅無爲 一相無相故
공대자 적멸무위 일상무상고

《금강삼매경론》 권하(下), 〈진성공품(眞性空品)〉

윗 글에서 원효는 금강삼매에 들어가는 마음의 경지가 어떠한지를 보여 주고 있다.

여기서 "여(如)하다"에 해당하는 如(여)는 '같다, 그대로다'는 뜻이니, 현상과 본질, 겉모습과 실체가 일치하는 상태를 가리킨다. '있는 그대로의 참된 모습' 정도를 의미한다고 할 수 있다.

"동요함 없는 마음이 여하다"는 것은 모든 의혹을 남김없이 깨뜨렸으니 동요함이 없고 여할 수 있는 것이다.

"대반열반이어서 오직 성품이 공하고 크다"는 것은 앞서 살펴본 바와 같이 금강삼매가 1차 열반에 안주하지 않음으로써 진실로 아(我)를 넘어섰기 때문이다.

"무위(無爲)"에서 爲(할 위)는 爪(손톱 조)와 象(코끼리)가 합쳐진 글자로 사람의 손이 코끼리를 부려서 힘을 많이 써야 하는 일을 하는 모습이다. 그러므로 爲는 단지 어떤 일을 한다는 뜻이 아니라 힘을 많이 써서 일을 한다는 뜻이고, 무위는 그처럼 힘을 많이 써서 무리하게 일처리를 하지 않는다는 뜻이다. 앞서 살펴본 대로 금강삼매는 무생의 행으로 무상의 법을 추구하기에 무리하게 일을 처리하지 않으니 무위를 말한 것이다.

금강삼매가 "한 모습[一相]이자 모습이 없다[無相]"는 것은 한 마음으로 돌아가기에 한 모습이며 무상의 법을 추구하기에 모습이 없는 것이다.

반가사유상의 수수께끼

대력보살이 아뢰었다.

불가사의하나이다. 이러한 사람은 출가한 것은 아니지만 출가하지 않은 것도 아닙니다. 왜냐하면 열반의 집에 들어 여래의 옷을 입고 보리좌에 앉았기 때문입니다. 이러한 사람은 심지어 사문이라도 마땅히 존경히고 공양해야 할 것입니다.

부처님께서 말씀하셨다.

그러하다. 왜냐하면 열반의 집에 들되 마음이 삼계를 일으켜 세우고, 여래의 옷을 입고 법공처에 들어가 보리좌에 앉아서 정각의 한 자리에 올랐기 때문이다. 이러한 사람은 마

음이 두 가지 아를 초월했거늘 어찌 사문이라 한들 존경하
고 공양하지 않겠는가?

大力菩薩言 不可思議 如是之人 非出家 非不出家 何以故
대력보살언 불가사의 여시지인 비출가 비불출가 하이고

入涅槃宅 著如來衣 坐菩提座 如是之人 乃至沙門 宜應敬
입열반택 착여래의 좌보리좌 여시지인 내지사문 의응경

養 佛言 如是 何以故 入涅槃宅 心起三界 著如來衣 入法
양 불언 여시 하이고 입열반택 심기삼계 착여래의 입법

空處 坐菩提座 登正覺一地 如是之人 心超二我 何況沙門
공처 좌보리좌 등정각일지 여시지인 심초이아 하황사문

而不敬養
이불경양

《금강삼매경》, 〈입실제품(入實際品)〉

국립중앙박물관은 2021년부터 '사유의 방'이라는 특별 전시관
을 운영중이다. 이는 현재 '반가사유상(半跏思惟像)'으로 부르
는 국보 제78호와 83호[48] 단 두 점의 유물만을 위한 상설 전시
공간인데, 총 41만 점이 넘는 유물을 소장한 국립중앙박물관이
특정 소장품만을 위해 상설 전시 공간을 만든 것은 역사상 처음
있는 일이다.

이는 그만큼 두 점의 국보가 한국 불교 조각 가운데 특별한
유물이라서다. 이 두 상을 제외하고는 삼국 시대에 이 정도 크

〈그림 14〉한·중·일 3국의 여러 가지 반가사유상⁴⁹

①·②는 중국, ③~⑦은 한국, ⑧·⑨는 일본의 반가상이다.

중국의 반가상은 주로 돌에 조각한 것이며, 한국·일본은 주로 청동으로 만들었다.

기로, 이만큼의 완성도 높은 상이 사실상 존재하지 않기 때문이다. 〈그림 14〉에서 보듯 반가부좌를 한 채 사유하고 있는 형태의 불상은 고대의 한·중·일 3국에서 모두 유행했지만, 이들과 비교할 때 78호와 83호상은 차원이 다른 예술품으로 자타가 공인하는 불교 조각의 기념비적인 작품인 것이다.

그래서 국립중앙박물관은 레오나르도 다빈치의 〈모나리자〉를 보기 위해 루브르박물관을 찾아가듯 두 반가사유상을 박물관의 대표 브랜드로 키우겠다는 시책하에 특별 전시관을 조성했다고 한다. 그 예상이 적중해 뜨거운 반향을 일으켰다. 하루 평균 약 1,700명씩 들러 '불멍(불상을 멍하게 바라봄)'을 즐긴다고 하며, 1,000일 동안 170만 명이 넘는 누적 관람객을 기록했다고 한다.[50] 이뿐만 아니라 "반가사유상을 보고 있으면 영혼이 치유되는 느낌을 받는다"면서 '지치고 힘들 때마다 보러 온다'는 마니아 그룹까지 생겼으니, 그 인기를 실감할 수 있다. 나아가 해외의 큐레이터들이 최고로 꼽는 한국의 유물 역시 반가사유상이라고 하니,[51] 이 두 점의 유물은 명실공히 한국을 대표하는 문화유산이자 예술품이라 할 수 있다.

그런데 이처럼 두 유물이 많은 사랑을 받고 있음에도 정작 우리는 여전히 이 유물들을 잘 알지 못하는 상태여서, 두 불상은 아직도 많은 수수께끼에 둘러싸여 있다.

당장 우리는 두 불상의 존명을 알지 못한다. 두 불상을 경배하면서도 정작 두 불상이 어느 분인지를 알지 못하는 것이다.[52] 이는 이해할 수 없는 일이 아닐 수 없다. 〈표 2〉에서 보는 바와 같이 불상에는 여러 종류가 있고 각각 고유한 역할이 있는데, 우리가 마주한 불상의 존명을 알지 못하면 그에 합당한 기도와 경배를 올릴 수 없는 문제가 생긴다.

그러므로 불상은 모두 자신이 누구인지를 알아볼 수 있도록 하는 징표를 지니고 있는데, 이를 '도상(圖像, icon)'이라고 한다. 도상은 불상을 만드는 사람과 보는 사람 사이에 암묵적으로 맺어진 시각적 약속이라고 할 수 있다. 이 약속이 없다면 불상은 불상으로서의 기능을 하지 못한다.

예를 들어 〈그림 15〉는 일본 교토 묘덴사의 불상인데, 최근 일본 연구팀에 의해 한반도에서 만들어져 전래되었을 가능성이 크다는 주장이 제기되었던 불상이다.

불상의 머리에 쓴 보관(寶冠)에는 작은 부처상인 화불(化佛)이 표현되었는데, 이는 관음보살의 도상으로 널리 알려진 것이다. 또한 정수리에는 보계(寶髻, 보살의 상투)가 있고, 몸에는 화려한 영락(瓔珞, 보석 구슬을 꿰어 만든 장신구)을 늘어뜨리고 있어서 이 조각상이 속세의 인물이 아니라 천상의 보살임을 웅변하고 있다. 그러므로 불자는 이 불상이 관음보살임을 알아

여 래 상	석가여래 (釋迦如來)	가장 기본이 되는 부처상. 역사적 부처인 석가모니를 형상화. 대부분의 사찰에서 볼 수 있는 대웅전의 주불이다. 기독교의 성자(聖子)에 해당하는 부처.
	비로자나불 (毘盧遮那佛)	법신불(法身佛)로서 우주의 진리 그 자체를 상징하는 부처. 기독교의 성부에 해당한다.
	아미타여래 (阿彌陀如來)	서방정토의 부처로, 극락왕생을 발원하는 정토 신앙의 중심이 되는 부처다.
	약사여래 (藥師如來)	동방정토의 부처로, 질병을 치료하고 중생의 고통을 없애 주는 부처다. 보통 약항아리를 들고 있는 모습으로 표현된다.
보 살 상	관세음보살 (觀世音菩薩)	관음보살이라고도 한다. 가장 널리 알려진 보살로 자비의 보살이다. 현세에서 어려움이나 고통을 겪을 때 관세음보살의 이름을 간절히 부르면, 중생의 소리를 듣고 구원해 준다. 보통 정병이나 연꽃을 들고 있으며, 때로는 천수관음처럼 여러 개의 손을 가진 모습으로도 표현된다.
	미륵보살 (彌勒菩薩)	미래에 부처가 되어 이 세상에 하생(재림)해 중생을 구제할 것이라는 수기를 받은 보살로, 현재는 도솔천에서 수행·설법하며 미래의 중생을 구제할 준비를 하고 있다.
	문수보살 (文殊菩薩)	지혜를 상징하는 보살이다. 보검이나 경전을 들고 있으며, 사자를 타고 있는 모습으로 표현되기도 한다. 부처의 왼쪽에 위치한다.
	보현보살 (普賢菩薩)	서원과 실천의 보살이다. 여의나 연꽃을 들고 코끼리를 타고 있는 모습이 일반적이다. 부처의 오른쪽에 배치된다.
	지장보살 (地藏菩薩)	지옥의 중생을 구원하는 보살이다. 삭발한 승려의 모습에 석장과 여의주를 들고 있는 것이 특징이다. "지옥이 비지 않으면 성불하지 않겠다"는 서원으로 유명하다.

불상은 여래상과 보살상으로 나눌 수 있는데, 우선 여래상은 부처, 즉 깨달음을 완전히 이룬 신격을 형상화한 상이다. 다음으로 보살은 부처 다음가는 신격으로, 깨달음을 추구하면서도 모든 중생을 구제하기 위해 부처가 되는 것을 잠시 미루고 있는 존재다. 보살은 모든 중생이 고통에서 벗어날 수 있도록 돕는 것을 우선하면서 자비를 구현하는 존재이기에 보살 역시 불자들의 신앙 대상이다.

〈표 2〉 대표적 불상의 종류

〈그림 15〉 일본 교토 묘덴사 관음보살상[53]

보고 그 앞에 섰을 때 관음보살의 이름을 간절히 부르며, 자신을 고통에서 구원해 주십사고 기도한다.

이때 불상에서 인체의 비례가 맞지 않는 등 사실적인 묘사가 부족하다는 것은 하등의 문세가 되지 않는다. 현실을 초월한 '상징'이 눈앞에 임재해 있는 것이기 때문이다. 여기 중생의 애처로운 소리를 굽어살피는 천상의 존재가 임재해 계신 것이다. 종교심이 깊은 신자는 자기 머릿속에 있는 관음의 이미지, 완벽한 이미지를 투사해서 여백을 채워서 보는 것이다. 〈그림 16〉 구미 선산읍 출토 금동관음보살입상의 경우도 마찬가지 원리가

<그림 16> 구미 선산읍 금동관음보살입상

적용되므로, 역시 화불과 화려한 영락을 통해 자신이 관음보살임을 웅변하고 있다.

반면 〈그림 17〉에 있는 국보 83호 불상은 어떠한가? 내가 누구인지를 나타내는 종교적 도상이 글자 그대로 전혀 존재하지 않는다.

예술의 극치라 할 만큼 정교한 신체 묘사에 공을 들이면서도 도상은 하나도 넣지 않았다. 이는 불상에 요구되는 종교적 문법과 정반대되는 조치라는 점에서 주목하지 않을 수 없다. 〈그림 15〉의 관음보살상과 비교해 보면 차이가 극명하다. 후자는 기

<그림 17> 국보 83호 불상

존 문법에 의해 승인된 도상을 능숙한 솜씨로 반복해서 빚어낸 것이다. 대신 상 전체에 구태의연함이 스며 있다. 반면 83호는 기존의 정해진 문법을 거부했다. 불교의 세계에서 암묵적으로 맺어진 기존의 시각적 약속을 따르지 않았으니 그 반대급부로 정교한 묘사를 통한 설득이 필요하다. 도상을 채택하면 편하게 해결될 것을 애써 새로운 길을 가고 있는 것이다.

그 결과 우리는 83호 불상의 존명이 무엇인지 알지 못한다. 이처럼 구체적 존명이 무엇인지 밝히지 못했기에 '반가사유상'

이라는 어정쩡한 명칭이 붙었다. '반가부좌를 한 채 사유하고 있는 상'이라는 뜻을 지닌 현재의 명칭은 특별한 근거 없이 임시로 붙여진 이름일 뿐이어서 결코 존명이 될 수 없다.

불상의 존명을 모른다는 것은 그 불상을 조성한 신앙적 배경이 무엇인지 모른다는 말이며 그 불상이 우리에게 무슨 말을 하는지 모른다는 뜻이다. 그 상 앞에 섰을 때 감동을 받는데 어째서 감동을 받는지 우리는 모르고 있다. 상은 우리에게 무슨 말을 하고 있는가? 상은 어떤 눈길로 우리를 바라보는 것인가? 우리는 알지 못한다.

예를 들어 83호상과 관련해 '발가락 논란'이 있다. 〈그림 18〉을 통해 상의 무릎 위에 놓인 오른발의 발가락 부분을 보면 엄지발가락이 다른 발가락들에 비해 크게 들려 있다. 이와 같은 자세를 실제로 따라해 보면 발에 상당한 긴장이 발생함을 알 수 있다. 이는 조각상의 평화로운 미소 및 반가부좌의 편안함과는 연결 짓기 어려운 자세이므로 주목하지 않을 수 없다. 그래서 성형외과 의사인 황건이 조각상의 모델인 신라의 승려가 족구외반증이라는 질병 때문에 발가락 기형을 지녔을 것으로 추론하는 견해를 학술지에 발표하기도 했던 것이다.[54] 이후 조각상의 특별한 발가락 모양은 많은 이의 관심을 불러일으켰다.

하지만 조각상의 발가락만이 아니라 오른쪽 손가락 모양 역

〈그림 18〉 83호상의 오른 손가락과 발가락

시 독특한 모습이다. 새끼손가락이 90도 각도로 구부러져 있다. 그 손 모양을 흉내 내기가 쉽지 않을뿐더러 따라 할 때 손에 상당한 긴장이 발생한다. 이 역시 조각상의 평화로운 미소와 대비를 이룬다.

이같은 시각적 요소가 존재하는 이유가 무엇이든 먼저 주목해야 할 사실은 조각가가 이처럼 불상에 어울리지 않는 신체적 요소를 탈각시키지 않았다는 점이다. 이는 불상에 전혀 어울리지 않는 요소다. 불상은 인간의 육체라는 세속성에서 벗어난 초

<그림 19> 로댕의 〈생각하는 사람〉[55]

월성을 표현해야 하는데, 두 요소는 도리어 인간의 육체성을 있
는 그대로 표현한다. 천상의 여래나 보살상에는 있을 수 없는
요소인 것이다.

일찍이 반가사유상이 한국의 최고 유물임을 알아보았던 프랑
스의 문명 비평가 기 소르망은 조각상이 "로댕의 〈생각하는 사
람〉을 1,000여 년 앞서 예고했다"[56]고 평가한 일이 있는데, 이는
여러모로 시의적절한 평가다.

1888년에 독립 작품으로 발표된 〈생각하는 사람〉은 르네상스

기의 다비드상 이래 근 400년만에 현대 조각의 신기원을 연 작품이다. 오귀스트 로댕은 이를 통해 다비드상, 피에타상과 같이 천상에 속한 신상(神像)이 아니라 이 땅 위에 살아 숨 쉬는 "보편적 인간"의 고뇌를 표현했다.

이러한 로댕의 시도는 당시 조각에 요구되던 기존 문법을 거부한 것이었으므로 기성관념과 충돌을 빚을 수밖에 없었다. 그의 첫 작품인 〈코 깨진 사내〉는 살롱전 출품이 거부되었다. 이에 충격을 받은 로댕은 13년 만에야 두 번째 작품 〈청동 시대〉를 내놓을 수 있었는데, 이 작품은 사회적 반향을 일으켰으나 칭찬이 아닌 공격 대상으로서의 반향이었다. 심사위원은 그 조각상이 너무 생생해서 산 사람을 방불케 한다고 공격했다.

〈그림 17〉의 83호상은 로댕의 〈생각하는 사람〉처럼 기존 문법을 파괴한 혁신임을 주목하지 않을 수 없다. 그것은 자신의 새로운 문법을 창조했다. 그리하여 불상이되 전혀 새로운 불상, 전례가 없는 새로운 차원의 불상이 탄생했다. 그리고 이처럼 진혀 새로운 문법을 창조한 83호상의 조각가는 참으로 큰 성취를 이룬 셈이다. 왜냐하면 이 83호상과 유사한 문법을 적용한 또 다른 불상이 신라에서 제작되어 일본으로 전해졌는데(교토 고류사의 목조반가상), 그 탁월한 예술성을 인정받아 일본의 국보 1호가 되었기 때문이다.

하지만 이처럼 전인미답의 길을 개척하려면 새로운 정신의 햇불이 비춰야만 한다. 남의 뒤를 따라가는 모방, 기존 문법을 반복하면서 세부 사항을 개선하는 것과 신개념을 창조하는 것은 종류가 다른 얘기다. 유럽의 경우 그러한 정신의 햇불은 르네상스기 이후 400년 만에 불타올랐다. 400년의 정신적 축적이 있고서 로댕에 이르러 신개념으로 꽃피울 수 있었던 것이다. 그만큼 지난한 일이다. 그렇다면 83호상을 탄생시킨 정신적 에너지는 무엇인가?

열반과 자비가 만난 형상

그 에너지는 새로운 신앙에서 올 수밖에 없다. 불상을 조성하려면 비용이 많이 드는데, 83호상처럼 값비싼 청동을 재료로 했다면 더욱 그렇다. 그러므로 불상은 어디까지나 그 불상에 대한 신앙을 배경으로 조성되니, 관음신앙이 보급됐을 때 관음보살상이 만들어지는 식이다. 83호상의 경우 불상의 기존 문법을 따르지 않았으므로 이는 기성의 주류 불교 교단에 의해 발주된 것이 아니다. 동시에 불상의 신개념을 창조하고 그 비용을 감당할 만큼의 일정 세력 규모를 형성했던 새로운 신앙이 있었고, 이를 배경으로 조성되었던 것이다.

7세기 한반도에는 그러한 신앙의 에너지가 존재했으니 원효가 몸담고 활동하던 '대중 불교 운동'이 그것이었다. 당시 신라의 주류 교단은 지배층 중심의 귀족 불교, 도성 중심의 지역적 편중성이라는 한계가 뚜렷했다. 당대 신라에서 출가는 왕의 허락을 받아야만 가능했던 특권의 성격이 있었고, 그에 따라 교단은 이러한 특권층 출가자를 중심으로 운영되고 있었던 것이다. 이에 대한 반작용으로 그 같은 한계를 극복하기 위한 움직임이 또한 일각에서 일어나고 있었으니, 이른바 대중 불교 운동이 그것이다.[57] 무애박 하나를 들고 노래하고 춤추며 천촌만락에서 널리 교화를 펼쳤던 원효의 동사행은 바로 이러한 대중 불교 운동의 일환이었던 것이다. 이 운동에는 원효 외에도 혜숙, 혜공, 대안 등이 참여했고,[58] 결국 이들의 노력으로 신라 불교는 귀족 불교에서 평민 불교로의 전환이 일어나는 것이다.[59]

　이러한 신앙 운동은 그 이념적 뒷받침이 없을 수 없으니, 이 시기에 신라에서 탄생한 금강삼매의 이념이 바로 그것이다. 후에 《금강삼매경》과 《금강삼매경론》으로 정립된 그 이념은 종래 출가자 중심으로 교단을 운영해 온 귀족 불교의 이념과 대립하는 것이니, 서두의 구절이 그 한 사례다. 서두에서 《삼매경》은 대력보살의 입을 빌어, 출가하지 않고 일상의 삶 속에서 금강삼매를 수행하는 재가불자의 모습이 불가사의하다고 찬탄한다. 그는 출가하지 않은 재가자임에도 이미 열반의 집에 들어 여래의 옷을 입고 보리좌에 앉았다. 나아가 출가한 사문이라 할지라도 마땅히 그를 존경하고 공양해야 한다고 말한다. 출가 여부가 중요하지 않다고 부처의 입으로 말하는 내용이니, 이는 출가자 중심의 교단 불교에는 충격일 수밖에 없다.

《금강삼매경》은 제목 그대로 금강삼매를 수행과 실천의 이상으로 제시하고 있다. 그 내용의 핵심은 무엇인가? 한마음 여래장으로 귀의하는 것이다. 그러려면 먼저 깨달아야 하니, 한마음 여래장이 궁극의 일자요, 만법의 귀의처임을 느껴야 한다. 이렇게 진리의 궁극적인 본원을 깨달으면(본각) 모든 의혹과 번뇌를 남김없이 깨뜨려 열반에 이른다. 이에 더없는 만족을 얻으나 그는 열반에 집착치 않는다. 그에게는 할 일이 있으니 "삼계를 일으켜 세운다". 삼계에 진여의 뜻인 자비를 실현하는 것이다. 그리하여 보다 크고 완전한 열반을 이룬다.

이렇게 금강삼매의 수행은 삼계에서 대반열반을 이룸으로써 절정의 꽃을 피운다. 1단계 열반이 삼계에서 물러나 내면으로 침잠함으로써 안식을 얻지만, 이는 2단계 열반으로 도약하기 위한 에너지를 얻음에 의미가 있다. 그러므로 금강삼매는 삼계를 부정하지 않고 끌어안는 것이며, 그에 따라 능동적으로 삼계에 참여하고 일으켜 세우는 것이다.

결국 금강삼매의 수행은 삼계와 연을 끊은 출가자의 삶보다 재가자의 삶에 더욱 이상적이다. 이러한 금강삼매의 이념이 신라 사회에서 대중불교 운동을 정신적으로 뒷받침한 것이다. 또한 그 운동의 결실로 일정한 신앙 집단이 형성되었을 때 그 새로운 신앙의 에너지는 자신의 이념을 형상화한 새로운 불상을 열망하는 것이다.

그리하여 탄생한 것이 바로 83호상이니, 이는 신라의 대중 불교 운동이 종교적 이상으로 삼았던 '재가보살(在家菩薩)'이 금강삼매에 몰입한 모습을 형상화한 것이다(그러므로 이하에서는 이를 '금강삼매상'이라 칭하기로 한다). 그 모습이 어떠한지를 서두의 《삼매경》 구절이 묘사하고 있으니, 83호상은 "열반의 집에 들어 여래의 옷을 입고 보리좌에 앉은" 보살의 모습을 형상화한 것이다.

진리의 궁극적 본원을 깨달아 모든 의혹을 남김없이 깨뜨렸으니 그의 마음은 일체의 동요함이 없이 여(如)하다. '여함'의 정의는 '있는 그대로의 참된 모습'이니 83호상은 '사람의 있는 그대로의 참된 모습'을 보여 주는 것이다. 웃는 듯 마는 듯 그의 입가에 맺힌 신비한 미소는 무엇에도 걸림이 없이 자재함을 얻은 각자(覺者)에게서 나오는 것이다.

이상의 평온과 대비를 이루는 손가락과 발가락의 긴장은 그가 "열반의 집에 들되 마음이 삼계를 일으켜 세우는[심기삼계(心起

三界)]" 것과 관련이 있는데, 이에 대해서는 글을 달리해 설명하
고자 한다.

하나하나가
모두 보물이다

이와 같은 진리의 선정[定]은 그 본성이 움직임을 낳음이 없는 것이므로 선의 본성은 무엇을 낳음이 없다고 했다. 단지 낳음이 없을 뿐만 아니라 적멸에 머무르는 일도 없으므로 선의 본성은 머묾이 없다고 했다.

如是理定　性無生動故　言禪性無生　非直無生　亦無住寂故
여시리정　성무생동고　언선성무생　비직무생　역무주적고

言禪性無住
언선성무주

《금강삼매경론》 권중(中), 〈무생행품(無生行品)〉

로댕은 〈생각하는 사람〉에 대해 말하길, "나의 〈생각하는 사람)을 생각하게 만드는 것은 그가 단지 머리로만 생각하는 것이 아니라 찌푸린 이마와, 벌어진 콧구멍, 꽉 다문 입술과, 팔과 등과 다리의 모든 근육과, 꽉 오므린 발가락을 동원하여 생각하기 때문이다"라고 했다.[60] 이처럼 조각가가 상을 조각할 때는 상에 완전히 이입해 물아일체의 경지에 이르기 때문에 상의 어느 한 부분이라 해서 소홀히 하는 일이 없다.

특히 83호상은 360도 어느 방향에서 볼 때도 완벽할뿐더러 각도에 따라 조금씩 다른 느낌을 주는 것으로 유명하다. 아마도 작가는 종교적 열정을 바탕으로 조각상에 완전히 이입했던 것이리라. 그러므로 83호상의 손가락과 발가락에 나타난 두드러진 움직임은 범상히 넘길 일이 아니라 반드시 그래야만 하는 이유가 있는 것이다. 사실 그것은 금강삼매 이념의 핵심을 표현한 것이다.

금강삼매에 들어 모든 의혹과 번뇌를 남김없이 깨뜨렸을 때 수행자는 더 없는 평안과 만족을 느끼나 그는 열반에 집착치 않는다. 그의 마음은 동체대비를 느끼기에 "삼계를 일으켜 세운다[心起三界]". 삼계를 일으켜 세운다는 것은 〈그림 12〉(233쪽)에서 ㉲의 탑을 일으켜 세우는 것이며, 삼계에 진여의 뜻인 정신을 실현하는 것을 말한다. 그리하여 금강삼매는 삼계에서 벗어나 홀로 내면으로 침잠함에서 끝나는 것이 아니라 삼계로 나아가 보다 크고 완전한 열반을 이루는 것이다. 이는 삼계를 부정하는 것이 아니라 포용하는 것이며, "적멸에 머무르는" 것이 아니라 이 땅 위에서 적극적인 실천에 나서는 것이다. 이 점에서 금강삼매의 선정은 다른 선정과 완전히 다르다.

이는 초기 불교에서 신앙에 투철했던 스님들이 적멸에 계속 머무르기 위해 죽음을 택하기까지 했던 신앙관으로부터 코페르니쿠스적 전회가 일어난 것이다. 이러한 코페르니쿠스적 전회가 바로 한국 불교에서 일어났던 것이다. 신앙관에 있어서 이러한 전회는 한국 불교만의 특색을 이룬다.

일본에는 《대정신수대장경(大正新脩大藏經)》이라 하여 1924~1934년에 간행된 대장경이 있고, 여기에 《삼매경》이 수록되어 있는데, 이 판본에서는 '심기삼계(心起三界, 마음이 삼계를 일으켜 세운다)'를 '심월삼계(心越三界, 마음이 삼계를 초월한다)'로 교감(校勘)해 놓고 있다. 교감이란 책의 오탈자를 교정한다는 뜻인데, 정작 심기삼계가 상징하는 사상의 경지를 이해하지 못해서 정반대의 잘못된 의미로 바꿔 놓은 것이다.

이는 중국의 경우도 마찬가지다. 중국에는 명대의 원징이 《삼매경》을 주해한 《금강삼매경주해(金剛三昧經注解)》와 청대의 적진이 주해한 《금강삼매경통종기(金剛三昧經通宗記)》가 있

는데, 두 권 모두 심기삼계를 심월삼계로 바꿔 놓았다. 역시 심
기삼계가 상징하는 사상의 경지를 이해하지 못해서 정반대의
잘못된 의미로 바꿔 놓은 것이다.

이러한 사정을 통해 심기삼계로 상징되는 사상적 전회가 한
국 불교만의 특색임을 확인할 수 있다. 오늘날까지도 한국 불교
에서는 재가불자를 '보살님'으로 호칭하고 있는데, 이는 심기삼
계로 상징되는 '재가보살'의 관념이 한국 불교에 뿌리내린 결과
라 할 수 있다.

이러한 사상적 전회가 막 일어났을 때, 그것은 충격과 함께 새
로운 지적 개안을 가져왔다. 그리고 이러한 이념이 조각으로 형
상화했을 때 83호상과 같은 유례를 찾을 수 없는 새로운 불상을
낳았던 것이다. 83호상에 화불과 화려한 영락이 일체 없는 이유
는 이 때문이다. 83호상은 종래와 같은 천상의 보살이 아니라 전
혀 새로운 보살, "열반의 집에 들되 마음이 삼계를 일으켜 세우
는[心起三界]" 재가보살을 형상화한 것이기 때문이다.

정중동의 미학 금강삼매상의 탄생

우리는 불상이라고 하면 은연중 '적멸'을 떠올리기 때문에 그
분위기가 적막하고 고요할 것이라 예상한다. 83호상에는 분명
이러한 적막 고요가 있다. 하지만 83호상은 적막하고 고요하기

<그림20> 금강삼매상, 그 절묘한 긴장과 균형

만 한 상이 결코 아니다.

그 리드미컬한 오른손의 손가락들이 빚어내는 흐름은 새끼손가락에 이르러 90도 각도를 이룸으로써 상당한 긴장을 불러일으킨다(〈그림 20〉). 오른쪽 엄지발가락 역시 다른 발가락들에 비해 크게 들려 있어 강한 움직임을 암시한다. 이는 상을 새긴 조각가가 의도적으로 채택한 상징으로 이를 통해 상의 적막 고요를 깨뜨리고 있다.

이는 금강삼매상의 평화로운 미소 및 반가부좌의 편안한 자세와 대비를 이뤄 보는 이로 하여금 절묘한 긴장을 느끼게 한다. 편안하고 평화로운 모습에 의도적인 긴장을 대비함으로써 보는 이가 안일감에 빠지지 못하도록 한다. 그 때문에 보는 이는 조각상 앞에서 은연중 옷깃을 여미는 것이다.

금강삼매상의 한편에는 편안하고 평화로우며 우아한 아름다움이 있고, 다른 한편에는 팽팽한 긴장이 있다. 이 두 가지 느낌은 사실 같이 있기 어려운 것인데 삼매상에서는 같이 있다. 이처럼 같이 있기 어려운 것이 같이 있을 때 두 느낌이 부딪치면서 절묘한 긴장과 균형을 빚어낸다. 바로 이 지점이 금강삼매상을 시대를 초월하는 걸작으로 만든 것이다.

그리고 이와 같은 대비는 단지 시각 효과만을 위한 것이 아니다. 이는 삼매상이 표상하는 정신세계의 핵심으로, 이 대비가 발생하는 지점에 한국 불교가 도달한 결론이자 한국인이 구축한 정신세계의 특징이 있다.

서두에서 원효는 금강삼매의 선정이 "움직임을 낳음이 없는 것"이면서 동시에 "적멸에 머무르는 일도 없다"고 선언한다. 움직임을 낳음이 없으니 고요하고[정(靜)], 적멸에 머무르는 일이 없으니 실천에 나선다[동(動)]. 이는 움직임과 고요함, 즉 동(動)

과 정(靜)의 속성이니 양자는 같이 있을 수 없는 속성이다. 그러나 금강삼매의 경지는 이러한 동(動)과 정(靜)의 속성을 겸비한다. 그 사상적 이유를 원효는 명쾌하게 여덟 글자로 제시한다.

상을 그치고 여를 관하는 것이 반드시 동시에 이뤄져야 하기 때문이다.
止相觀如 必同時故
지상관여 필동시고

《금강삼매경론》 권하(下), 〈진성공품(眞性空品)〉

"상(相)을 그치니" 그 마음은 일체의 동요함이 없다. 삼매상의 편안하고 평화로운 모습은 거기서 나온다. "여(如)를 관(觀)한다"는 것은 쉽게 말하면 '진여의 뜻을 본다'는 뜻이다. 단지 상을 그치기만 하는 것이 아니라 동시에 진여의 뜻을 본다. 그리하여 진여의 뜻인 자비를 실현하고자 적멸에 머무르지 않고 삼계를 일으켜 세우니, 삼매상의 손가락과 발가락이 암시하는 강한 움직임[동(動)]은 여기서 연유한다.

이러한 금강삼매의 이념을 표현하고자 작가는 동(動)과 정(靜)의 의도적 대비를 구축한 것이다. 손가락과 발가락이 암시하는 강한 움직임을 통해 1차적으로 상의 적막 고요를 깨뜨림으로써 동(動)과 정(靜)의 충돌이 발생한다. 여기서 긴장이 발생하는데 이대로 끝나지 않는다. 양자의 긴장은 신비의 미소를 통해 종합된다. 그 미소는 적멸에서 벗어나 삼계를 일으켜 세우는 실천을 기꺼운 마음으로 받아들이고 있다. 이를 통해 긴장이 해소되면서 절묘한 균형을 이룬다.

다음으로 83호상의 놀라운 점은 '산 자의 몸'을 재현하고 있다는 사실이다. 사유의 방에서 83호상을 볼 때는 꼭 뒷면까지 봐야 한다. 이미 많은 관람자가 반가사유상의 뒷모습에서 특별한 느낌을 받고 있다. 그 어깨와 등과 팔뚝이 주는 팽팽한 양감, 어깨로부터 등을 거쳐 허리에 이르는 미세한 굴곡은 그대로 살아 숨 쉬는 신체를 보는 듯한 느낌을 준다.

또한 필자가 아주 좋아하는 사진이 있다. 〈그림 21〉과 같은 각도는 사유의 방에 가더라도 직접 볼 수 없다. 국립중앙박물관 홈페이지에서 큰 사진을 다운로드 받아 살펴보기 바란다.

그야말로 생기가 넘쳐나는 팔뚝, 무릎, 허벅지다. 팔뚝 끝에 달린 섬세한 손은 그야말로 살아 있다. 그 발가락은 또 어떤가? 이는 천상의 보살이 아니라 이 땅 위를 살아가는 '산 자의 몸'을 묘사한 것이다. 그것도 아주 고결하게 묘사하고 있다.

어떻게 저 시기에 한반도에서 저렇게 인간의 몸을 주목했을까? 그때까지 인간의 몸은 육(肉)이며 땅에 속한 것이기에 비루

<그림 21> 금강삼매상의 생기

한 것으로 치부될 뿐 주목을 끌어 본 적이 없다. 그런데 어떻게 저렇게 탁월한 신체 묘사가 갑작스레 출현할 수 있었을까?

우선 이처럼 생생한 인체 묘사의 출현이 우리 역사에서 매우 난데없다는 사실을 주목해야 한다. 한반도에서 출토되는 동시대의 불상, 그 전후 시대의 불상들과 비교하면 이를 뼈저리게 느낄 수 있다.

그리스·로마라면 고대로부터 자연주의적인 헬레니즘 인체 조각의 전통이 이어져 내려오고 있었으므로 별문제겠지만, 고대 동아시아에서는 인체를 3차원으로 표현해 본 경험이 부족했다. 그러므로 83호상과 같은 복잡한 자세의 인체를 3차원 공간에 입체로 표현하는 것, 그것도 시각적으로 전혀 부자연스럽지 않게 재현하는 것은 당시로서는 매우 어려운 문제였다. 그러므로 우리나라는 83호상에 이르기 전까지 이처럼 인체를 묘사해 본 적이 없다. 앞서 언급한 〈그림 14〉를 보면 그러한 사정을 짐작할 수 있다.

그런데 난데없이 나타난 83호상에서는 인체 묘사가 주안점이 되고 있다. 〈그림 22〉의 정면도를 보라. 보관과 목걸이는 지극히 단순화했고, 상반신은 나신이다. 하반신은 군의(치마)를 입었지만 몸에 밀착시켜 하반신의 인체 굴곡을 의도적으로 드러내고 있다. 몸을 인상적으로 드러내는 것이 83호상의 주안점임을 알 수 있다.

어째서 고대를 살던 우리 선조들은 이토록 갑작스레 인간의 몸을 주목했을까? 83호상은 21세기인 지금 봐도 어색하지 않다. 무엇이 저 시기의 한반도에서 마치 시대를 거스른 듯한 인체 묘사를 낳았을까? 그것은 새로운 이념에 대한 열광과 열정을 빼고는 말할 수 없다. "마음이 일어난 고로 온갖 존재가 생겨나는" 법이니, 마음이 먼저 일어나는 법이다.

시대가 새로운 정신의 경지에 도달했을 때, 새로운 이상을 품게 되었을 때 그 관념은 표현되기를 원한다. 한국인들의 마음에 새로운 이상이 자리 잡고, 그에 따라 새로운 인간상이 자리 잡았을 때 그것은 표출되기를 원한다. 그리하여 예술의 방면에서

<그림 22> 금강삼매상의 몸

는 그것을 표상할 새로운 인간'상(像)'을 요구하는 것이다. 당대 예술가의 감수성이 그러한 시대적 요구를 느끼고, 이의 구현을 자신의 사명으로 받아들였을 때 금강삼매상과 같은 걸작이 탄생하는 것이다.

그러므로 1931년에 제기되었던 고유섭의 다음과 같은 통찰은 참으로 혜안이라 할 수 있다.

이상 … 이 금동반가상이 조선 삼국시대의 예술을 가장 웅변으로 중외에 선양하고 있는 사실을 적기(摘記)하였다. 후일 조선의 Burckhardt[61]가 나오고, Winckelmann[62]이 나와 조선 미술사를 쓴다면, 반드시 이 반가상에서 시대적 monument[63]를 발견할 줄 믿는 바이다.[64]

고유섭의 직관적 통찰 그대로 금강삼매상은 당대의 한국인이 새로운 정신의 경지에 도달함으로써 이상적인 인간상에 대한 새로운 관념을 품게 됨에 따라 탄생한 기념비다. 새로운 정신의 시대, 새로운 이상의 시대가 도래했음을 알리는 시대적 기념비인 것이다. 한국의 역사에서 원효와 그의 사형들이 대중 불교 운동을 이끌던 7세기 중후반이 바로 그러한 시대였다.

당시 한국의 역사는 신분제가 당연시되던 고대의 시간을 흐르고 있었고, 그에 따라 한국인들은 신분제의 질곡에 매인 삶을 살아갈 수밖에 없었다. 그런데 이때 등장한 한마음 여래장 사상은 모든 중생이 두루 평등하여 일체의 차별이 없음을 선언했으니, 당대를 살아가던 우리 선조들에게 깊은 울림을 줄 수밖에 없었다.

한마음은 나의 마음이면서 너의 마음이고 천지의 마음이니, 중생의 마음이 바로 한마음이다. 이는 궁극의 일자, 만법의 귀의처가 다른 데 있지 않고, 바로 나의 마음에 있다고 말하는 것이다. 나아가 나의 마음은 주체로서 진여의 뜻인 정신에 따라 이 세상을 지어낸다. 나의 마음은 진여의 뜻인 창조를 실천하는 분신이다. 이러한 사실은 나의 마음을 다시 보게 하며 나를 다시 보게 한다.

그리하여 우리 선조들은 '나'가 소중하다는 사실을 발견했다. '나'는 진여의 뜻을 실현하는 보살이다. 이는 '나'의 발견이며, 인간관의 일대 혁신이다(이 점 역시 원효 사상의 특징이며 한국 불교의 특징이다). 삼계를 살아가는 '인간'이라는 존재, 그전까지 별다른 존재 의미를 알지 못했고 주목하지 못했던 '인간'이 삼계를 일으켜 세우는 주체임을 자각한 것이다. 천상이 아닌 땅 위를 살아가는 보살이 인간이며 바로 '나'다.

그 결과 선조들은 땅 위에서 살아가는 '인간의 몸'을 다시 보게 되었다. 몸이라는 것은 육(肉)이며 땅에 속한 것이기에 그동안은 비루한 것으로 치부되었다. 그러므로 천상의 보살은 몸을 묘사하지 않는다. 그는 비루한 몸의 존재가 아니기 때문이다. 이를테면 자살을 선택함으로써 적멸에 이르고자 했던 스님들에게 몸은 벗어 버려야 할 것이었다. 몸을 받아 태어나는 윤회는 벗어나야 하는 것이며, '나' 역시 끊어 내야 하는 것이었다.

그러나 이제 보살은 천상에서 지상으로 내려왔다. 이 땅 위에서 진여의 뜻을 펼쳐야 하는 보살에게 몸은 벗어 버려야 할 것이 아니다. 몸으로 살아가는 삼계에서의 나의 삶은 소중한 것이며, 진여의 뜻인 정신을 실현하는 창조의 주체가 바로 나의 몸인 것이다.

그러므로 몸을 긍정하는 것은 지금 여기 땅 위의 삶을 긍정하는 것이고, 거기서 살아가는 인간 존재를 긍정하는 것이고, 나를 긍정하는 것이다. 바로 이와 같은 인간관의 일대 혁신이 인간의 몸을 고결하게 묘사하는 83호상의 탄생을 낳았던 것이다.

그 결과 83호상에는 인간미와 초월성이 같이 있다. 인간미라는 것은 유한한 인간, 약점 많은 인간이 지닌 매력이다. 그러므로 인간미와 초월성은 같이 있을 수 없는 것인데, 삼매상에서는 같이 있다. 같이 있을 수 없는 것이 같이 있다는 말은 그 자체로 형용 모순이다. 그러므로 이는 말로 표현할 수 없는 리언절려에 해당한다. 그리고 이처럼 말이 막히는 지점에서 예술이 요청되는 것이다. 그리하여 당대의 한국인들은 말로 표현할 수 없는 금강삼매의 경지를 표현한 불상을 요청했고, 그러한 시대의 요청에 응한 예술가에 의해 금강삼매상이 탄생한 것이다.

삼매상을 보고 나면 영혼이 치유되는 느낌을 받는다는 말을 많이 한다. 그러한 느낌을 받는 이유는 무엇일까?

삼매상에는 인간성과 초월성이 함께 있기 때문이다. 이럴 때 불교의 언어로는 인간성과 초월성이 '서로를 여의지 않는다'고 말한다. 그렇다. 인간성은 초월성을 여의지 않고, 초월성은 인간성을 여의지 않는다. 이 사실이 인간의 영혼을 치유한다.

혹시 나는 벌레가 아닐까 은근히 두려워할 때, 삼매상은 사람이 하늘에서 내려온 별이라고 말한다. 사람은 천상에서 지상으로 내려온 보살이다, 때가 되면 하늘로 돌아갈 것이다, 이렇게 말하는 것이다.

금강삼매상의 관람 후기 중에 "인생은 유한하지만 사람도 하나하나가 보물"이라는 평이 눈에 띄었다. 말 그대로 삼매상은 유한한, 그래서 결점 많은 인생을 사는 '사람'을 표현했다. 그러나 그 사람 하나하나가 보물임을 표현했다. 그래서 울림을 주고 치유와 위안을 주는 것이다.

금강삼매상이 던지는
인생의 질문

관(觀)에서 나와 할 일을 해 나가도 관의 힘이 간직되어 있으니, 아상과 타상을 취하지 않고 좋고 싫음의 경계에도 집착하지 않는다. 그러므로 바람이 불어도 선동되지 않고, 들어가고 나가는 것을 함께 잊어서 마음과 할 일이 둘이 아니게 된다.

出觀涉事 觀勢猶存 不取我他之相 不着好惡之境 由是不
출관섭사 관세유존 불취아타지상 불착호오지경 유시불

爲天風所鼓 入出同忘 心事不二
위천풍소고 입출동망 심사불이

《금강삼매경론》 권중(中), 〈입실제품(入實際品)〉

〈그림 23〉 국보 78호상　　　　　〈그림 24〉 국보 83호상

국립중앙박물관 사유의 방에는 83호상 외에 78호상이 또 있는데, 두 불상은 같은 자세를 취하고 있음에도 꽤 다른 느낌을 준다.

78호상 역시 인간미와 초월성을 겸비하고 있다는 점은 동일한데, 두 상을 비교하면 78호상은 그 무게 중심이 인간미 쪽에 조금 더 가 있고, 83호상은 초월성 쪽에 조금 더 가 있다.

83호상의 경우 머리끝에서 좌대 끝까지 엄격하게 유지되는 중심축과 극도로 절제된 장식 때문에 범접하기 어려운 인상을 준다. 그에 비해 78호상은 고개를 조금 당기면서 오른쪽으로 기울임으로써 중심축을 살짝 허물고 있다. 이 조금의 빈틈이 보는 이에게 편안함을 준다. 특히 그 얼굴 표정이 생생하다. 필자는 78 호상을 멀리서 볼 때 마치 살아 있는 사람의 얼굴을 보는 듯한 느낌을 받는다. 그 결과 78호상은 83호상보다 훨씬 화려한 보관을 쓰고 있음에도 보다 인간적으로 느껴지며 친근하게 다가온다. 두 불상의 이러한 외형적 차이는 무엇을 표현한 것일까?

83호상은 금강삼매에 몰입한 모습을 표현한 것이고, 78호는 몰입에 들어갔다 나온 모습을 표상한 조각이다.

83호상의 시선은 이 세상에 닿아 있지 않다. 그는 현재 자신의 내면으로 침잠해 광활한 정신의 바다에 접속되어 있다. 내면의 열반에 이르러 정신의 힘과 접속된 것이다. 그리하여 83호상은 정신의 힘을 현현하고 있다. 이처럼 금강삼매에 몰입한 모습이면서도 그 손가락과 발가락이 움직임[동(動)]을 암시하는 이유는 "상(相)을 그치고 여(如)를 관(觀)하는 것이 동시에 이뤄"지기 때문이다.

78호상은 그다음 단계를 표현하고 있으니, 그 모습은 서두에 묘사되어 있다. 내면의 열반에 이르러 힘을 얻은 78호는 이제 "관(觀)에서 나와 할 일을 해 나가"려고 한다. 삼계를 일으켜 세우고자 고르지 못한 땅으로 나아가는 것이다. 고르지 못한 땅에서는 많은 일이 일어날 것이다. 그러나 그에게는 "관의 힘이 간직되어 있으니, 아상(我相)과 타상(他相)을 취하지 않고 좋고 싫음의 경계도 짊어지지 않는다. 그러므로 바람이 불어도 선동되지 않고, 들어가고 나가는 것을 함께 잊어서 마음과 할 일이 둘이 아니게 된다".

"마음과 할 일이 둘이 아니"라는 것은 금강삼매에 몰입했을 때의 청정한 마음과 그 몰입에서 나와 삼계에서 할 일을 해 나갈 때의 상태가 서로 다르지 않다는 말이다. 그에게는 내면의 열반에서 얻은 정신의 힘이 충만하기에 "아상과 타상을 취하지 않고 좋고 싫음의 경계도 짊어지지 않는" 것이며, 삼계의 "바람이 불어도 선동되지 않는다". 이와 같은 경지에 이른 수행자에게는 금강삼매에 몰입했을 때와 나왔을 때의 상태가 같기에 "들어가고 나가는 것을 함께 잊는다"고 했다. 78호상은 바로 이러한 경지를 표현하고 있다.

그는 진여의 뜻인 정신을 이 세상에서 실현하고자 한다. 그리하여 그는 시간의 장에서 마음을 쓴다. 그의 마음 씀씀이를 통해 초월의 장과 시간의 장이 연결된다. 그의 마음은 기꺼이 그 통로가 되고자 한다. 78호상은 이러한 마음의 덕을 표현하고 있다.

78호상의 지그시 감은 눈, 달관의 얼굴과 오묘한 미소는 그가 모든 것을 포용할 것임을 보여 준다. 이 땅에서 자비의 무생행을 펼칠 수행자가 바로 그인 것이다.

사유의 방에서는 인간의 정신(83호)과 마음(78호)을 각각 표현한 두 분의 상이 탑으로 우뚝 솟아 땅과 하늘을 잇고 있다. 〈그림 25〉와 같이 그 머리 위에 우주(하늘)를 표현한 것은 참으로 잘된 전시 구조다. 이는 두 불상이 표상하는 정신과 마음의 세계가 사유의 방을 만든 이의 마음에도 공명을 일으켰음을 보여 준다.

이처럼 인간에게 깃든 정신과 마음은 하늘(진여)을 떠받치는 두 기둥이니, 정신은 초월의 장과 시간의 장을 잇는다. 마음은 그 정신을 실현하고자 시간의 장에서 마음을 쓴다.

그리하여 정신과 마음을 담은 인간의 신체는 무한과 유한을 잇는 접점이자 통로가 된다. 유한의 세계에 번뇌의 폭풍우가 몰아쳐도 그는 흔들리지 않는다. 그의 영혼은 무한에 깊이 닻을 내리고 있기 때문이다. 그는 자신의 할 일이 무엇인지 알며, 그에 대해 미소로 화답한다.

이러한 인간의 신체는 힘으로는 코끼리에 못 미치고, 날래기는 호랑이에 못 미치지만 결코 약하지 않다. 그에게는 정신의 세계가 있으니, 그의 마음은 정신의 힘으로 물질세계를 빚어 간다. 그는 이 세상에 주체로 섰으니, 그는 물질세계를 제 마음대로 빚어 간다. '삼계유심(三界唯心)'이니 그가 먹은 마음에 따라 집이 생겨나고, 학교가 생겨나고, 도시가 생겨난다. 이러한 문

명을 일군 인간의 힘은 정신과 마음의 힘이니, 금강삼매상과 사유의 방은 이 점을 잘 표현했다.

반면 〈그림 19〉의 〈생각하는 사람〉은 근육을 내세우는 느낌이다. 그는 인간의 고뇌를 근육의 힘으로 해결할 것 같다.

로댕의 조수로 일했던 라이너 마리아 릴케에 따르면, 생각하는 사람이 울퉁불퉁한 근육을 갖게 된 것은 상당한 고심의 결과라고 한다. 원래 조각은 동서양 공히 건축물을 장식하는 부조(浮彫)로서 발전한 것이다. 〈생각하는 사람〉 역시 원래는 '지옥의 문' 상단을 장식하던 부조였는데, 이후 환조(丸彫)로 독립한 것이다. 그런데 이처럼 조각이 부조에서 환조가 되는 것은, 뒷배경을 이루는 건축물의 맥락에서 벗어나 홀로 서야 하므로 단순한 일이 아니다. 환조로 홀로 서서 주변 공간에 독자적인 울림을 주어야 하는 것이다. 예술의 기본은 그 주변 공간에 울림을 불러일으키는 것이다. 그로 인해 사람이 그 앞에 발을 멈추고 쳐다보기 시작할 때 예술이 시작된다. 그게 아니라면 그냥 하나의 물건에 머무를 뿐이다.

로댕은 그 해법을 울퉁불퉁 굴곡진 면에서 찾았다고 한다.[65] 이를 통해 다비드상과 같은 천상의 조각의 매끈한 면과 결별하고, 주변 공간에 대한 독자적인 울림을 확보하려 한 것이다. 이러한 고심의 결과가 생각하는 사람의 울퉁불퉁한 근육이다.

그에 비해 삼매상의 조각가는 인간성과 초월성을 함께 담는 길을 택했다. 같이 있을 수 없는 것을 같이 둠으로써 울림을 불러일으키는 것이다. 결과는 대성공이다. 현재 삼매상은 불교사원의 맥락에서 완전히 벗어나 사유의 방에 놓여 있으면서도 주변 공간에 강한 울림을 주고 있다. 그것도 천 년보다 긴 세월을 뛰어넘어 불교를 알지 못하는 21세기의 관람자들에게도 울림을 주고 있으니, 그 울림은 얼마나 강한 것인가?

삼매상은 인간 삶의 고뇌를 배제하지 않았다. 83호상은 산 자의 몸을 걸치고 있고, 78호상은 인간의 얼굴을 하고 있다. 두 상은 고르지 못한 땅, 시간의 장을 살아가는 인간을 표상했다. 그러나 그 인간은 세속에 머물면서도 물들지 않는다. 압도되지 않으며 눌리지 않는다. 그는 탑으로 우뚝 서는 것이다. 그리하여 영원과 시간을, 무한과 유한을 잇는 존재가 된다. 이것이 사람이며, 사람의 여(如)한 모습이다. 〈그림 23〉과 〈그림 24〉, 〈그림 25〉가 바로 사람의 여한 모습이며 사람의 참모습이다.

스스로 존재하는 참모습에 대하여

앞서 인생 사진과 인생의 순간에 대해 이야기했는데, 〈그림 23〉과 〈그림 24〉, 〈그림 25〉가 바로 인생 사진이며 인생의 순간이다. 인생 사진과 인생의 순간은 사람의 참모습을 포착한 스냅 샷인데, 〈그림 23〉과 〈그림 24〉, 〈그림 25〉가 바로 그렇다. 이 그림들을 찬찬히 살펴보기 바란다. 세상 모든 사람의 모든 인생 사진의 '추상(抽象)'이 여기 있다. 추상이란 공통의 특징을 뽑아내는 것이니, 모든 인생 사진의 공통분모를 뽑아내면 지와 같이 된다. 즉 〈그림 23〉과 〈그림 24〉, 〈그림 25〉는 모든 인생 사진의 원형이자 자상(自相)이라고 할 수 있다. 그러므로 그 모습에서 나의 인생 사진을 발견할 수 있다. 가만히 보면 불상의 모습과 나의 인생 사진이 겹쳐 보일 것이다.

또한 〈그림 23〉과 〈그림 24〉, 〈그림 25〉가 사람의 여(如)한 모습이자 참모습이라는 말은, 사람의 원형이자 자상에 해당한다는 뜻이다. 또한 바로 당신의 원형을 보여 주고 있다는 뜻이다.

원효는 자상을 '자진상(自眞相)'으로 말하기도 했다. 이는 이분법 분별에 의지하지 않고 '스스로 존재하는 참모습'이라는 뜻인데, 지금 이 순간 더없이 적절한 뜻이다. 삼매상은 당신의 '스스로 존재하는 참모습', 마치 연꽃이 진창을 뚫고 피어나듯 삼계를 헤쳐가면서도 물들지 않은 당신의 참모습, '참나'의 모습에 해당한다.

그래서 우리는 삼매상을 볼 때 감동하며, 위안과 살아갈 용기를 얻는 것이다. 잊혀져 가던, 희미해져 가던 참나의 모습을 삼매상에서 확인하기 때문이다.

그동안 원효의 마음공부 여정을 따라오면서 거듭 자상에 대해 살폈는데, 그 핵심 중 하나는 거기에 패턴만 있고 내용은 없다는 것이다. 이는 아무리 해도 참 알쏭달쏭한 말인데, 지금 여기서 다시 한번 반복된다.

삼매상이 사람의 자상이라는 말은, 세상 모든 사람을 추상하면 삼매상과 같은 모습이 되고, 삼매상을 구체화하면 바로 내가 된다는 뜻이다.

이를 달리 생각하면, 삼매상이 나에게 묻는 것과 같다. 삼매상에겐 패턴만 있고 내용은 없다. 그러므로 삼매상은 당신에게 묻는다. 사람으로서 당신의 인생 여행은 어떠하냐고.

구체적 내용은 당신의 시간 여행으로 채워야 하는 것이다.

삼매상이 1,000년 세월을 뛰어넘어 계속 울림을 준다는 것은 예술로서 영원성을 획득했음을 보여 준다. 여기에 더해 삼매상은 보편성을 띤다. 서양의 큐레이터들이 1순위로 전시를 요청하는 것이 이를 입증하며, 사유의 방을 찾는 많은 외국인 관람객이 공감을 보인다는 사실이 입증한다.

그 같은 보편성을 띠는 이유는, 삼매상이 인간의 추상이라는 점과 관련이 있다. 삼매상은 남녀노소, 동서양의 분별을 넘어선 인간의 여한 모습을 표상한 것이다. 두 불상 모두 여성처럼 보이기도 하고, 83호상의 경우는 어려 보이기도 한다. 그 얼굴은 동서양의 구분을 뛰어넘고 있다. 그 결과 삼매상은 남녀노소, 동서양을 막론하고 고르게 공감을 불러일으킨다. 인간의 신비, 마음의 신비는 보편적이기에 이를 표현한 삼매상이 보편성을 띠는 것은 당연하다 하겠다.

미소로 피어난
불이의 깨달음

이런 사람은 두 개의 상(相)에 머물지 않으니, 출가하지 않았더라도 재가에 머무는 것이 아니니라. 그러므로 법복이 없고, 바라제목차계를 갖춰 지니지 않고, 포살에 들지 않는다 해도 자기 마음으로써 무위의 자자를 하여 성인의 과위를 얻을 수 있다. 2승에 머물지 않고 보살도에 들어갔으니, 뒤에 가면 당연히 경지를 다 채워서 부처의 보리를 이루리라.

如是之人 不在二相 雖不出家 不住在家 故雖無法服 不具
여시지인 부재이상 수불출가 부주재가 고수무법복 불구

持波羅提木叉戒 不入布薩 能以自心 無爲自恣 而獲聖果
지바라제목차계 불입포살 능이자심 무위자자 이획성과

不住二乘 入菩薩道 後當滿地 成佛菩提

부주이승 입보살도 후당만지 성불보리

《금강삼매경》, 〈입실제품(入實際品)〉

원효가 마음을 찾고자 지적 편력을 시작했을 당시 출가한 승려 중심으로 운영되던 신라 주류 교단의 분위기는 엄격한 계율을 강조하는 것이었다. 당시에는 《사분율(四分律)》이라 하여, 출가자가 불법을 수행하면서 지켜야 할 규범을 무려 60권 분량으로 세세하게 규정한 계율서가 매우 중시되었다.

〈표 3〉은 《사분율(四分律)》에 대한 우리나라 고승들의 연구서를 정리한 것인데 모두 13종이 있다. 그리고 13종 모두 신라의 고승들이 집필한 것이니, 동시대의 백제나 고구려, 이후의 고려와 조선에서는 이 책에 대한 연구서가 보이지 않는다.

이는 당대의 신라에서 불교 계율을 제대로 이해하고 지키려

저자	제목	종수
지명(智明)	《사분율갈마기》 1권	1
자장(慈藏)	《사분율갈마기》 1권, 《사분율목차기》 1권	2
원승(圓勝)	《사분율갈마기》 2권, 《사분율목차기》 1권	2
원효(元曉)	《사분율갈마소》 4권, 《사분율소과》 3권, 《사분율종기》 8권, 《사분율제연기》 8권, 《율부종요》 1권	5
경흥(憬興)	《사분율갈마기》 1권, 《사분율십비니요기》 3권	2
명효(明晶)	《사분율결문》 2권	1

〈표 3〉 《사분율(四分律)》에 대한 한국 고승들의 연구서 목록

는 종교적 열정이 넘쳤다는 사실을 보여 준다. 신라는 불교를 수용하는 과정에서도 삼국 중 유일하게 순교를 거치고서야 공인을 받을 수 있었다. 그처럼 어려운 과정을 거쳐서인지 불교에 대한 종교 열정에 남다름이 있는 듯하다.

출가도 재가도 아닌 한마음의 길

13종 중 5종이 원효에 의한 것임도 주목할 만하다. 《삼국유사》를 집필한 일연 스님이 원효의 일대기 제목을 '원효불기(元曉不羈, 원효는 구속받지 않았다)'로 삼았을 정도로, 원효는 어디에 매일 줄을 모르는 사람이었다. 요석공주와 혼인해 설총을 낳은 공식 파계승이기도 하다. 그런데 그 원효가 계율에 대한 연구서를 5종이나 펴냈다. 이는 원효가 원래는 계율을 제대로 알고 지키고자 하는 열정에서도 남다름이 있었음을 보여 준다. 그러던 그가 돌연 정반대로 돌아선 것이다.

그 이유는 물론 마음을 찾아 떠났던 그의 마음공부 여행의 영향이었다. 한마음 여래장이 궁극의 일자요, 만법의 귀의처임을 깨달았을 때 원효는 그간의 모든 의혹과 번뇌를 남김없이 깨뜨렸다. "대승법에는 오직 한마음이 있을 뿐 한마음 밖에는 다시 다른 법이 없다. 단지 무명이 있어 자기의 한마음을 미혹하니 모든 파도의 물결을 일으켜서 육도(六道)에 유전하는 것이다"(153쪽). 원효에겐 이제 무엇을 해야 할지가 명백했다. 무명으로 인해 육도에 유전하며 고통받는 신라의 민초들에게 이 대승의 진리를 전하는 것이다.

그것은 마음의 신비를 일깨우는 것이기도 했다. 우리의 마음은 진여 및 진여가 펼친 정신을 담고 있다. 무명을 물리쳐서 이 소중한 마음을 옳게 먹고 바르게 쓰면 된다. 우리가 어떤 마음을 먹는가에 따라 인간계는 축생계로도, 천상계로도 바뀔 수 있다. 진여의 뜻을 여기 삼계에서 이룰 수 있다.

원효에게는 이보다 중요한 일이 없었다. 그러므로 그는 붓을 꺾고 동사행에 나섰던 것이다. 그에게 천촌만락의 민초들은 깨우칠 대상이 아니라 함께할 사람들이었다. 모두가 진여를 품은 보살들이었다. 그들과 어울려 노래하고 춤추며 한마음이 되었다.

그러므로 원효는 이제 계율과 싸워야 했다. 서두에서 언급하는 바라제목차계, 포살, 자자(自恣) 등이 모두 계율 관련 내용이니, 우선 바라제목차계는 수행자가 지켜야 할 세율의 모든 조항을 기리키는 말이고, 포살은 보름마다 승려들이 모여 바라제목차계 낭송을 들으면서 자기 생활을 반성하고 잘못을 고백하던 참회 의식이다. 자자(自恣)는 3개월에 걸친 하안거가 끝나는 7월 15일에 안거를 함께 한 수행자들끼리 서로 간에 잘못을 보고 듣고 의심한 것에 관해 고백하고 참회하던 의식이다.

재가생활자라면 이러한 계율을 모두 지키는 것은 불가능하다. 계율을 모두 지켜야만 해탈할 수 있고 부처의 보리를 이룰 수 있다면 재가생활자로서는 원천적으로 불가능하다. 원효로서는 이러한 교리를 받아들일 수 없다. "대승법에는 오직 한마음이 있을 뿐 한마음 밖에는 다시 다른 법이 없는 것"인데, 계율을 지키는 것이 불법 수행의 핵심이라는 주류 교단의 주장은 불교를 귀족 중심, 도성 중심인 그들만의 불교로 가두는 것이다. 그러므로 한때 계율에 대한 열정에서 가장 앞서가던 원효는 이제 주류 교단과 맞서 싸울 수밖에 없다.

그리하여 대중불교 운동을 주도하던 사형들과 함께 금강삼매의 이념을 구축하기에 이른 것이다. 금강삼매의 교리에서는 '재가보살'이 불법 수행의 새로운 이상형으로 등장한다. 서두에서 언급하듯 재가수행자는 법복을 입지 않았고, 외형적인 계율을 다 지키지 못하지만, 자기 마음으로써 무위(無爲)의 자자(自恣)를 하고 있으니, 외형은 출가하지 않았더라도 그 실질은 재가에 머무는 것이 아니다. 그는 보살도에 들어갔으니, 뒤에 가면 당연히 부처의 보리를 이룰 것이다.

《삼매경》에는 이러한 재가보살이 '범행장자'라는 이름의 주요 인물로 등장한다.

이때 범행장자가 이 말씀을 듣고 게송으로 말하였다. …

모든 생멸법을 멸하면

열반에 머무를 것이나,

대비(大悲)가 빼앗는 바라서

열반이 멸하여 머무르지 않나니

대상과 주체를 전변시켜

여래장에 들어가나이다.

이때에 대중이 이 뜻을 설하는 것을 듣고 다 정명을 얻어,

여래와 여래장의 바다에 들어갔다.

爾時長者梵行 聞說是語 而說偈言 …
이시장자범행 문설시어 이설게언 …

滅諸生滅法
멸제생멸법

而住於涅槃
이주어열반

大悲之所奪
대비지소탈

涅槃滅不住
열반멸부주

轉所取能取
전소취능취

入於如來藏

입어여래장

爾時大衆聞說是義 皆得正命 入於如來如來藏海
이시대중문설시의 개득정명 입어여래여래장해

《금강삼매경》, 〈여래장품(如來藏品)〉

"대상을 전변시킨다"는 말은 이분법 분별로 대상을 바라보던 인식을 변화시킨다는 뜻이며, "주체를 전변시킨다"는 말은 대상을 바라보는 주체가 두 가지 아(我)에 집착하던 마음을 변화시킨다는 뜻이다.

위 구절에서 주목할 대목은 설법을 통해 대중으로 하여금 여래장에 들도록 이끈 이가 범행장자라는 사실이다. 불교에서 장자(長者)는 모범적인 재가불자를 가리키는 말이며, 범행(梵行)은 '청정한 수행'을 뜻하니, 범행장자는 청정한 삶을 실천하는 모범적인 재가불자를 가리킨다. 결국 재가자인데,《삼매경》에서는 이 재가자가 주요 화자로 등장하고 있다.

〈표 4〉는《삼매경》의 목차와 각 품별 화자를 정리한 것인데, 이를 보면 일곱 번째 〈여래장품〉의 화자가 범행장자임을 알 수 있다. 그다음에 이어지는 총지품은 지금까지 설명한 경전의 내용을 잘 기억할 수 있도록 요약해서 제시한 것이며, 유통분은 이 경전에 담긴 가르침을 널리 유포하도록 권면하는 내용이다. 그러므로 일곱 번째 〈여래장품〉이《삼매경》의 최종 결론에 해당하

는 핵심 내용인데, 그 내용을 범행장자의 말을 통해 전개한다.

특히 윗 구절은 이 〈여래장품〉을 매듭짓는 맨 마지막 구절이라서 더욱 의미가 크다. 〈여래장품〉의 마지막에 이르러 범행장자는 자신의 설법으로 모든 대중을 깨우쳐 여래장에 들도록 이끄는 것이다. 이로써《삼매경》이 대단원의 막을 내리는 것이니, 이를 통해 범행장자는 그 이전까지의 화자인 보살 및 사리불과 동격인 재가보살로 자리매김하는 것이다.

이처럼 대중 불교 운동에서 불법 수행의 새로운 이상형으로 떠오른 재가보살을 예술적으로 형상화한 불상이 바로 78호상이다.

그런데 우리가 78호상을 볼 때는 한 가지 염두에 둘 점이 있다. 〈그림 26〉의 78호상이 태생적인 한계를 딛고 탄생한 불상이라는 점이다. 78호는 키가 82센티미터로 83호의 93.5센

구분	품명	화자
1	서품(序品)	
2	무상법품(無相法品)	해탈보살(解脫菩薩)
3	무생행품(無生行品)	심왕보살(心王菩薩)
4	본각리품(本覺利品)	무주보살(無住菩薩)
5	입실제품(入實際品)	대력보살(大力菩薩)
6	진성공품(眞性空品)	사리불(舍利佛)
7	여래장품(如來藏品)	범행장자(梵行長者)
8	총지품(摠持品)	
9	유통분(流通分)	

〈표 4〉《삼매경》의 목차와 각 품별 화자

〈그림 26〉 국보 78호상의 전체 모습

티미터보다 11.5센티미터(12.3퍼센트)가 작음에 비해, 몸무게
는 37.6킬로그램으로 83호의 112.2킬로그램보다 74.6킬로그램
(66.5퍼센트)나 적다. 이처럼 크기에 비례해서도 무게가 과도하
게 차이 나는 이유는 〈그림 27〉의 주물 단면도에서 78호상의 몸
체 두께가 평균 4밀리미터에 불과해 83호의 평균 10밀리미터에

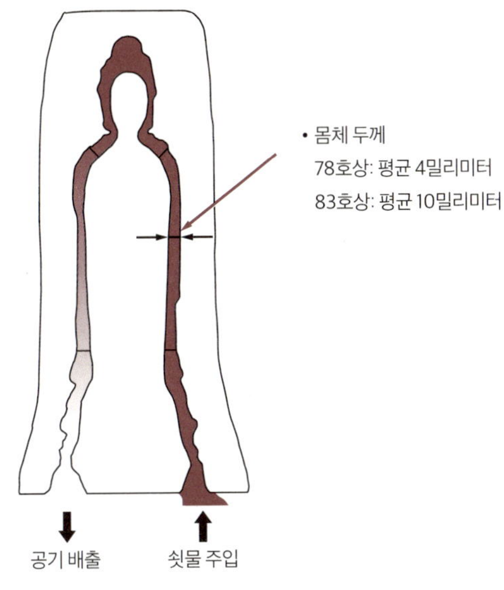

〈그림 27〉 금강삼매상의 제작 방법 단면도[66]

비해 훨씬 얇기 때문이다.

78호상의 몸체 두께가 그처럼 얇은 이유는 값비싼 청동의 사용량을 최소화해서 경비를 절감하기 위한 것이다. 오늘날에도 구리는 철에 비해 12배나 비싼데, 과거에는 구리의 희소성이 더 컸다. 오늘날에는 스테인리스나 알루미늄처럼 녹슬지 않는 금속 대체재가 있지만, 과거에는 구리밖에 없어서 각종 동상이나 범종, 그릇, 수저, 청동 거울, 금속 건축 자재 등으로 구리의 수요처가 훨씬 많았기 때문이다. 이처럼 구리가 귀한 금속이었기에 구리를 화폐(동전)로도 사용했던 것이다.

이처럼 값비싼 청동을 최소한으로 사용하기 위해 얇은 두께로 주조하다 보니 78호는 83호에 비해 다소 평면적인 인상을 주고 있다. 예를 들어 〈그림 26〉에서 조각상의 무릎 이하 좌대를 덮고 있는 옷 주름 같은 경우는 지극히 도식적이고 평면적으로 처리하고 있어 이 부분에 주목할 경우 78호상의 수준을 오해할 수도 있다. 그러나 이는 78호상의 조각가가 애초에 청동의 사용량을 최소화해야 한다는 제약 조건을 안고 출발했기 때문에 빚어진 결과일 뿐이다. 그러므로 78호상을 볼 때는 이처럼 조각가가 떠안아야 했던 제약 조건을 염두에 두고 봐야 하며, 그렇게 할 때 조각가의 천재성을 알아볼 수 있다.

청동의 사용량을 최소화해야 했던 그는 고심 끝에 조각상의 얼굴 표현에 주안점을 두는 전략을 썼다. 얼굴 부분만큼은 청동을 넉넉히 써서 입체감과 사실감 넘치는 표현으로 금강삼매의 경지를 표현했고, 대신 몸통 이하는 작게 만들고 또 양식화해서 처리했다. 대신에 몇 가지 시각적 장치를 동원해서 이를 상쇄하려 했다. 결과는 대성공이다.

78호상을 인체의 비례라는 측면에서 꼼꼼히 보면 머리에 비해 몸통이 너무 작다는 사실이 눈에 들어온다. 허리와 팔이 비현실적으로 가늘어 인형처럼 보이기도 한다. 하지만 관람자는 이 같은 사실을 느끼기 어렵다.

우선 78호상은 화려한 보관을 쓰고 있다. 이를 통해 관람자의 시선이 상의 머리 부분에 머물도록 한다. 다음으로 상의 고개를 살짝 당기면서 틀어 줌으로써 얼굴에서부터 중심축의 변화가 일어나도록 설정했다. 이 역시 관람자의 시선이 얼굴에 쏠리도록 한다.

다음으로 삼매상의 어깨에 돌출한 천의(天衣, 보살의 옷을 이르는 말) 부분은 몸통이 작고 가늘다는 사실을 가려 주는 장치다. 또한 천의가 몸통의 위에서 아래로 흐르고 허리에는 띠가 매여 있음으로 해서 관람자의 시선을 몸통의 가운데로 모아 주고 있다. 이로써 관람자는 조각상의 몸통이 너무 가늘다는 사실을 의식하지 않게 된다.

이처럼 조각가는 여러 가지 시각적 장치를 동원함으로써 조각상의 태생적 한계를 탁월한 솜씨로 극복했다. 사실 조각상의 얼굴과 무릎 이하 부분을 직접 비교하면 도저히 한 작가가 빚은 하나의 조각이라고 볼 수 없을 정도로 격차가 있다. 하지만 작가는 천재적인 솜씨로 이러한 격차를 뛰어넘어 조각상 전체로서 금강삼매의 경지를 현현하는 데 성공했다.

애초에 78호상이 주류 교단에 의해 조성되었다면 신라 왕실이나 귀족들의 충분한 후원을 받았을 것이고, 그랬다면 조각가가 청동 재료를 충분히 쓸 수 없다는 제약 조건에 시달리는 일은 없었을 것이다. 하지만 현실은 그렇지 못했고, 도리어 그 덕분에 오늘날 우리 후손들은 1,000년도 더 이전에 우리 선조들이 조각 예술에 있어 어떠한 경지에 올랐었는지를 생생하게 보여주는 걸작 유물을 가지게 되었다.

이것은 완벽한 의미에서의 고전적인 작품이며, 바로 조선의 것이다. 5세기 및 6세기의 중국의 불교미술에 의해 자극을 받고 영향을 받았으나 그 얼굴 표정이나 주름이 있는 의습 그리고 그 전체의 개념은 중국에서는 전혀 유사한 작품을 찾아볼 수 없을 만큼 매우 신선하고 독특한 것이다.[67]

이 구절은 1920년대 후반에 최초로 조선 미술사를 체계화했던 독일인 미술사가 안드레 에카르트가 78호상에 대해 남긴 기록이다. 그는 78호상을 "완벽한 의미에서의 고전적인 작품"이라고 찬탄한다. 그리고 "그 전체의 개념은 중국에서는 전혀 유사한 작품을 찾아볼 수 없을 만큼 매우 신선하고 독특한 것"이라 언급함으로써, 삼매상이 당대의 불상에 있어 새로운 '개념'을 열어젖힌 신기원임을 알아보았다. 이와 같은 신개념의 정립은 독자적 정신세계의 구축 없이는 불가능한 것이다. 78호상의 조각가는 그러한 독자적 정신의 경지를 물질적 제약 조건을 넘어 탁월하게 표현한 것이다.

필자는 사유의 방에서 78호상을 볼 때마다 표현의 자유를 제약하는 태생적 한계를 넘어 저와 같이 "완벽한 의미에서의 고전적인 작품"을 빚어낸 조각가의 신기에 경의를 표하게 된다. 한편으로는 78호상이 83호상과 나란히 전시됨으로써 오해를 사는 측면이 안타깝기도 하다.

83호상의 경우는 상대적으로 많은 양의 청동을 사용했다. 그에 따라 등신대에 가까운 크기로, 뛰어난 입체감과 사실감을 표현한 걸작이다. 그 조각가는 자신의 기량을 원없이 발휘할 수 있는 행운아였다.

그런데 78호상이 이러한 83호상과 나란히 놓임으로써 비교되다 보니 저평가를 유발하는 측면이 있다. 그러므로 필자는 사유의 방을 1실과 2실로 나누어 1실에서 83호상을 먼저 보고 나서, 2실에 이르러 78호상을 보도록 하는 전시 구조를 상상해 본다. 이는 금강삼매에서 자신의 내면으로 깊이 내려가 정신의 바다에 접속하는 1단계의 명상과 이후 삼계로 나아가 자비를 펼침으로써 2단계의 보다 큰 열반에 이르는 구조에 그대로 대응하는 것이 될 것이다. 이를 통해 한국인의 정신세계를 대표하는 유물인 83호상과 78호상이 각자의 고유한 매력을 더욱 드러낼 수 있지 않을까 기대하는 것이다.

한국의 성자
원효 해동보살의 길

오직 우리 해동보살만이 본성과 상(相)을 융회하여 밝히고 고금을 한데 포괄했으니, 백가의 서로 다른 쟁론의 극단을 화합하고, 일대의 지극히 공변된 논의를 얻었습니다. 여기에 또 신통은 측량할 수 없고 묘용은 헤아릴 수 없었으니 더 말해 무엇 하겠습니까. 먼지와 함께해도 그 진실함은 더러워지지 않았고, 빛을 부드럽게 해도 그 실체는 변하지 않았습니다. 그래서 그 아름다운 명성이 중국과 인도에까지 떨치고, 그 자비의 교화가 이승과 저승에까지 미쳤으니, 이를 찬양함에 있어 어디에도 비교하기가 어렵습니다.

唯我海東菩薩 融明性相 隱括古今 和百家異諍之端 得一

유아해동보살 융명성상 은괄고금 화백가이쟁지단 득일

代至公之論 而況神通不測 妙用難思 塵雖同而不汚其眞
대지공지론 이황신통불측 묘용난사 진수동이불오기진

光雖和而不渝其體 令名所以振華梵 慈化所以被幽明 其
광수화이불유기체 령명소이진화범 자화소이피유명 기

在賛揚 固難擬議
재찬양 고난의의

대각국사문집(大覺國師文集) 권16, 제문(祭文),
분황사 원효성사께 올리는 제문[祭芬皇寺曉聖文]

이 글은 고려의 국사인 의천이 원효의 진용이 안치된 분황사를 찾아 제사를 올리면서 바쳤던 제문이다. 때는 11세기 말로 원효 입적(686년) 후 400여 년이나 세월이 흐른 뒤인데도 성인으로 추앙하는 마음이 대단함을 알 수 있다.

여기서 원효의 명성이 인도에까지 떨쳤다는 것은, 그의 저서 《십문화쟁론(十門和諍論)》이 산스크리트어로 번역되어 인도에서까지 주목받았음을 말한다. 11세기 말 고려의 의친이 그와 같은 사실을 잘 알고 있다는 점 역시 대단하다는 생각이 든다.

원효의 명성이 중국에 떨친 것은 무엇보다 그의 책 《삼매경소》가 중국에서 경전을 관장하는 승려들에 의해 《삼매경론》으로 격상되었다는 사실이 웅변해 준다. 《삼매경》 연기 설화에서 보듯 원효 스스로는 《삼매경소》를 쓴 것인데, 중국의 승려들에 의해《삼매경론》으로 격상되고 원효에게 '보살'의 칭호가 주어졌던 것이다. 서두에서 의천이 원효를 해동보살로 칭한 것 역시 이러한 배경에서 가능한 것이다.

나아가 원효는 인도, 중국만이 아니라 일본에서도 성인으로 숭앙받고 있다. 일본의 국보 중에 〈화엄종조사회권(華嚴宗祖師繪卷)〉(흔히 〈화엄연기(華嚴緣起)〉로 통칭됨)이라는 작품이 있다. 직역하면 '화엄종의 조사(祖師)를 그린 두루마리 그림'인데, 길이 10미터가 넘는 두루마리 그림 6권으로 이뤄진 대작이다. 그런데 이 일본의 국보는 원효와 의상의 일대기를 각각 3권씩 그리고 있다. 즉 원효와 의상을 일본 화엄종의 조사로 모시고 있는 것이다. '조사(祖師)'란 불교의 1종(宗) 또는 1파(派)를 세운 고승에게 붙여지는 호칭으로, 후세의 승려와 신자들의 절대적인 귀의와 존경을 받는 승려를 뜻한다.

이 작품 〈화엄연기〉는 일본 교토 외곽에 위치한 고산사에 전래되고 있는데, 고산사는 나라의 동대사와 함께 일본의 화엄종을 대표하는 양대 사찰이다. 13세기 전반에 고산사의 부흥을 이끌었던 묘에쇼닌(明惠上人, 1173~1232)이 원효와 의상을 일본 화엄종의 조사로 숭상해서 그들의 일대기를 그리도록 한 것이다.[68] 이를 통해 두 분의 입적 후 500여 년 세월이 흐른 시점에도 일본에서 두 사람을 성인으로 숭상했음을 알 수 있다.

원효와 의상은 동방의 성인이시다. 비석의 기록과 시호(諡
號)가 없어 그 공덕이 드러나지 않으니 짐이 이를 깊이 슬
퍼하노라. 원효는 대성화정국사(大聖和靜國師)로, 의상은
대성원교국사(大聖圓敎國師)로 추증하니, 유사(有司)에서
는 즉시 그들이 살던 곳에 비석을 세우고 공덕을 기록하여
무궁하게 전하도록 하라.

元曉義相 東方聖人也 無碑記諡號 厥德不暴 朕甚悼之 其
원효의상 동방성인야 무비기시호 궐덕불폭 짐심도지 기

贈元曉 大聖和靜國師 義相 大聖圓敎國師 有司卽所住處
증원효 대성화정국사 의상 대성원교국사 유사즉소주처

立石紀德 以垂無窮
입석기덕 이수무궁

이 《고려사》 기록은 12세기 초에 고려 숙종이 원효와 의상을
'큰 성인[大聖]'으로 선포하고 그들의 공덕을 기록한 비석을 세
워 영원히 전하도록 했다는 사실을 알려 준다. 당시 원효의 저
술과 사상은 인도, 중앙아시아, 티베트, 중국, 일본 등으로 전해
져 추앙받고 있었다. 아직 이슬람 및 유럽 문명권과의 교류가
활발하지 않던 시절이니, 원효는 불교를 매개로 한 문명권 전체
에서 추앙을 받은 셈이다. '큰 성인'이라는 시호에 과장이 없음

을 알 수 있다.

의상(義湘, 625~702)은 앞서 무덤에서 원효와 헤어진 후 홀로 당나라로 건너가 중국 화엄종의 제2조인 지엄에게서 8년간 수학하고 돌아왔다. 신라로 돌아와서는 입적할 때까지 32년 동안 제자 양성과 교단 조직에 전념했다. 부석사·해인사·범어사 등 거대한 화엄십찰을 전국에 세웠고, 화엄경을 강론해 3,000명의 제자를 길러 냄으로써 신라 화엄종의 시조가 되었다. 신라 화엄종이 이후 고려의 화엄종으로 이어지니 그 역시 성인으로 추앙받았던 것이다.

원효와 의상의 길

원효와 의상, 이 두 사람처럼 기묘한 인연이 있을까? 〈그림 28〉과 〈그림 29〉는 〈화엄연기〉에 묘사된 두 사람의 젊은 시절 모습이다.

원효는 당나라 유학을 포기하고 돌아선 후 마음을 찾아 떠돌던 시절 주막과 사창가를 드나들기도 하고 거문고를 연주하며 사당에서 즐기기도 했다는 일화를 그린 것이고, 의상은 홀로 당나라로 건너가 유학하던 시절의 모습을 그린 것이다.

이 그림을 볼 때면 슬며시 웃음이 난다. 그림을 그리도록 한

〈그림 28〉 원효의 젊은 시절[69]　　　　〈그림 29〉 의상의 젊은 시절[70]

묘에쇼닌은 두 사람을 정확히 알고 있었던 것이다. 어쩌면 저리도 절묘하게 표현했을까? 원효의 치켜올린 짙은 눈썹과 눈초리, 거무튀튀한 수염은 그의 강골 기질을 유감없이 드러낸다. 거문고를 타는 자세나 옷매무새 역시 무엇에도 걸림 없이 성과 속을 넘나들었던 대자유인의 면모를 보여 준다. 반면 의상은 그야말로 모범 학승의 모습이다. 얌전한 눈썹과 눈매, 무엇 하나 빠짐 없이 갖춰진 단정한 옷차림, 단정하면서도 진중한 자세…. 의상의 혈통은 진골로 신라의 왕족이다. 6두품인 원효와는 혈통부터가 다른 셈이다. 그는 요즘 말로 하면 정통 엘리트 해외 유학

파라고 할 수 있다. 귀국 후 부석사를 창건할 때도 왕실의 도움을 받았고, 평생을 제도권의 틀 안에서 양지바른 길을 걸었다고 할 수 있다. 하지만 여기서 그친다면 의상의 진면목에 대해 절반만 말한 것이다.

의상이 당나라에 유학하던 시절 스승인 지엄 문하에서 의상과 동문수학한 법장이 스승을 계승해 중국 화엄종의 3조가 되었는데, 그가 자신의 저술인 《화엄경탐현기》를 신라로 보내면서 의상에게 잘못된 것을 바로잡아 주도록 간절히 부탁하는 편지가 남아 있다. 동문수학하던 시절 의상이 법장보다 뛰어난 실력을 보였기 때문이다.

또한 의상은 가난한 서민이나 노비 출신을 구분하지 않고 제자로 받아들였는데, 최측근 제자 가운데 한 사람인 지통(智通)이 노비 출신이었고, 진정(眞定)은 홀어머니를 모시고 품팔이로 생활하던 서민 출신이었다. 의상은 이들 모두를 차별 없이 대함으로써 그가 이끄는 화엄종 교단은 지배층 중심의 귀족 불교에서 벗어나는 모습을 보였다. 의상이 왕족임에도 도성인 경주에 머무르지 않고 영주의 부석사에 주석하면서 전국 각처에 화엄십찰을 개창한 것 역시 도성 중심의 편중된 불교를 넘어서고자 했던 시대적 요청에 응한 것이라고 할 수 있다. 결국 의상역시 자신에게 주어진 길을 통해 시대의 요청에 부응했던 것이며, 그랬기에 성인의 반열에 오를 수 있었던 것이다.

이러한 의상의 길은 어쨌든 제도권의 틀을 벗어나지 않은 것이었으므로 중앙의 불교 교단과 마찰을 빚지 않을 수 있었다. 반면 원효가 택한 길은 달랐다. 무덤에서의 경험으로 마음 바깥에 법이 따로 없음을 깨달았을 때, 원효는 그 마음 하나를 붙잡고 거칠 것 없이 나아갔다. 이때 원효의 모습을《송고승전》은 다음과 같이 묘사하고 있다.

노니는 곳이 일정치 않았으니, 의미의 경계를 용감하게 격파하고 학문의 틀을 웅장하게 가로질러 우뚝했고 굳세었다. 나아갈 때는 앞장서 물러남이 없었다.

遊處無恒 勇擊義圍 雄橫文陣 仡仡然 桓桓然 進無前卻
유처무항 용격의위 웅횡문진 흘흘연 환환연 진무전각

《송고승전》권4, 의해(義解)1, 신라국원효전(新羅國元曉傳)

의상의 화엄종 교단이 가난한 서민이든 노비 출신이든 신분 차별이 없는 평등한 관계를 이루었다고는 하나, 그 역시 피안(彼岸)의 세계라고 할 출가자의 세계에 국한된 얘기였다. 이곳 차안(此岸), 천촌만락에 흩어져 사는 민초들에게도 부처가 되는 길을 열어 주고자 했던 원효는 그 이상으로 나아갔다. 그 결과 원효의 길은 순탄할 수 없었고, 결국 주류 교단으로부터 심하게 배척을 받아 신라 국왕이 100명의 승려를 모시는 대회에도 초청받지 못하는 수모를 당했다.

하지만 결국 원효는 이 모든 수모를 이겨 내고 성인으로 우뚝 섰다. 무슨 힘으로 그럴 수 있었을까? 우선 원효는 독불장군은 아니었다. 뜻을 같이하는 소수의 사형과 동지들이 있었다. 그리고 숱한 사람들의 마음이 거기 있었다. 마음의 바다, 한마음이 거기 있었다. 원효는 마음 바다에 풍덩 뛰어들어 함께 노래하고 춤추며 헤쳐 나갔다. 그리하여 많은 마음이 그와 공명했고 그를 응원했다.

불교 사찰은 흔히 고승과의 인연을 내세우는데, 역대 고승 중 원효만큼 많은 사찰에서 창주로 모시고 있는 분이 없다. 원효와의 인연을 내세우는 사찰은 지금도 전국에 100여 군데가 넘는다. 그리고 각 사찰의 연기 설화 속에서 원효는 신이한 능력으로 활약을 펼친다. 민초들의 사모하는 마음이 그와 같은 연기 설화들을 만들어 내는 것이다.

《삼국유사》는 원효가 탄생한 마을을 사람들이 '불지촌(佛地村)'이라 부르고, 원효의 출산처에 서 있던 나무를 '사라수(裟羅樹)'라 불렀다는 사실을 전한다. 불지촌이란 부처가 태어난 마을이란 뜻이고, 사라수는 석가모니의 출산처에 서 있던 나무이니, 당시 사람들에게 원효를 부처와 동격으로 숭모하는 마음이 있었음을 알 수 있다.

이처럼 많은 마음이 함께했기에 원효에게는 힘이 있었다. 원효는 그 힘으로 사상의 진주를 잉태해 낼 수 있었다. 원효의 사상은 거리에서 민초들과 호흡하며 생명력을 키워 갔기에 힘 있는 것이었다. 그러므로 "먼지와 함께해도 그 진실함은 더러워지지 않았고, 빛을 부드럽게 해도 그 실체는 변하지 않았다". 그리하여 결국 "그 아름다운 명성이 중국과 인도에까지 떨치고" 종국에는 보살로 숭앙받기에 이른 것이다.

한마음의
마지막 가르침

한마음을 미혹시켜 육취를 윤회하는 자는 진리를 떠나 동
요하는 것이요, 법계를 깨달아 한마음을 회복한 자는 진리
로 돌아와 고요한 것이다.

迷一心而往六趣者 去也動也 悟法界而復一心者 來也靜也
미일심이왕육취자 거야동야 오법계이복일심자 래야정야

《목우자수심결(牧牛子修心訣)》

이는 고려의 보조국사 지눌(1158-1210)의 가르침이다. 이를 통
해 원효의 한마음 사상이 13세기 고려에서도 계속 이어짐을 알
수 있다. 이처럼 원효가 정립한 사상은 힘 있는 것이었으므로 그
가 입적한 후에도 한국사의 전개 속에서 면면히 이어진다.[71]

한 사람의 마음이 곧 천지의 마음이며, 한 자기의 마음이 곧
천만인의 마음이다. 애초에 안과 밖, 너와 나의 다름이 있을
수 없다.

一人之心 卽天地之心 一己之心 卽千萬人之心 初無內外
일인지심 즉천지지심 일기지심 즉천만인지심 초무내외

彼此之有異
피차지유이

퇴계선생문집(退溪先生文集)》 권18, 서(書),
기명언이 '심통성정도'를 고칠 것을 거론한 데 대한 답신
[答奇明彦論改心統性情圖]

이는 조선의 퇴계 이황(1501-1570)의 가르침이다. 조선은 '숭
유억불(崇儒抑佛)'을 내세워 공식적으로 유교를 숭상하고 불교
를 억눌렀던 나라다. 하지만 그럼에도 한마음의 관념은 유학자
들에게조차 계속 이어짐을 알 수 있다. '심학(心學, 마음의 학
문)'적 경향이 강하다는 것이 조선 성리학의 특징 중 하나로 거
론될 만큼 조선의 성리학자들은 마음의 문제에 많은 관심을 기
울였다. 조선의 선비들은 모두 '일심(一心, 한마음)'을 수결(手
決)로 사용했고, 또한 사람의 마음을 인심(人心)과 도심(道心)
으로 구분해서 인식했다. 여기서 인심은 생멸의 마음에 해당하
고 도심은 진여의 마음에 해당하는 것이다.

사람은 다 모신 하늘이 있으니, 그 성(性)을 보고 마음을 깨
달음에 이르러서는 하나이니라.

人皆有侍天 及其見性覺心一也
인개유시천 급기견성각심일야

《무체법경》, 〈신통고〉

만법만상이 일체 마음에 갖추어졌으니, 일과 이치가 엇갈리
지 아니하면 나와 하늘이 둘이 아니요 성(性)과 마음이 둘
이 아니니라.

萬法萬相 一切具心 事理不錯 我天不二 性心不二
만법만상 일체구심 사리불착 아천불이 성심불이

《무체법경》, 〈진심불염〉

나는 도시 믿지 말고 한울님만 믿어서라.
네 몸에 모셨으니 사근취원 하단 말가.

〈교훈가〉

이는 모두 동학 경전에 수록된 가르침이다. 이를 통해 한마
음 사상이 동학과도 닿아 있음을 확인할 수 있다. "사람은 다 모
신 하늘이 있다"는 말은, 모든 중생이 진여를 마음에 갖추고 있
다는 말과 통한다. 동학은 이를 바탕으로 모든 사람이 두루 평
등해 일체의 차별이 없음을 말한다. 일찍이 이극로는 천도교 교

리를 요약하면서 "한울님이 다른 데 있지 아니하고 사람의 마음 속에 있을 바"라 밝힌 바 있다.[72] 이처럼 한울님이 다른 데 있지 않고 사람의 마음속에 있다는 가르침을 '내재적 신관'이라 하여 동학 사상의 큰 특징으로 거론하는데, 그 연원을 원효의 한마음 사상과 연결시켜 볼 수 있다.

사실 한국인의 심성은 늘 이 한마음에 머물러 왔다. "우리는 하나"라는 말을 자주 쓰는데, 무엇이 하나라는 말일까? 마음이 하나이며, 하나인 마음이 곧 한마음이다. 한국인의 기본 심성 은 늘 이 한마음을 찾고자 했다. 자기 자신 안에서, 그리고 모두 에게서 이 한마음을 찾고 확인하고 싶어 하는 것이다. 그리하 여 개체의 경계를 넘어 하나가 되고자 한다. 이는 고대의 제천 행사[73]에서부터 2002년 월드컵의 거리 응원에 이르기까지 계속 나타나는 특성이다. 오늘날에도 축제든 시위든 수십만, 수백만 명의 군중이 거리에 모였을 때 다른 나라의 사례와 달리 일절 약탈이나 방화 같은 일탈이 일어나지 않는 것 역시 모두가 한마 음이 되기 때문이다.

원효가 정립한 한마음 사상은 이러한 우리 민족의 집단 무의 식과 일치하기에 그 후로도 한국사의 전개 속에서 면면히 이어 진 것이다.

　그러나 역사의 시간은 유장하게 흐르니, 오늘날에 이르면 원효는 한국인들에게 해골 물 설화 정도로 남아 있는 것이 현실이다.

　고려의 숙종은 원효의 큰 공덕이 드러나지 않음을 슬퍼해 큰 성인[大聖]이라는 시호를 내리고, 그 공덕을 기록한 비석을 세워 영원히 전하도록 했다. 하지만 그로부터 다시 900년 세월이 흐르니 돌로 새긴 비석도 깨어지고, 성인 원효의 큰 공덕은 다시 잊히고 말았다. 시간의 장에 존재하는 그 무엇도 영원한 것은 없으니 그대로 받아들여야 하는 현실일까? 하지만 이웃 나라 일본에서 도리어 원효가 성인으로 존숭받고 있으니, 이는 후손 된 도리가 부족한 것으로 부끄러운 일이다.

　또한 원효가 신의 현현을 규명하고, 인간 정신의 실체를 밝힌 것은 오늘날 더욱 중요성을 갖는 인류사의 위대한 업적이다. 철학, 종교학, 심리학, 인지 과학, 신경과학, 뇌과학, 인공지능 등 각 분야의 연구자들이 계승해서 더욱 발전시켜 나가야 할 것이다.

　원효 사후 한국의 역사는 여러 부침을 겪었지만 오늘날에 이르면 한국의 문화가 한류라는 이름으로 전 세계에서 각광받고 있다. K-팝, 드라마, 영화, 한식에서 시작된 흐름이 K-뷰티, 클래식, 뮤지컬, 애니메이션 등으로 점점 확대 강화되고 있다. 이토록 강한 한류의 성공비결은 무엇일까? 여러 얘기가 나오지만 아직도 잘 모르는 것이 사실 아닐까? 한국인 스스로도 잘 알지 못해 당황하고 있는 것이 현재 상황 아닐까 싶다.

한류의 성공 비결은 금강삼매상의 성공 비결과 같다. 거기에 인간성과 초월성이 같이 있기 때문이다. 인간성은 초월성을 여의지 않고, 초월성은 인간성을 여의지 않음을 표현했다. K-팝이 전하는 메시지, 〈오징어게임〉이나 〈K-팝 데몬 헌터스〉 등은 모두 이를 표현한 것이다. 인간은 유한하며 그래서 약점이 많지만 그럼에도 인간이 초월성을 여의지 않았음을 표현했다. 이 사실이 인간의 영혼을 치유하며 감동을 주는 것이다.

같이 있을 수 없는 인간성과 초월성이 같이 있는 리언절려의 경지는 사람의 여한 모습이며 참모습이다. 그리하여 예술의 영원한 테마가 된다. 그 경지를 표현하기 위해 과거에는 불상이라는 예술이 요청되었고, 오늘날에는 한류라는 예술이 요청되고 있다.

그 경지는 인간의 마음에 대한 깊은 이해가 있어야 표현 가능한 것이다. 좁은 자아의식을 마음의 전부로 아는 얕은 이해로는 그와 같은 경지에 도달 불가능이다. 오늘날 한류에서 길작이 끊임없이 이어지는 것은 금강삼매상을 조형해 낸 그 마음이 아직 한국인에게 남아있기 때문이다. 그러나 점점 잊혀 가고 있는 것이 또한 사실이다.

한편 한국은 21세기에 이르러 선진국으로 올라섰다. '선진(先進)'이란 남보다 앞서 나간다는 뜻이니 한국이 선진국이 되었다는 것은, 이제 더 이상 남의 뒤를 따라가겠다고 해서는 한 발자 국도 앞으로 나갈 수 없다는 말이다. 이제 우리도 독자적인 우 주론과 인간관을 세워야 할 때가 이른 것이다. 우리 한국인이 바라보는 우주는 어떤 모습인가? 우리가 생각하는 '인간'은 어떤 존재인가? 이에 대한 선명한 답이 우리 안에 없다면, 우리는 막 막한 공간의 두려움 속에서 무방비 상태로 고통받게 된다. 다른 무엇도 아닌 자신의 마음을 주체로 세우고 붙들면 의연하게 나 아갈 수 있다는 금강삼매의 가르침이 더욱 절실한 때가 지금이 라고 하겠다.

그래서 국립중앙박물관에 사유의 방을 개설한다는 소식을 들 었을 때 매우 기뻤다. 사유의 방에 금강삼매상이 탑으로 우뚝 섰기 때문이다.

'국립중앙박물관'이란 한국인의 박물관이고, 한민족이 살아 있는 한 영원할 것이다. 그곳에서 원효 사상의 정수라 할 금강 삼매의 미소도 영원할 것이다. 다만 그곳에 모셔진 두 분의 보 살상이 바로 '금강삼매상'이며, 원효 사상의 정수를 담고 있다는 사실을 한국인들이 알지 못하고 있다. 그래서 부족하나마 이 책 을 쓰기에 이른 것이다.

일체의 모든 존재는 오직 한마음일 뿐이다. … 일체 중생은
한마음의 유전이 아님이 없다. … 단지 무명으로 말미암아
꿈을 따라 유전하는데… 마침내 한마음 본원으로 돌아가지
않음이 없다.

一切諸法 唯是一心 … 一切衆生 莫非一心之流轉 … 但由
일체제법 유시일심 … 일체중생 막비일심지유전 … 단유

無明 隨夢流轉 … 無不終歸一心之源
무명 수몽유전 … 무부종귀일심지원

《금강삼매경론》 권상(上), 〈무상법품(無相法品)〉

삼매상은 꿈을 따라 유전하다가 무명과의 싸움을 이겨 내고
한마음 본원을 회복한 모습이다. 사람의 여한 모습이며 참모습
이다.

사유의 방은 금강삼매의 방이다. 그 방에는 한마음의 장이 펼
쳐서 있다. 우리가 그 방에 들어가는 깃은 한마음의 징에 들이
가는 것이다. 우리가 그 방에서 감동을 느끼는 이유는 나의 마
음이 한마음과 공명하기 때문이다.

삼매상은 사람의 원형이다. 그러므로 그 미소 역시 인간의 미
소의 원형이다. 그 미소에는 당신의 미소가 어려 있고, 원효의
미소가 어려 있다.

저자 후기

여기까지 읽어 주신 독자께 감사드린다.

여기까지 읽어 주신 분이라면 원효의 사상에 공감하신 분이라 보고 좀 더 덧붙여 말씀드리고 싶다.

필자는 책의 본문 중에서 사유의 방에 있는 두 분의 보살상을 '금강삼매상'으로 칭했다. 상의 명칭이 정식으로 이렇게 바뀌었으면 하는 것이 필자의 생각이다.

내가 그의 이름을 불러주기 전에는

그는 다만

하나의 몸짓에 지나지 않았다

내가 그의 이름을 불러주었을 때,

그는 나에게로 와서

꽃이 되었다

김춘수, 〈꽃〉

　김춘수 시인의 말처럼 우리가 바른 이름을 불러 줄 때 꽃이 되는 법이다. 우리가 두 보살상의 빛깔과 향기에 알맞은 바른 이름을 불러 줄 때 두 상은 꽃으로 피어날 것이다.

　두 분의 상을 '반가사유상'으로 부르면, 이는 겉으로 보이는 모습만을 나타낸 이름이라 결국 형태적 아름다움이나 온화한 미소 등 겉모습만 보게 된다. 반면 '금강삼매상'으로 부르면 거기에 담긴 의미와 정신세계를 알고 싶고, 공부하고 싶은 마음이 생긴다.

　오늘날 한류가 세계적으로 각광받으면서 'K-철학' 또는 'K-사상'을 찾는 움직임이 학계에서 일고 있는데, K-사상의 원형이 바로 여기에 있다. 금강삼매상이 K-사상의 원형을 표상한 예술품인 것이다. 금강삼매상은 7세기에 한국인이 도달했던 정신세계를 형상화한 것으로, 그 수준을 유감없이 보여 준다. 우리가 두 보살상을 '금강삼매상'이라고 바른 이름으로 부를 때 선조들이 남겨 준 K-사상이 살아날 것이며, 두 유물도 제 가치를 찾을 것이다.

그때라야 이처럼 멋진 사상과 유물을 남겨 준 선조들께 부끄럽지 않은 후손이 될 수 있을 것이다.

○

손오공과 삼장법사
그리고 원효

《서유기(西遊記)》는 손오공, 저팔계, 사오정이 삼장법사를 모시고 서역의 천축국(인도)으로 가 불교 경전을 구해 오는 과정에서 펼쳐지는 모험을 담고 있다. 여행길에 삼장법사가 자꾸 요괴들에게 납치되면서 온갖 우여곡절이 벌어진다. 법사는 위기가 닥치면 "아이고, 오공아"를 외칠 뿐 무기력하기만 하다.

그런 대목이 반복되다 보면 얼핏 이런 생각을 하게 된다. 삼장법사는 빠지고 손오공 일행만 후딱 가서 불경을 실어 오면 안 될까? 연약한 삼장법사가 꼭 가야만 하는 이유는 무엇인가?

삼장법사의 실존 모델이 바로 현장법사(600~664)다. 그는 천축국을 다녀오고 나서 《대당서역기(大唐西域記)》라는 여행 기록을 남겼고, 서유기는 이러한 현장법사의 체험을 바탕으로 한 것이다. 그런데 현장법사가 불경 수집과 공부를 마치고 천축국을 떠날 때 남긴 에피소드를 보면, 어째서 연약한 현장법사가 그 먼 인도까지 직접 가야만 했는지 이유를 알 수 있다.

현장이 막 귀국길에 오르려 하던 640년에 마침 천축의 왕 계일(戒日, Śīlāditya)이 '비량(比量)'이라는 것을 겨루는 무차(無遮) 대회를 개최한다. 무차 대회란 누구의 참여도 차단함이 없이 받아들이는 대회를 말한다. 혈통이 어떻든, 지위가 어떻든, 부자든 가난한 자든 누구나 지혜를 겨루고 싶은 자는 동등하게 참여할 수 있는 대회인 것이다. 이러한 대회가 국왕의 주최로 열리고 있으니 인도에서 철학이 발전한 이유를 알 수 있다.

대회 참여에는 국적도 상관없었으니 천축에 머물며 비량을 배웠던 현장법사는 천축 방문 기념으로 대회에 참여하기로 한다. 그리고 대회에서 아무도 예상치 못한 신기한 비량을 제시함으로써 온 천축을 발칵 뒤집어 놓게 된다.

비량(比量)이란 '견주어서 헤아린다'는 뜻으로, 우리가 이미 아는 사실에 견주어서 아직 알지 못하는 사실을 추론하는 것을 말한다. 예를 들면 산에서 연기가 올라가는 것을 보고, 저 산에 불이 났다고 추론하는 것과 같다.

이러한 비량은 진리를 알아 가는 방식 중 하나이니, 일찍부터 불교에서는 이 비량이 불법의 진리를 깨치기 위한 하나의 방법론으로 자리 잡아서, 일종의 불교 논리학으로 발전했다.

그리하여 진나(陳那, Dignāga, 480~540년경) 보살에 이르면 효율적인 비량을 위해 '삼지작법(三支作法)'이라는 논리 전개의 틀이 제시되었는데, 위 산불의 사례를 삼지작법의 틀에 따라 제시하면 다음과 같다.

주장(종宗): 저 산에 불이 났다.

근거(인因): 연기가 나기 때문이다.

사례(유喩): 아궁이의 경우가 그러하다.

이렇게 제시하면 하나의 완결된 비량이 된다. 이러한 논리 전개의 틀에 맞춰 불교에서는 다음과 같은 방식으로 논리를 전개한다.

주장(종): 소리는 무상하다.

근거(인): 만들어진 것이기 때문이다.

사례(유): 항아리의 경우가 그러하다.

이러한 진나의 삼지작법은 아리스토텔레스의 삼단논법과 유사한 것이다. 이 비량을 삼단논법으로 바꾸면 다음과 같다.

삼단논법	삼지작법
대전제: 만들어진 모든 것은 무상하다.	주장(종): 소리는 무상하다.
소전제: 소리는 만들어진 것이다.	근거(인): 만들어진 것이기 때문이다.
결론: 소리는 무상하다.	사례(유): (만들어진 모든 것은 무상하다) 항아리의 경우가 그러하다.

삼단논법과 삼지작법의 차이는 하나의 사례(항아리의 경우)를 제시하는 대신 '만들어진 모든 것은 무상하다'고 하는 일반적 진술(법칙)을 제시한다는 점이다. 그리고 논리 전개 순서가 정반대가 되고 있다. 어째서 이러한 차이가 빚어지는 것일까?

장민석이 지적한 바와 같이[74] 불교의 공(空) 사상과 연기 사상의 영향일 것이다. 공 사상에 의하면 고정된 법칙이나 대전제라는 것은 있을 수 없다. 그러므로 위 삼단논법과 같이 일반적 법칙(대전제)으로부터 개별적 결론을 이끌어 내는 연역법 방식의 논리 전개는 불교와 맞지 않는다. 대신 연기설이 말하듯 서로 관계를 맺는 가운데 여러 현상이 생겨나니 구체적 사례를 제시하는 것은 가능하다. 그러므로 《삼매경》에서 부처 역시 다음과 같이 구체적 사례를 비유로 들어 불자의 깨우침을 돕는다.

부처님께서 말씀하셨다.

"앎이 없고 생겨남이 없는 마음이란 마음에 형체가 없는 것이니라.

마치 불의 성질이 비록 나무 속에 있지만 정해진 처소가 없는 경우와 같다.

결정된 성품이기 때문이니, 다만 이름과 글자가 있을 뿐 그 성질은 얻을 수가 없느니라."

佛言 無忍無生心者 心無形段 猶如火性雖處木中
불언 무인무생심자 심무형단 유여화성수처목중

其在無所 決定性故 但名但字 性不可得
기재무소 결정성고 단명단자 성불가득

《금강삼매경론》 권중(中), 〈무생행품(無生行品)〉

위에서 "마치 불의 성질이⋯ 경우와 같다"는 구절이 바로 구체적 사례를 비유로 든 것이다. 이처럼 불교에는 석가모니 이래로 추상적 진리를 구체적 비유 사례를 들어 납득시키는 비유 설법의 전통이 있었다.

삼지작법은 바로 이러한 불교의 사상적 전통 위에 성립한 것이어서, 일반적 법칙(대전제)이 아니라 구체적 사례를 제시하는 방식이 된 것이다. 대신 진나는 삼지작법이 올바른 추론이 되기 위해 근거(인因)가 갖춰야 할 세 가지 조건을 아래와 같이 제시했다(근거의 세 조건).

(1) 근거는 주장의 주어와 어긋나지 않아야 한다: 앞쪽의 소리에 관한 비량을 예로 들면, 소리는 만들어진 것이어야 한다. 소리가 만들어진 것이 아니라면 근거가 성립하지 않으니 당연한 조건이라고 하겠다.

(2) 근거에 해당하면서 주장의 술어에 부합하는 것이 있어야 한다: 만들어진 것 중에 무상한 것이 있어야 한다는 말인데, 이러한 것을 구체적 사례로 제시하는 것이니, 이 조건은 사례를 제시할 수 있어야 한다는 말이 된다. 역시 당연한 조건이다.

(3) 근거에 해당하면서 주장의 술어와 다른 것은 없어야 한다: 만들어진 것 중 무상하지 않은 것(즉 영원히 변치 않는 것)은 없어야 한다. 이 조건이 지켜지지 않으면 앞쪽의 소리에 관한 주장 역시 깨지게 된다.

이러한 세 조건을 통해 아래와 같은 비량을 검토해 보자.

주장: 정조는 장수했다.
근거: 조선의 국왕이기 때문이다.
사례: 영조의 경우가 그러했다.

(1) 근거는 주장의 주어와 어긋나지 않아야 한다: 정조는 조선의 국왕이니 1번 조건을 충족한다.

(2) 근거에 해당하면서 '주장의 술어와 같은 것'[이를 동품(同品, 같은 것)이라고 부른다]이 있어야 한다: 있다. 그러한 사례로 영조를 제시했다. 2번 조건 충족.

(3) 근거에 해당하면서 '주장의 술어와 다른 것'[이를 이품(異品, 다른 것)이라고 부른다]은 없어야 한다: 조선의 국왕 중 장수하지 못한 왕은 없는가? 있다. 단종은 16세, 예종은 19세로 단명했다. 3번 조건 미충족. 그러므로 위 비량은 타당한 추론이 아니다.

이상의 세 조건을 보면, 1번과 2번 조건은 추론이 추론으로 성립하기 위한 기본 조건이고, 3번 조건이 핵심임을 알 수 있다. 이 조건을 통해 일반적 법칙 대신 구체적 사례를 제시하는 비량의 논리 전개 방식을 보완하고 있으며, 이를 통해 추론의 타당성이 검증된다.

이러한 삼지작법으로 자신의 주장을 펼치려면, 우선 주장하는 바를 내놓고 그와 같은 주장의 근거를 댄 후, 근거 중에 동품(주장의 술어와 같은 것)을 사례로 제시하고 혹시 이품(주장의 술어와 다른 것)은 없는지 살피면 된다.

이처럼 삼지작법을 바로 서게 하는 것이 근거(인, 因)이므로, 이러한 불교 논리학을 '인명학(因明學, 근거를 명확히 하는 학문)'이라고 부른다.

이상의 비량에 대한 기본 지식을 바탕으로 현장이 무차대회에서 제출한 비량에 대해 살펴보자.

대회는 불법의 진리를 밝히는 멋진 비량을 제시해서 누구의 비량이 최고인지를 겨루는 것인데, 현장은 다음과 같이 '만법이 오직 식일 뿐임[만법유식(萬法唯識)]'을 논증하는 비량을 고안해서 제출했다.

(*실제로는 아래 문장에 한정사(限定詞)가 덧붙어 있는데, 내용의 핵심을 이해하기 쉽도록 하기 위해 생략했음을 밝혀 둔다.)

주장: 색(色)은 안식(眼識)을 벗어나 있지 않다.

근거: 안계(眼界)의 3계열[안근(眼根), 색경(色境), 안식]에 포함되면서 안근에는 포함되지 않기 때문이다.

사례: 안식의 경우가 그러하다.[75]

현장은 우선 "색(色)은 안식(眼識)을 벗어나 있지 않다"는 주장을 내세웠다. 당시 소승불교 측에서는 색(色)을 외계에 실재하는 대상으로 간주했기 때문에, 색이 안식을 벗어난 것이 아님을 논증하려 한 것이다. 색(色)은 만법의 상(相)을 대표하는 것이니, 이 주장이 입증된다면 곧 만법이 오직 식일 뿐임이 증명된다. 그런데 이어지는 근거와 사례가 아리송하다.

우선 근거에 등장하는 "안계(眼界)의 3계열"이란 우리가 눈으로 색을 보는 과정에 관여하는 안근과 색경, 안식 셋을 가리킨다(174쪽 〈표 1〉 참조). 이를 바탕으로 우선 현장의 비량이 근거의 세 조건을 충족하는지 살펴보자.

(1) 근거는 주장의 주어와 어긋나지 않아야 한다: 주장의 주어인 색은 안계의 3계열에 포함되면서(색경) 안근에는 포함되지 않으니 1번 조건을 충족한다.

(2) 근거에 해당하면서 주장의 술어와 같은 동품이 있어야 한다: 우선 근거에 해당하는 것이 무엇인지 먼저 살피면, "안계의 3계열에 포함되면서 안근에는 포함되지 않는다"고 했으니, 안근과 색경, 안식 3계열 중 안근이 탈락하여 색경과 안식 두 가지가 남는다. 이처럼 근거에 해당하면서 주장의 술어와 같은 "안식을 벗어나 있지 않은" 것이 있는가? 있다. 그러한 사례로 안식을 제시했다. 2번 조건 충족.

(3) 근거에 해당하면서 주장의 술어와 다른 이품은 없어야 한

다: 근거에 해당하는 색경과 안식 두 가지 중 주장의 술어와 다른 것, 즉 안식을 벗어나 있는 것은 없는가? 없다. 색경은 그 자체가 지금 진행 중인 논의의 대상이므로 사례로 쓸 수 없어 제외되고, 안식은 안식을 벗어나 있지 않으므로 탈락한다. 그러므로 3번 조건을 충족한다.

이상의 검토 결과를 보면, 현장은 주장의 근거를 교묘하게 제시함으로써 근거에 해당하는 것의 범위를 매우 좁혔음을 알 수 있다. 이를 통해 근거의 세 조건을 충족시키고 있다. 예를 들어 근거의 서술에서 '안계의 3계열에 포함되면서'라는 말이 빠질 경우 비량은 다음의 모습이 된다.

주장: 색(色)은 안식(眼識)을 벗어나 있지 않다.
근거: 안근에 포함되지 않기 때문이다.
사례: 안식의 경우가 그러하다.

이 경우 3번 조건은 깨진다. 안근에 포함되지 않는 것 중 안식을 벗어나 있는 것이 없는가? 있다. 예를 들어 6근 중 안근을 제외한 이근, 비근 등이 있다.

근거의 서술에서 '안근에 포함되지 않는다'는 말이 빠질 경우는 비량이 다음과 같다.

　　주장: 색(色)은 안식(眼識)을 벗어나 있지 않다.
　　근거: 안계의 3계열(안근, 색경, 안식)에 포함되기 때문이다.
　　사례: 안식의 경우가 그러하다.

　이 경우도 3번 조건은 깨진다. 안계의 3계열에 포함되는 것 중 안식을 벗어나 있는 것이 없는가? 있다. 안근이 그에 해당한다.

　결국 현장은 주장의 근거를 교묘하게 제시함으로써 근거의 세 조건을 충족시키고 있다. 이는 사실 삼지작법의 논리 전개 틀을 왜곡한 궤변이다. 만법유식은 진리지만, 저렇게 아리송한 근거와 사례로는 논증된 것이 아니다. 즉 현장이 제시한 비량은 타당한 추론이 아닌데, 문제는 아무도 현장의 비량에서 무엇이 잘못되었는지를 딱 집어 낼 수 없었다는 점이다. 당시까지 인도에서 이런 비량은 출현한 적이 없기 때문에 온 천축국이 발칵 뒤집혔던 것이다.

　비량은 평소 천축의 논사들이 자신의 주장을 증명하기 위해 자주 활용하던 논지 전개의 틀이었다. 익숙하게 활용하던 도구인데 난데없이 생소한 비량이 출현했기에 충격이 아닐 수 없었고, 그에 따라 온 천축의 논사들이 현장의 비량을 논파하기 위해 매달렸다. 하지만 천축의 논사들 가운데는 이 비량을 깰 수 있는 사람이 없었다. 결국 논사들은 '진나보살이 환생하지 않고서는 이 비량을 풀어낼 수 없을 것이다'라고 말했다. 그리고 그제서야 동방에서 귀인(貴人)이 천축을 찾았음을 알고 현장법사를 흠모하게 되었다.

애초에 현장법사가 그 먼 인도까지 직접 가야만 했던 이유는 바로 이 때문이다. 현장법사는 육체의 힘에 있어서는 그 시자인 손오공, 저팔계, 사오정보다 약하지만 불법의 진리를 이해하는 지혜의 힘이 있었던 것이다. 그래서 손오공 등을 시자로 거느릴 자격도 있는 것이다. 이는 그대로 힘에 있어서는 코끼리보다 못하고, 속도에 있어서는 사자보다 못한 인간이 어째서 만물의 영장인지를 보여 주는 비유에 해당한다.

이듬해인 641년 많은 경전과 불상을 가지고 천축을 출발한 현장법사는 645년 당나라의 수도 장안에 도착한다. 귀국에만 4년이 걸렸고, 도중에 힌두쿠시 산맥과 파미르 고원을 넘어야 하는 험로로 말 그대로 목숨을 건 여행길이었다. 무사히 장안에 도착한 현장법사는 오늘날의 아이돌 스타와 같은 열광적인 환영을 받는다. 불교에 대한 종교 열정이 절정을 이루던 시기 오직 불법의 진리를 구하고자 천축으로 목숨을 건 여행을 다녀온 현장은 인류에게 불을 전해 준 프로메테우스 같은 느낌이 있었다. 조정과 민간을 막론한 대환영을 받았으며, 동아시아 각국에 소문이 퍼져 당나라 불교 유학이 붐을 이뤘다. 원효와 의상이 애초에 당나라로 유학을 떠나고자 했던 이유도 현장의 문하에서 공부하기 위해서였다고《송고승전》은 전한다.

현장법사 본인은 조정에서 중신으로 활동해 달라는 당 태종의 권유를 사양하고 승려로 머물렀다. 여생을 가져 온 경전의 번역 작업에 매달려 74부 1,335권을 한문으로 옮겼다. 또한 인명학(因明學)의 교재인《인명입정리론(因明入正理論)》과《인명정리문론(因明正理門論)》을 한문으로 번역함으로써 동아시아에 인명학을 보급했다.

현장이 천축에서 제시했던 비량은 '유식비량(唯識比量)'이라 하여 동아시아에도 널리 알려졌다. 당나라에서도 현장의 비량을 깰 수 있는 사람은 아무도 없었다. 그리하여 문궤(文軌) 법사 같은 이는 자신의 저서《광백론소(廣百論疏)》에서 다음과 같은 서원을 말했다. "진나보살이 아니고서 이 비량을 해석할 사람은 없다. 만일 이 비량의 허물을 지적하는 사람이 있다면 나는 그를 위해 신하가 되겠다."[76] 이러한 문궤 법사의 서원 역시 동아시아에 널리 알려짐으로써 현장과 유식비량에 신화를 더 보태었다.

이윽고 유식비량은 신라의 원효에게까지 알려졌다. 이를 본
원효는 다음과 같이 말하고 있다.

여기에 사용된 근거는 애써 만든 것이긴 하지만 아무 효력
이 없다. … 이를테면 저 소승 측에서는 비량을 세워 다음과
같이 말할 것이다.
(주장) 색은 반드시 안식을 벗어나 있다.
(근거) 안계의 3계열(안근, 색경, 안식)에 포함되면서 안식
에는 포함되지 않기 때문이다.
(사례) 안근의 경우가 그러하다.[77]

《판비량론(判比量論)》

원효는 현장의 유식비량과 정반대로 "색은 반드시 안식을 벗
어나 있다"는 주장을 비량으로 세웠다. 게다가 유식비량의 논지
전개 틀을 그대로 활용해 제시했다. 이 비량이 근거의 세 조건
을 충족하는지 따져 보자.

(1) 근거는 주장의 주어와 어긋나지 않아야 한다: 주장의 주
어인 색은 안계의 3계열에 포함되면서 안식에는 포함되지 않는

다. 1번 조건 충족.

(2) 근거에 해당하면서 주장의 술어와 같은 동품이 있어야 한다: 근거에 해당하는 것은 안계의 3계열인 안근, 색경, 안식 중 안식이 탈락해 안근과 색경 두 가지다. 이 중에서 주장의 술어인 "안식을 벗어나 있는" 것이 있는가? 있다. 그러한 사례로 안근을 제시했다. 2번 조건 충족.

(3) 근거에 해당하면서 주장의 술어와 다른 이품은 없어야 한다: 근거에 해당하는 안근과 색경 두 가지 중 주장의 술어와 다른 것, 즉 안식을 벗어나 있지 않은 것은 없는가? 없다. 안근은 안식을 벗어나 있으므로 탈락하고, 색경은 그 자체가 논의의 대상이므로 사례로 쓸 수 없어 제외된다. 따라서 3번 조건 충족.

원효가 제시한 비량은 유식비량의 '맞대응' 버전이라고 할 수 있겠는데, 안근, 색경, 안식이라는 3계열 중 안근과 안식의 대칭성을 이용한 기상천외한 반격이다. 이를 통해 원효는 "색은 안식을 벗어나 있지 않다"고 주장한 유식비량과 이율배반(二律背反)인 비량을 제시한 것이다. 이율배반이란 논리적으로 동등한 근거를 가지면서도 양립할 수 없는 모순된 두 명제가 동시에 성립하는 상황을 말한다. 이를 통해 애초에 현장이 주장을 뒷받침하고자 제시했던 근거가 상호 모순되는 명제에도 동등한 타당성을 부여하기에 오류가 있다는 사실을 밝힌 것이다.

이러한 원효의 비판이 제기된 후 동아시아 지식 사회의 반응은 어떠했을까?

당시 신라에는 승려 순경(順璟)이 있었는데, 그는 당나라 유학 시절 현장의 문하에서 인명학을 공부했던 사람이다. 그는 원효의 비판을 접하고서 이를 편지로 적어 당나라의 현장법사에게 보냈다. 하지만 편지가 도착한 시점은 현장의 입적 후 이미 2년이 지난 시점이어서[78] 현장과 원효의 대면은 이번에도 이뤄지지 못했다.

당시 현장 대신 순경의 편지를 받아 든 주변 논사들의 반응이 어떠했는지는 일본의 장준(藏俊)이 12세기에 찬술한 《인명대소초(因明大疏抄)》에 다음과 같이 전하고 있다.

이때 논사 등 모두는 동쪽을 향해 세 번 절하고 존중하며 찬탄했다. … 이런 뜻이 있는 까닭에 (동쪽 신라에서) 진나보살이 환생했음을 알았다.[79]

천축에서 당나라를 거쳐 신라에 이르기까지 아무도 풀이할 수 없었던 유식비량을 논파함으로써 원효가 불교 문명권 전체에 진나보살의 환생으로 우뚝 서는 순간이었다.

이는 애초에 원효가 의상과 함께 유학길에 올라 현장 문하에
서 공부하려다가, 무덤에서 대오(大悟)한 후 발길을 돌리면서
읊조렸던 유심게의 내용과 그대로 부합하는 순간이기도 하다.

삼계는 오직 마음일 뿐이요 [三界唯心]

만법은 오직 식일 뿐이로다 [萬法唯識]

마음 바깥에 법이 없는데 [心外無法]

어찌 따로 구하고자 애쓰겠는가 [胡用別求]

'삼계유심 만법유식(三界唯心 萬法唯識)'의 이치를 깨닫고
발길을 돌린 원효는 그대로 신라 땅에 머무르며 현장이 번역 소
개한 인명학 교재로 공부했다. 그리고 현장을 넘어섰다. 현장이
만법유식을 입증하고자 세웠던 유식비량을 원효가 논파했으니
묘하게 상징적이기도 하다.

마음을 찾아 여행을 떠난 후 원효는 오직 마음 하나를 붙들고
서 무엇에도 걸림 없이 나아갔다. 단지 현장만이 아니라 그 어
떤 권위도 원효를 위축시키지 못했다.

프롤로그에서 인용했던 《발심수행장》 구절은 원효의 마음공
부 자세가 어떠했는지를 알게 한다. 그는 오직 불법의 진리만을
의지로 삼아 마음이 이끄는 대로 나아갔던 것이다. 그 결과 그

는 문명 세계 전체에 우뚝 설 수 있었다.

원효는 자신의 인명학 연구를 종합해《판비량론(判比量論)》('비량을 비판하는 논서'라는 뜻)이라는 저술을 남겼다. 그 내용을 보면 현장만이 아니라 호법, 승군 등 인도의 전설적인 논사들을 모두 논파한다. 그리하여《판비량론》은 동아시아 각국 불교 학자들의 저술에 필수적으로 인용되어 등장하고 있다. 이러한 원효의 궤적을 좇느라면 '보살', '성인', '진나보살의 환생' 등으로 칭해졌던 그에 대한 찬사가 전혀 과장이 아님을 알 수 있다.

○

국보 78호상의 제작국과
제작 시기

국보 78호상과 83호상은 우리 역사가 낳은 기념비적인 작품이지만, 애석하게도 우리는 이 두 작품에 대해 어떤 문자 기록도 가지고 있지 못하다. 이러한 상황에서 관련 학계는 어떠한 시사점이라도 얻어보고자 금동의 성분을 분석하는 과학적 연구를 실시하기도 했지만 별다른 특이점이 나오지 않았다. 상황이 이렇다 보니 학계에서는 이 두 작품의 양식을 분석함으로써 제작국과 제작 시기를 밝히려 애써 왔다. 선학들이 노력한 결과로 83호상의 경우는 이제 신라의 작품으로 보는 데 큰 이견이 없게 되었으나, 78호상의 제작국에 관해서는 여전히 의견이 엇갈려 연구자 간의 견해를 좁히지 못하고 있다.

78호상의 제작국에 대해서는 고구려, 백제, 신라로 추정하는 학설이 모두 존재한다.[80] 이처럼 한 작품의 제작국을 두고 세 가지로 의견이 엇갈리는 경우도 드문데, 이처럼 제작국이 쉽게 결정이 나지 못하는 이유는, 역시 양식적인 추정 이상의 확실한 근거가 없기 때문이다.[81]

이러한 상황에서 필자가 78호상을 금강삼매상으로 본다는 것은, 78호상의 제작국을 신라로 보는 견해에 따름을 의미한다. 이러한 추정은 지금까지 이 책의 본문을 통해 살핀 바와 같이 당시의 사회적, 종교적 맥락을 고려한 것이며, 상에 내재한 정신적 조형 원리에 바탕을 둔 것이다. 일찍이 김원룡은 78호상에 대해 "백제 지방에서 발견되는 불상들의 명랑하고 개방적인 성격과는 달리 어딘지 내성적이고 접근하기 힘든 냉철성을 띠고 있는 것은 이 불상이 신라 지방의 제작이 아닐까 생각하게 하는 것이다"[82]라고 했는데, 이러한 견해에 동의한다. 78호상이 구체적 표현에 있어 83호상과 다른 점이 있지만, 이는 마치 다보탑과 석가탑이 구체적 표현에 있어 다른 점이 있지만 둘 다 불국사 경내에 나란히 서 있는 신라탑인 것과 같다고 할 수 있다.

78호상의 제작 시기 역시 작품의 양식을 바탕으로 한 추정 이상의 확실한 근거가 없기 때문에 연구자에 따라 6세기 후반으로 보거나 7세기 전반으로 보는 서로 다른 견해가 존재한다. 6세기 후반으로 보는 견해의 중요한 한 가지 근거는, 78호상이 몸에 걸친 천의(天衣)가 6세기 전반 중국의 북위(北魏)에서 유행한 양식이라는 점이다. 하지만 이에 대해 78호상이 중국의 수나라(隋, 581 ~ 619년) 불상에서 유행한 보관과 허리에 매단 요패의 모티프를 취한 후 독자적으로 변형하고 있다는 사실을 새로 밝히고, 이를 근거로 7세기 전반에 제작된 것으로 보는 견해가 제기된 바 있다.[83] 78호상의 천의 양식은 7세기 전반에 조성된 경주 분황사의 금강역사상에 나타나고 있기도 하므로,[84] 천의의 양식만으로는 6세기 후반으로 한정할 수 없다고 하겠다.

이와 관련하여 일본의 게이운사(慶雲寺)에서 소장하고 있는 반가사유상이 그 제작 기법으로 볼 때 한국에서 제작된 상으로 추정하는 연구[85]가 발표된 사실이 눈길을 끈다. 이 불상은 78호상과 동일하게 어깨를 덮고 X자형으로 교차하는 천의를 걸치고 있는데, 중국의 남북조 시대로부터 수나리를 거쳐 당나라 초기에 이르는 폭넓은 시대의 양식에 영향을 받은 부분이 나타나고 있다. 그에 따라 일본 측 연구에서는 이 불상의 제작 시기를 '7세기 이후'로 폭넓게 열어 두고 있다.

그러므로 이러한 게이운사 불상의 사례를 통해서도 78호상의 천의가 6세기 전반 중국의 남북조 시대 북위에서 유행하던 양식이라는 점을 근거로 제작 시기의 하한을 설정할 수 없다는 사실을 거듭 확인할 수 있다. 불상이 어느 시대의 양식을 하고 있다는 것은, 그 시기 이후에 제작되었다는 시기의 상한선을 보여 줄 뿐 이를 근거로 제작 시기의 하한을 단정할 수는 없는 것이다. 불상의 작가는 필요에 따라 이전 시기의 여러 양식을 끌어다 쓸 수 있다. 이 책 본문(301쪽)을 통해 78호상의 천의 양식이 상의 몸통이 작고 가늘다는 사실을 가려 주는 장치가 되고, 또한 관람자의 시선을 몸통의 가운데로 모아 주는 역할을 함으로써 관람자가 조각상의 몸통이 너무 가늘다는 사실을 의식하지 않게 된다는 점을 제시한 바 있다. 이러한 조형상의 필요 때문에 78호상의 작가가 이전 시기의 양식을 끌어다 썼다고 본다.

78호상의 제작 시기에 대해 필자는 7세기 후반에서 8세기 전반에 이르는 시기로 추정한다. 현재 학계에서는 원효의 금강삼매경 집필 시기를 문무왕 재위기(661~681년)로 보므로, 이를 기준점으로 삼아 추정할 수 있다. 금강삼매의 이념이 금강삼매상과 《금강삼매경》을 낳았는데, 관련 기록이 부재하므로 양자의 선후 관계를 특정할 수는 없다. 다만 굳이 언급해 본다면 금강삼매상의 최초 출현 시점은 《금강삼매경》보다 앞설 것으로 본다. 하나의 이념이 탄생하고도 그것이 완성된 경전의 형태로 정립되기까지는 시간이 걸리는 법임에 비해, 대중 불교 운동의 전개 양상으로 볼 때 새로운 신앙의 열정은 자신의 이념을 형상화한 불상을 열망했을 것으로 보기 때문이다. 하지만 삼매상의 최초 출현 시점 이후로도 여러 번 불상이 제작되었을 것이므로 현재의 78호상 자체는 금강삼매경보다 늦게 제작되었을 수도 있을 것이다.

○

국보 83호상의
제작 시기

국보 83호상의 경우는 그 제작국을 신라로 보는 데 연구자들 간에 큰 이견이 없지만, 제작 시기에 대해서는 이견이 존재한다. 우선 학계의 다수설은 그 제작 시기를 7세기 전반으로 추정하고 있는데,[86] 그 이유는 본문에서도 살펴본 일본의 국보 1호 고류사(廣隆寺) 목조반가상과의 관계로 미루어 추정하는 것이다.[87]『일본서기(日本書紀)』623년조(條)에는 '신라에서 가져온 불상을 고류사에 모셨다'는 기록이 있는데, 이를 현존하는 목조반가상이라고 추정하는 것이다. 하지만 고류사에는 반가상이 1점 더 있고, 화재로 인한 소실 가능성도 있는 등『일본서기』의 기록이 현재의 목조반가상을 가리킨다고 단정하기는 어렵다.[88]

게다가 일찍이 김화영은 상의 왼발이 놓인 족좌의 연화문 형태가 통일신라에 이르러서야 등장하는 형태라는 점을 근거로 해서 83호상이 통일신라 이후의 상일 가능성이 크다고 주장한 바 있다.[89] 이 때문에 족좌의 연화문은 일단 상이 주조되고 나서 통일신라에 이르러 상을 수리하면서 덧붙여진 것으로 추정하던 것이다.[90] 하지만 최근 과학적 조사를 통해 〈그림 30〉에서 보는 바와 같이 족좌의 수리 부위의 정확한 연결 상태가 공개되었는데, 이를 보면 상의 본체로부터 연속해서 문양이 그대로 이어지고 있다. 족좌의 연화문은 후대에 상을 수리할 때 새로 추가된 것이 아니라 처음 상을 주조할 때의 문양 그대로인 것이다. 즉 83호상은 처음 주조할 때부터 통일신라에 이르러서야 등장하는 연화문 형태를 지니고 있었다. 이러한 조사 결과는 83호상이 통일신라 이후의 상일 가능성이 크다고 했던 김화영의 주장을 뒷받침하는 것이다.

또한 정예경은 이른바 '개념적 조형(conceptual formation)' 전통에 머물러 있던 중국의 반가상이 한국에 전해졌을 때, 한국의 조각가들이 중국 반가상이 지닌 신체의 왜곡과 비유기성에서 탈피하기 위한 노력을 전개했다는 사실에 주목한 연구 결과를 발표했다. 그러한 작가들의 노력은 불완전하고 부분적인 성

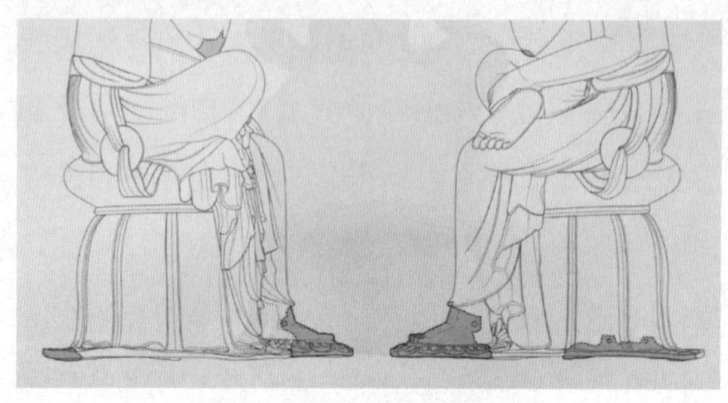

〈그림 30〉 83호상의 족좌 연화문의 연결 상태 [91]

공에 그친 조형 실험을 몇 단계 거듭한 끝에 제5단계에 이르러
서야 비로소 반가사유의 자세를 취한 인체를 완전한 의미에서
3차원적으로 재현하는 데 성공했다는 것이다. 그리하여 정예경
은 한국의 반가상이 중국 반가상이 가지고 있던 이른바 조각의
개념적인 성격으로부터 탈피해서 현실성을 획득해 가는 과정
을 다섯 단계로 구분해 치밀한 분석과 함께 제시하고 있다. [92] 결

국 한국의 반가상은 다섯 단계의 양식적 단계를 거치면서 발전했다는 것인데, 83호상은 제5단계에 해당하는 것으로 통일신라 이후에 제작되었다는 것에 대해 의심의 여지가 없다고 했다.[93]

필자는 이상에서 살펴본 김화영, 정예경의 견해와 의견을 같이한다.

책 본문에서 살핀 바와 같이, 조각이 건축물을 장식하던 부조에서 벗어나 환조로 독립하는 것은 단순한 일이 아니다. 뒷배경을 이뤄 주던 건축물의 맥락에서 벗어나 홀로 서야 하기 때문이다. 게다가 반가상은 〈그림 31〉에서 보듯 특유의 복잡한 자세를 예술적으로 표현해야 하는 과제를 떠안는다.

〈그림 31〉을 보면 현재의 78호상이나 83호상이 사람의 실제 자세를 그대로 재현한 것이 아님을 알 수 있다. 만약 그대로 재현했다면 너무 높이 쳐들린 무릎 때문에 조각상이 불안정해 보이고, 지나치게 기울어진 머리 때문에 불편해 보일 것이다. 그와 같은 조각상은 현재와 같이 고요하고 편안한 느낌을 창출하지 못하며, 한마디로 예술이 되지 못할 것이다.

그런데 처음 반가상이 중국에서 한국으로 전해졌을 때 중국의 반가상들은 아직 완전한 환조로 홀로서기에 성공한 상태가 아니었다. 앞서 〈그림 14〉의 ①·②에서 보듯 석굴사원 등에 포

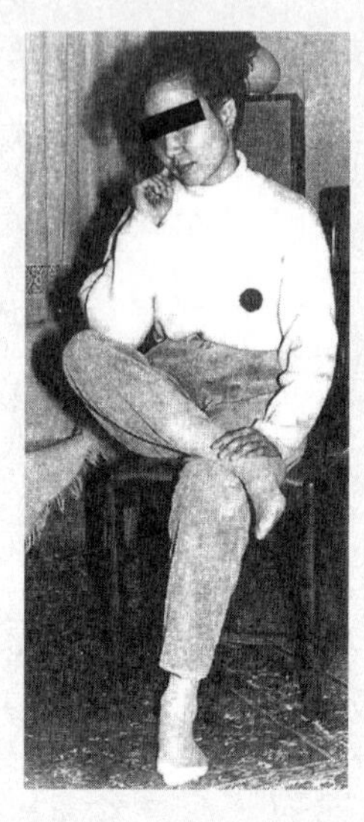

〈그림 31〉 반가사유 자세를 취한 사람의 모습 [94]

함된 부조 상태에서는 벗어났음에도 여전히 정면성이 강한 모습이었고,[95] 개념적 조형의 단계에 머물러 있었다. 이를 받아들인 한국의 조각가들은 중국 반가상의 정면성을 해체하여 완전한 환조로 발돋움시켜야 했고,[96] 개념적 조형이 초래한 신체의 왜곡과 부조화를 극복해야 했다. 그렇다고 해서 사실적 조형을 일방적으로 추구하는 것은 〈그림 31〉과 같은 결과를 낳을 뿐 원하는 종교적 이상을 구현할 수 없다. 그러므로 정답을 찾기까지 〈그림 14〉에서 보듯 여러 다양한 조형 실험의 단계를 거쳐야 했던 것이다.

그 결과 최종적으로 종착점에 도달한 삼매상의 조형미(造形美)는 비사실적이면서도 자연스럽게 조화를 이뤄 사실적으로 느껴지는 '이상적 사실미'로 정의된다. 삼매상의 팔은 실제보다 길게 늘어진 비사실적인 신체 비례를 통해 가장 이상적인 삼매의 경지를 구현하고 있다. 거기에 더해 위로 들어 올려진 오른쪽 무릎을 치마의 끝부분이 솟구쳐 받쳐 줌으로써 시각적 안정감을 주고 있다. 이처럼 삼매상은 언뜻 보기에는 고요하고 편안한 자세로 보이지만, 그와 같은 시각적 결과를 창출하기까지 조각가의 예술적 창의력에서 비롯된 여러 가지 고려와 장치가 동원된 것이다.

이처럼 83호상에 이르기까지 거쳐야 했던 양식적 발전 단계를 고려할 때, 83호상은 최후의 단계인 제5단계에 해당하는 것으로 통일신라(668년~) 이후에 제작되었다고 하는 견해에 동의한다.

주석

1 時國王置百座仁王經大會 徧搜碩德 本州以名望擧進之 諸德惡其爲人 譖王不納

居無何 王之夫人腦嬰癰腫 醫工絶驗 王及王子臣屬禱諸山川靈祠 無所不至 有巫覡言曰

苟遣人往他國求藥 是疾方瘳 王乃發使 泛海入唐 募其醫術

溟漲之中 忽見一翁 由波濤躍出登舟 邀使人入海 睹宮殿嚴麗 見龍王 王名鈐海 謂使者

曰 汝國夫人是靑帝第三女也 我宮中先有金剛三昧經 乃一覺圓通示菩薩行也 今託仗夫

人之病 爲增上緣 欲附此經出彼國流布耳

於是將三十來紙 重沓散經 付授使人 復曰 此經度海中 恐罹魔事 王令持刀裂使人腨腸

而內于中 用蠟紙纏縢 以藥傳之 其腨如故 龍王言 可令大安聖者 銓次綴縫 請元曉法師

造疏講釋之 夫人疾愈無疑 假使雪山阿伽陁藥力亦不能過是 王送出海面 遂登舟歸國

時王聞而歡喜 乃先召大安聖者 䫜次焉 大安者不測之人也 形服特異 恒在市廛 擊銅鉢

唱言大安大安之聲 故號之也 王命安 安云 但將經來 不願入王宮闥 安得經 排秉成八品

皆合佛意 安曰 速將付元曉講 餘人則否

曉受斯經 正在本生湘州也 謂使人曰 此經以本始二覺爲宗 爲我備角乘 將案几在兩角之

間 置其筆硯 始終於牛車造疏 成五卷 王請剋日 於黃龍寺敷演 時有薄徒竊盜新疏 以事

白王 延于三日 重錄成三卷 號爲略疏

泊乎王臣道俗雲擁法堂 曉乃宣吐 有儀解紛可則 稱揚彈指聲沸于空 曉復唱言曰 昔日採

百椽時 雖不預會 今朝橫一棟處 唯我獨能 時諸名德俯顏慚色 伏膺懺悔焉

… 疏有廣略二本 俱行本土 略本流入中華 後有翻經三藏 改之爲論焉

2 니콜러스 험프리 지음, 조세형 옮김, 《빨강 보기: 의식의 기원》, 이음, 2014, 52-56, 75-77쪽.

3 니콜러스 험프리 지음, 조세형 옮김, 위의 책, 2014, 76쪽.

4 리처드 도킨스 지음, 홍영남·이상임 옮김, 《이기적 유전자(40주년 기념판)》, 을유문화사, 2018, 455쪽.

5 충정아파트는 86년만인 2024년 8월에 이르러 시설물 안전 등급 E등급(불량)으로 판정

되어 거주자들에게 대피 명령이 내려졌으나, 현재까지도 사람이 살고 있다.

6 분석심리학 쪽의 원효 연구로는 예를 들어 이죽내, 〈원효가 본 阿黎耶識의 분석심리학적 고찰〉, 《융심리학과 동양사상》(하나의학사, 2005)가 있다.

7 174쪽의 〈표 1〉 6식의 구성에서 의식에 앞서 존재하는 5가지 식이 전5식이다.

8 이부영 지음, 《분석심리학 : C. G. 융의 인간심성론(제3판)》, 일조각, 2011, 76쪽.

9 융에 따르면, 무의식은 샘물과 같으니 거기에는 무한한 가능성으로 향하는 에너지가 저장되어 있어서 생명의 원천이며 창조적 가능성을 지닌 것이다(이부영 2011: 85). 자아가 이러한 무의식의 내용을 파악하고 그것을 의식화하고자 하면 할수록 무의식은 그의 창조적인 암시를 더욱 활발히 내보내게 된다고 했다(이부영 2011: 80).

10 데이비드 이글먼 지음, 김승욱 옮김, 《무의식은 어떻게 나를 설계하는가》, 알에이치코리아, 2024, 18쪽.

11 다른 것을 기다려서 존재하면 또한 자상이 아니다待他而有 亦非自相(《대승기신론소》〈解釋分〉顯示正義).

12 이부영 지음, 《분석심리학 : C. G. 융의 인간심성론(제3판)》, 일조각, 2011, 117쪽.

13 이부영 지음, 위의 책, 2011, 115쪽.

14 이부영 지음, 위의 책, 2011, 118~119쪽과 이부영 지음, 《자기와 자기실현》, 한길사, 2021, 56쪽 참조.

15 데이비드 이글먼 지음, 김승욱 옮김, 《무의식은 어떻게 나를 설계하는가》, 알에이치코리아, 2024, 120쪽.

16 데이비드 이글먼 지음, 김승욱 옮김, 위의 책, 2024, 122쪽과 스티븐 핑커 지음, 김한영 옮김, 《빈 서판 - 인간은 본성을 타고나는가》, 사이언스북스, 2004 참조.

17 원효는 '심신(心神)'이라는 표현을 쓰고 있기도 한데, 이는 하나의 단어가 아니라 '마음[心]의 신(神)'이라는 뜻이다. 〈그림 7〉에서 보듯 신(神)이 마음의 부분이기 때문에 그와 같은 표현이 쓰인 것이다. "또 만약 같은 것이라면 생멸식상이 다 없어질 때 마음의 신(神)의 체도 또한 따라서 없어지게 되니 이는 단변에 떨어질 것이다又若是一者 生滅識相滅盡之時 心神之體亦應隨滅墮於斷邊"(《대승기신론소》, 〈해석분(解釋分)〉, 현시

정의(顯示正義))와 같이 쓰고 있다. 다음과 같은 용례도 참고가 된다 : "마음"이라고 한 것은 자상(自相)의 마음을 말하니, 신(神)을 풀어냄을 성(性)으로 삼는다. … 자상의 마음의 신(神)이 최종적으로 불지(佛地)에 이르면 그 무명은 끊어지는 법이다所言心者 謂自相心 神解爲性 … 自相心神終至佛地 其無明者是所斷法斷法(《本業經疏》 권下, 〈佛母品〉).

18 사람에 있어서 인(仁)·예(禮)·신(信)·의(義)·지(智)는 신(神)의 운행이요, 간(肝) 심(心)·비(脾)·폐(肺)·신(腎)은 질(質)을 이룬 것이다在人則 仁禮信義智 神之運也 肝心脾肺腎 質之成也(《훈민정음(해례본)》〈制字解〉).

19 독일어로는 다음과 같다. Zwei Dinge erfüllen das Gemüt mit immer neuer und zunehmender Bewunderung und Ehrfurcht, je öfter und anhaltender sich das Nachdenken damit beschäftigt: der bestirnte Himmel über mir und das moralische Gesetz in mir.

20 Jung, C. G. (Baynes, H. Godwin, tr.), *Psychological Types or The Psychology of Individuation*, Mansfield Centre, CT: Martino Publishing, 2016, pp. 507-508. 인용문의 영어 문장은 다음과 같으며 번역은 필자가 한 것이다: These archetypes, whose innermost nature is inaccessible to experience, represent the precipitate of psychic functioning of the whole ancestral line, i.e. the heaped-up, or pooled, experiences of organic existence in general, a million times repeated, and condensed into types. Hence, in these archetypes all experiences are represented which since primeval time have happened on this planet.

21 이부영 지음, 《분석심리학 : C. G. 융의 인간심성론(제3판)》, 일조각, 2011, 116쪽.

22 이부영 지음, 위의 책, 2011, 116쪽.

23 전중환 지음, 《오래된 연장통 - 인간 본성의 진짜 얼굴을 만나다(증보판)》, 사이언스북스, 2010, 36쪽.

24 임형권, 〈노화와 죽음에 대한 비교종교학적 연구: 유교, 불교, 및 기독교를 중심으로〉, 《한국 노년학연구》 26-2, 한국노년학연구회, 2017, 174쪽; 안양규 지음, 《불교의 생사관과 죽음 교육》(모시는사람들, 2015)의 Ⅱ. 불교의 생사관: 윤회 참조.

25 데이비드 이글먼 지음, 김승욱 옮김, 《무의식은 어떻게 나를 설계하는가》, 알에이치코

리아, 2024, 202쪽.

26 데이비드 이글먼 지음, 위의 책, 2024, 203쪽.

27 강기진 지음, 《주역독해(개정판)》, 김영사, 2025, 542쪽 참고.

28 《한국불교전서》에는 '壞'로 수록되었으나 은정희가 저본에 따라 '懷'로 교감하였다.

29 니클라스 브렌보르 지음, 배동근 옮김, 《해파리의 시간은 거꾸로 간다 - 세월의 무게를 덜어 주는 경이로운 노화 과학》, 북트리거, 2024, 76-77쪽.

30 한자 思(생각 사)를 보면 마음[心] 위에 田모양이 올라와있는데 이는 원래 사람의 둥근 머리 모양을 그린 것이 나중에 사각형으로 바뀐 것이다. 思 자 역시 앞서 살펴본 念이나 想 자와 같은 구조로, 바탕이 되는 마음[心]에 今이나 相 대신 머리[田]가 올라와있어서 마음의 한 기능인 사고력을 쓰고 있음을 표상한 것이다. 머릿속 뇌에 뉴런이 담겨 있다고 할지 모르겠으나, 생물학적으로 보면 뇌보다 창자에 뉴런이 더 많다. 창자 속 뉴런은 마음과 관련하여 기분, 감정 등의 기능을 담당한다. 이를 통해서도 머릿속 뉴런이 전부가 아님을 알 수 있다.

31 같은 동양문명권이어도 중국인에겐 '정(情)'의 뉘앙스가 달라서 이해하기 어렵다. 예를 들어 중국인에게 정(情)은 정욕(情欲)을 연상시키므로 중국어에는 '미운 정'과 같은 표현이 존재하지 않는다.

32 시몬 베유 지음, 윤진 옮김, 《중력과 은총》, 문학과지성사, 2021, 7쪽.

33 원효는 '실제(實際)'를 '궁극의 실체'라는 뜻으로 쓰고 있는데 스스로 다음과 같은 풀이를 제공한다: '실제(實際)'란 허망을 여읜 것을 일컫는 말이며 궁극의 깃임을 뜻한다. 환영을 여읜 궁극의 것이므로 '실제'라 이름한다言實際者 離虛之稱 究竟之義 離幻究竟故 名實際[《금강삼매경론》 권중(中), 〈입실제품(入實際品)〉].

34 天道虧盈而益謙 地道變盈而流謙 鬼神害盈而福謙 人道惡盈而好謙

35 1939년에 초판이 출간된 피터 드러커 지음, 이재규 옮김, 《경제인의 종말》, 한국경제신문, 2008이 이러한 내용을 잘 보여 준다. 드러커는 독일에서 나치즘의 등장 과정을 직접 목격한 후 이 책을 썼다.

36 이상의 내용은 리처드 도킨스 지음, 홍영남·이상임 옮김, 《이기적 유전자(40주년 기념판)》

(을유문화사, 2018) 11장의 내용을 요약한 것이다.

37 리처드 도킨스 지음, 홍영남·이상임 옮김, 《이기적 유전자(40주년 기념판)》, 을유문화사, 2018, 366-367쪽

38 리처드 도킨스 지음, 홍영남·이상임 옮김, 위의 책, 2018, 583쪽.

39 리처드 도킨스 지음, 홍영남·이상임 옮김, 위의 책, 2018, 364-365쪽.

40 나의 정신적 성취가 한마음 안에서 영원히 살게 되는 이유는, 말나식을 통해 아라야식에 종자로 간직되어 살기 때문이다. 사람들의 의식에 머물러 있다면 기억에서 잊힐 때 사라진다. 하지만 아라야식에 간직된 종자는 불멸한다. 그리하여 어느 때고 연(緣)의 조건이 맞으면 싹을 틔워올리는 것이다. 불교에서 업(業, karma)의 불멸성을 말하는 이유도 이 때문이다.

41 이에 대해서는 프랜시스 후쿠야마 지음, 이상훈 옮김, 《역사의 종말》, 한마음사, 1997, 18쪽 참조. 단, 헤겔이 프리드리히 빌헬름 3세 치하의 프로이센을 두고 자유의 이념 실현에 있어서 그 절정에 도달한 자유의 역사의 최종 발전단계라고 주장했다는 사실을 고려하면, 후쿠야마의 서술은 헤겔의 입장을 미화한 것으로 볼 수도 있다.

42 칼 포퍼 지음, 이한구·이명현 옮김, 《열린사회와 그 적들 I·II》, 민음사, 2006(II권은 1997).

43 이우환 지음, 성혜경 옮김, 《멈춰 서서》, 현대문학, 2004, 22-23쪽.

44 상(常)은 열반에 이르렀을 때 생멸변천함이 없는 덕이며, 낙(樂)은 생사의 고통을 여의어 무위(無爲) 안락한 덕이며, 아(我)는 망령되이 집착하는 아(我)를 여의고 8가지 자재(自在)함이 있는 진아(眞我)를 가리키며, 정(淨)은 번뇌의 더러움을 여의어 잠연청정(湛然淸淨)한 덕이다.

45 이부영 지음, 《분석심리학 : C. G. 융의 인간심성론(제3판)》, 일조각, 2011, 128-129쪽.

46 이부영 지음, 《자기와 자기실현》, 한길사, 2021, 69-70쪽.

47 無破而無不破(《금강삼매경론》述大意).

48 2021년부터는 국보의 지정번호를 사용치 않으나 두 유물을 구분하기 위해 이 책에서는 편의상 옛 번호를 사용하기로 한다.

49 ②번 도판의 출처는 鄭禮京, 〈韓國半跏思惟像의 編年에 관한 一考察 : 身體表現과 臺座
와의 관계를 통해서 보다〉,《文化史學》2, 한국문화사학회, 1994, 148쪽의 圖7. ⑧·⑨는
도쿄국립박물관 홈페이지. 나머지는 국립중앙박물관 홈페이지.

50 박돈규, 〈용산에서 1000일 동안 170만명이 '불멍'을 했다는데〉, 조선일보, 2024. 08. 24.

51 허윤희, 〈"이재용도 와서 봤다" 國博 관장이 최초로 밝힌 '이건희 기증' 비화 - 반가사유
상으로 '한국의 루브르' 꿈꾸는 민병찬 국립중앙박물관 관장〉, 조선일보, 2021. 12. 05.

52 반가사유상을 미륵보살로 알고 있는 분들이 있을 법도 하다. 실제로 과거에는 '금동미
륵보살반가사유상'이란 이름으로 불린 적도 있다. 하지만 불교에서 미륵보살은 설법의
주체이며, '사유(思惟)'는 미륵보살의 설법을 들은 청중(聽衆)이 하는 것이다. 이 점에
대해서는 서남영, 〈동아시아에 있어서 사유상(思惟像)의 특징과 의미고찰 - 좌세(坐勢)
와 사유(思惟)의 의미를 중심으로-〉,《미학·예술학연구》42, 2014 ; 〈북방루트를 통한
兜率天 說法圖像의 전개와 聖衆으로서의 思惟像〉,《美術史學研究》317, 2023 참조. 이
런 점이 후속연구를 통해 지적되면서 이제는 학술논문에서 반가사유상을 미륵보살로
단정지어 부르지 않고 그냥 '반가사유상'으로 칭하고 있다.

아울러 김원룡은 "발가락을 움직이고 있는 미륵보살이 있을 수 없다"(김원룡 지음,《韓
國古美術의 理解》, 서울大學校出版部, 1980, 59쪽)고 지적했는데, 필자 역시 이에 동의
한다. 미륵보살은 '미래불'로서 기독교로 치면 재림예수와 같은 위치에 있다. 이 땅 위
에 남은 중생을 구원할 메시아인 것이다. 조각상의 정신적 조형 원리를 생각한다면, 발
가락을 움직이고 있는 미륵보살은 있을 수 없다고 본다.

53 도판의 출처는 국립중앙박물관,《한일 금동반가사유상 : 과학적 조사 연구 보고》, 국립
중앙박물관, 2017, 377쪽의 도圖34-2.

54 Kun Hwang, "Toe Deformity of a Gilt-Bronze Pensive Bodhisattva Statue", Journal of
Korean Medical Science(JKMS) 37(11), 2022.

55 세종시 소재 베어트리파크에서 전시하고 있는 15번째 에디션(진품)을 필자가 직접 촬
영했다.

56 기소르망, 〈한국의 에펠탑, 현재에서 찾아라〉, 동아일보, 2010. 06. 15.

57 남동신, 〈신라 중대불교의 성립에 관한 연구〉, 《한국문화》 21, 서울대학교 규장각한국
학연구원, 1998, 114쪽.

58 이에 대해서는 원영만, 〈元曉의 불교대중화 일고 - 귀족불교에서 가항불교로-〉, 《정토
학연구》 10, 한국정토학회, 2007 참조.

59 남동신, 1998, 위의 논문은 대중 교화 활동에 전념하고 있던 대안을 비롯한 일군의 승려
들이 자신들의 이상형인 범행장자를 주요 등장인물로 하는 《금강삼매경》을 편찬한 것
으로 보고 있으며, 《금강삼매경》과 《금강삼매경론》의 주장이 종래 출가자 중심의 교단
을 운영해온 중고기불교(中古期佛敎)와는 명백히 대립되는 것으로 보고 있다(126쪽).

60 〈생각하는 사람〉 진품을 전시하고 있는 세종시 베어트리파크의 작품 해설판의 안내문.

61 야콥 부르크하르트(Jacob Burckhardt, 1818-1897)는 스위스의 문화사학자로 예술, 건
축, 사회제도 등을 통합적으로 다루며 한 시대를 총체적으로 연구하는 방법론을 제시
한 것으로 유명하다.

62 요한 요아힘 빙켈만(Johann Joachim Winckelmann, 1717-1768)은 독일의 미술사학자이
자 고고학자로 현대 미술사학의 아버지로 불린다. 미술사 연구에 과학적 방법론을 도
입했으며, 그리스 미술을 체계적으로 시대별로 분류한 최초의 학자다.

63 monument는 '기념비'를 뜻한다. 고유섭의 원문 표현을 존중해서 영어 단어를 그대로
살렸다.

64 高裕燮, 〈金銅彌勒半跏像의 考察〉, 《朝鮮美術文化史論叢》, 서울新聞社出版局, 1949,
174쪽.

65 라이너 마리아 릴케 지음, 안상원 옮김, 《릴케의 로댕》, 미술문화, 1998, 18-33쪽.

66 이 그림은 민병찬, 〈금동반가사유상의 제작 방법 연구 - 국보 78, 국보 83호 반가사유상
을 중심으로 -〉, 《미술자료》 89, 2016, 197쪽에 수록된 '도면 2'를 바탕으로 일부 변형한
것이다. 몸체 두께에 대한 수치 정보는 동 논문, 208쪽에 실려 있다.

67 안드레 에카르트 지음, 권영필 옮김, 《에카르트의 조선미술사》, 열화당, 2003, 195쪽.

68 이승희, 〈일본 교토 高山寺의 원효에마키(元曉繪卷)〉, 《불교미술사학》 20, 불교미술사
학회, 2015.

69 도판의 출처는 김임중·허경진 엮어옮김, 《화엄연기 원효회 의상회(華嚴緣起 元曉繪 義
湘繪)》, 민속원, 2018, 281쪽.

70 도판의 출처는 김임중·허경진 엮어 옮김, 위의 책, 2018, 183쪽.

71 한마음[일심一心]을 맥으로 한국철학사 전반을 해석한 선구적 연구로는 한자경, 《한국
철학의 맥》(이화여자대학교출판부, 2008)이 있다. 다만 이 연구에서는 원효의 한마음
사상을 《대승기신론소(大乘起信論疏)》를 바탕으로 풀이하고 있으며, 《금강삼매경론》
의 내용은 반영하고 있지 않다.

72 이극로, "천도교 교리"(구술, 프랑스 소르본 대학 녹음): https://www.youtube.com/
watch?app=desktop&v=d-hnGoG3c4I, 1928.

73 다음과 같은 고대의 제천행사 기록을 보면 예로부터 우리 선조들이 한마음 한뜻으로
어우러졌음을 알 수 있다: (부여는) 殷曆 正月에 하늘에 제사를 지내는데, 國中大會로
날마다 마시고 먹고 노래하고 춤추는데, 그 이름을 '迎鼓'라 하였다. 이 때에는 刑獄을
중단하고 죄수를 풀어 주었다以殷正月祭天, 國中大會, 連日飲食歌舞, 名曰迎鼓 於是時
斷刑獄, 解囚徒(《三國志》, 魏書30 東夷傳 夫餘); (고구려는) 10월에 하늘에 제사를 지
내는데, 國中大會로 이름하여 '東盟'이라 한다. 그들의 公式 모임에서는 모두 비단에 수
놓은 의복을 입고 金과 銀으로 장식한다以十月祭天, 國中大會, 名曰東盟 其公會, 衣服
皆錦繡金銀以自飾(《三國志》, 魏書 30 東夷傳 高句麗); (예濊는) 해마다 10월이면 하늘
에 제사를 지내는데, 주야로 술마시며 노래부르고 춤추니 이를 '舞天'이라 한다. 또 호랑
이를 神으로 여겨 제사지낸다常用十月節祭天, 晝夜飲酒歌舞, 名之爲舞天, 又祭虎以爲
神(《三國志》, 魏書 30 東夷傳 濊); (마한은) 해마다 5월이면 씨뿌리기를 마치고 귀신에
게 제사를 지낸다. 떼를 지어 모여서 노래와 춤을 즐기며 술 마시고 노는데 밤낮을 가리
지 않는다. 그들의 춤은 수십명이 모두 일어나서 뒤를 따라가며 땅을 밟고 구부렸다 치
켜들었다 하면서 손과 발로 서로 장단을 맞추는데, 그 가락과 율동은 [中國의] 鐸舞와
흡사하다. 10월에 농사일을 마치고 나서도 이렇게 한다常以五月下種訖, 祭鬼神, 羣聚
歌舞, 飲酒晝夜無休. 其舞, 數十人俱起相隨, 踏地低昂, 手足相應, 節奏有似鐸舞. 十月
農功畢, 亦復如之(《三國志》, 魏書 30 東夷傳 韓).

74 장민석, 〈현장의 유식비량에 대한 원효의 반론의 논리적 타당성 검토 - 원효의『판비량론』을 중심으로〉, 《哲學論究》 36, 서울대학교 철학과, 2008, 105쪽.

75 (眞故 極成)色不離於眼識 (自許)初三攝眼所不攝故 猶如眼識(김성철 지음, 《원효의 판비량론 기초 연구》, 지식산업사, 2003, 109쪽).

76 장준藏俊, 《인명대소초因明大疏抄》, 525b~c쪽(김성철 지음, 《원효의 판비량론 기초 연구》, 지식산업사, 2003, 147쪽에서 재인용).

77 此因勞而無功 … 謂彼小乘立比量言

(眞故 極成)色定離於眼識 (自許)初三攝眼識不攝故 猶如眼根(김성철 지음, 《원효의 판비량론 기초 연구》, 지식산업사, 2003, 109쪽).

78 장준藏俊, 《인명대소초因明大疏抄》, 525b쪽(김성철 지음, 《원효의 판비량론 기초 연구》, 지식산업사, 2003, 146쪽에서 재인용).

79 장준藏俊, 《인명대소초因明大疏抄》, 525b~c쪽(김성철 지음, 《원효의 판비량론 기초 연구》, 지식산업사, 2003, 147쪽에서 재인용).

80 관련 연구사는 문명대, 〈국보 78호 금동반가사유상의 신연구〉, 《강좌미술사》 55, 한국불교미술사학회, 2020b와 임영애, 〈한국 고대 불교조각의 허물어진 '경계': 국보 제78호 반가사유상〉, 《강좌미술사》 45, 한국불교미술사학회(한국미술사연구소), 2015에 잘 정리되어 있어 참고가 된다.

81 예를 들어 백제로 보는 학설은 김리나의 연구가 대표적인데, 그 스스로 "아직 확실한 해답이 없으나 필자는 조심스럽게 백제를 제시하고자 한다"고 하여 조심스러운 추정임을 밝히고 있다. 이에 대해서는 김리나, 〈동아시아 고대 불교조각의 흐름에서 한국 삼국시대 불교조각의 變奏〉, 《미술자료》 89, 국립중앙박물관, 2016, 42쪽 참조.

82 김원룡 지음, 《韓國古美術의 理解》, 서울大學校出版部, 1980, 58쪽.

83 정예경, 《반가사유상 연구》, 혜안, 1998, 209~216쪽.

84 임영애, 〈한국 고대 불교조각의 허물어진 '경계': 국보 제78호 반가사유상〉, 《강좌미술사》 45, 한국불교미술사학회(한국미술사연구소), 2015, 342쪽.

85 후지오카 유타카, 〈일본에 전해진 삼국시대 반가사유상-교토 묘덴사 상과 효고 게이운사

상을 중심으로-〉,《한일 금동반가사유상: 과학적 조사 연구 보고》, 국립중앙박물관, 2017,
506-519쪽.

86 이를테면 국립중앙박물관,《한일 금동반가사유상: 과학적 조사 연구 보고》, 국립중앙박물
관, 2017, 496쪽의 경우 '7세기 전반'으로 제시하고 있다.

87 국립중앙박물관, 위의 책, 2017, 59쪽.

88 이 점에 대해서는 정은우,〈일본의 국보 1호인 廣隆寺의 木造半跏像은 한반도에서 건너 간
것인가〉,《美術史論壇》2, 한국미술연구소, 1995 참조.

89 김화영(金和英),〈國立中央博物館所藏金銅半跏思惟像造成年代에 대한 再考〉,《미술사학
연구(구 고고미술)》136·137, 1978, 108-112쪽(정예경,《반가사유상 연구》, 혜안, 1998, 258
쪽, 각주 19번에서 재인용). 김화영의 논문을 직접 확인하고자 대학도서관 사서에게 의뢰했
으나 해당 학술지가 더 이상 우리나라에 현존하지 않는다는 회신을 받아 부득이 재인용했다.

90 문명대,〈국보 83호 삼산보관형 금동미륵반가사유상의 새로운 연구〉,《강좌미술사》55, 한
국불교미술사학회, 2020a, 283쪽.

91 국립중앙박물관,《한일 금동반가사유상: 과학적 조사 연구 보고》, 국립중앙박물관, 2017,
66-67쪽.

92 정예경,《반가사유상 연구》, 혜안, 1998의 제3장 신체표현 참조.

93 정예경, 위의 책, 1998, 258쪽.

94 鄭禮京,〈韓國半跏思惟像의 編年에 관한 一考察: 身體表現과 臺座와의 관계를 통해서 보
다〉,《文化史學》2, 한국문화사학회, 1994, 146쪽의〈圖 1〉을 선새한 것이다.

95 심희진,〈三國時代 半跏思惟像 坐具 연구〉,《불교미술사학》37, 불교미술사학회, 2024, 11쪽.

96 심희진, 위의 논문, 2024, 12·18쪽.

참고 문헌

《大乘起信論》,《大乘起信論疏》,《大乘起信論別記》

《金剛三昧經》,《金剛三昧經論》

《判比量論》

《三國遺事》,《大覺國師文集》,《牧牛子修心訣》

《訓民正音(해례본)》,《退溪先生文集》

《無體法經》,〈교훈가〉

《三國志》,《宋高僧傳》

강기진 지음,《주역독해(개정판)》, 김영사, 2025.

강희정 지음,《관음과 미륵의 도상학》, 학연문화사, 2006.

국립중앙박물관,《한일 금동반가사유상 : 과학적 조사 연구 보고》, 국립중앙박물관, 2017.

김성철 지음,《원효의 판비량론 기초 연구》, 지식산업사, 2003.

김원룡 지음,《韓國古美術의 理解》, 서울大學校出版部, 1980.

김임중·허경진 엮어옮김,《화엄연기 원효회 의상회(華嚴緣起 元曉繪 義湘繪)》, 민속원,
        2018.

니콜러스 험프리 지음, 조세형 옮김,《빨강 보기: 의식의 기원》, 이음, 2014.

니클라스 브렌보르 지음, 배동근 옮김,《해파리의 시간은 거꾸로 간다 - 세월의 무게를 덜
어 주는 경이로운 노화 과학》, 북트리거, 2024.

데이비드 이글먼 지음, 김승욱 옮김,《무의식은 어떻게 나를 설계하는가》, 알에이치코리아,
        2024.

라이너 마리아 릴케 지음, 안상원 옮김,《릴케의 로댕》, 미술문화, 1998.

리처드 도킨스 지음, 홍영남·이상임 옮김,《이기적 유전자(40주년 기념판)》, 을유문화사,
        2018.

스티븐 핑커 지음, 김한영 옮김,《빈 서판 - 인간은 본성을 타고나는가》, 사이언스북스,

2004.

시몬 베유 지음, 윤진 옮김,《중력과 은총》, 문학과지성사, 2021.

안드레 에카르트 지음, 권영필 옮김,《에카르트의 조선미술사》, 열화당, 2003.

안양규 지음,《불교의 생사관과 죽음 교육》, 모시는사람들, 2015.

원효 지음, 김호귀 옮김,《금강삼매경론》, 동국대학교출판부, 2019.

원효 지음, 은정희 옮김,《대승기신론소기회본》, 동국대학교출판부, 2017.

이부영 지음,《분석심리학 : C. G. 융의 인간심성론(제3판)》, 일조각, 2011.

______ 지음,　　　　　《자기와 자기실현》, 한길사, 2021.

이우환 지음, 성혜경 옮김,《멈춰 서서》, 현대문학, 2004.

전중환 지음,《오래된 연장통 - 인간 본성의 진짜 얼굴을 만나다(증보판)》, 사이언스북스,
　　　　2010.

정예경,《반가사유상 연구》, 혜안, 1998.

칼 포퍼 지음, 이한구·이명현 옮김,《열린사회와 그 적들 I·II》, 민음사, 2006(II권은 1997).

프랜시스 후쿠야마 지음, 이상훈 옮김,《역사의 종말》, 한마음사, 1997.

피터 드러커 지음, 이재규 옮김,《경제인의 종말》, 한국경제신문, 2008.

한자경,《한국철학의 맥》, 이화여자대학교출판부, 2008.

Jung, C. G. (Baynes, H. Godwin, tr.), Psychological Types or The Psychology of Individuation,
　　　　Mansfield Centre, CT: Martino Publishing, 2016.

高裕燮, 〈金銅彌勒半跏像의 考察〉,《朝鮮美術文化史論叢》, 서울新聞社出版局, 1949.

김리나, 〈동아시아 고대 불교조각의 흐름에서 한국 삼국시대 불교조각의 變奏〉,《미술
　　　　자료》89, 국립중앙박물관, 2016.

김영태, 〈신라에서 이룩된 금강삼매경〉,《佛敎學報》25, 동국대학교 불교문화연구원,
　　　　1988.

김화영(金和英), 〈國立中央博物館所藏金銅半跏思惟像造成年代에 대한 再考〉,《미술사학
　　　　연구(구 고고미술)》136·137, 1978.

남동신, 〈신라 중대불교의 성립에 관한 연구〉, 《한국문화》 21, 서울대학교 규장각한국학연
구원, 1998, 113-142쪽.

문명대, 〈국보 83호 삼산보관형 금동미륵반가사유상의 새로운 연구〉, 《강좌미술사》 55, 한
국불교미술사학회, 2020a.

＿＿＿, 〈국보 78호 금동반가사유상의 신연구〉, 《강좌미술사》 55, 한국불교미술사학회,
2020b.

민병찬, 〈금동반가사유상의 제작 방법 연구 - 국보 78, 국보 83호 반가사유상을 중심으로 -〉,
《미술자료》 89, 2016.

서남영, 〈동아시아에 있어서 사유상(思惟像)의 특징과 의미고찰 - 좌세(坐勢)와 사유(思
惟)의 의미를 중심으로 -〉, 《미학·예술학연구》 42, 2014.

＿＿＿, 〈북방루트를 통한 兜率天 說法圖像의 전개와 聖衆으로서의 思惟像〉, 《美術史學
硏究》 317, 2023.

심희진, 〈三國時代 半跏思惟像 坐具 연구〉, 《불교미술사학》 37, 불교미술사학회, 2024.

원영만, 〈元曉의 불교대중화 일고 - 귀족불교에서 가항불교로〉, 《정토학연구》 10, 한국정
토학회, 2007.

이승희, 〈일본 교토 高山寺의 원효에마키(元曉繪卷)〉, 《불교미술사학》 20, 불교미술사학회,
2015.

이죽내, 〈원효가 본 阿黎耶識의 분석심리학적 고찰〉, 《융심리학과 동양사상》, 하나의학사,
2005.

임영애, 〈한국 고대 불교조각의 허물어진 '경계' : 국보 제78호 반가사유상〉, 《강좌미술사》
45, 한국불교미술사학회(한국미술사연구소), 2015.

임형권, 〈노화와 죽음에 대한 비교종교학적 연구: 유교, 불교, 및 기독교를 중심으로〉, 《한
국 노년학연구》 26-2, 한국노년학연구회, 2017.

장민석, 〈현장의 유식비량에 대한 원효의 반론의 논리적 타당성 검토 - 원효의 《판비량론》
을 중심으로〉, 《哲學論究》 36, 서울대학교 철학과, 2008.

鄭禮京, 〈韓國半跏思惟像의 編年에 관한 一考察 : 身體表現과 臺座와의 관계를 통해서

보다〉,《文化史學》2, 한국문화사학회, 1994.

정은우, 〈일본의 국보 1호인 廣隆寺의 木造半跏像은 한반도에서 건너 간 것인가〉,《美術史論壇》2, 한국미술연구소, 1995.

후지오카 유타카, 〈일본에 전해진 삼국시대 반가사유상 - 교토 묘덴사 상과 효고 게이운사 상을 중심으로-〉,《한일 금동반가사유상 : 과학적 조사 연구 보고》, 국립중앙박물관, 2017.

Kun Hwang, "Toe Deformity of a Gilt-Bronze Pensive Bodhisattva Statue", Journal of Korean Medical Science(JKMS) 37(11), 2022.

이극로, "천도교 교리"(구술, 프랑스 소르본 대학 녹음) : https://www.youtube.com/watch?app=desktop&v=d-hnGoG3c4I, 1928.

박돈규, 〈용산에서 1000일 동안 170만명이 '불멍'을 했다는데〉, 조선일보, 2024.08.24.

허윤희, 〈"이재용도 와서 봤다" 國博 관장이 최초로 밝힌 '이건희 기증' 비화 - 반가사유상으로 '한국의 루브르' 꿈꾸는 민병찬 국립중앙박물관 관장〉, 조선일보, 2021.12.05.

박상현, 〈국보 반가사유상 오른쪽 엄지발가락은 왜 그토록 휘었을까〉, 연합뉴스, 2022.05.15.

김예진, 〈반가사유상 휜 발가락은 '맨발걷기' 탓〉, 세계일보, 2022.05.15.

문광스님, 〈반가사유상의 굽어진 엄지발가락〉, 불교신문, 2022.03.15.

이규항, 〈반가사유상이 가부좌풀고 엄지발가락 들어올린 진짜 이유는〉, 법보신문, 2022.06.08.

기소르망, 〈한국의 에펠탑, 현재에서 찾아라〉, 동아일보, 2010.06.15.

표·그림 목록

표

그림

색인

1,400년의 세월을 건너온 마음을 아는 길

원효의 마음공부

ⓒ 강기진 2025

1판 1쇄 2026년 1월 7일
1판 2쇄 2026년 2월 20일

지은이 강기진
펴낸이 유경민 노종한
책임편집 이현정
기획편집 유노북스 이현정 이소연
기획마케팅 1팀 우현권 이상운 **2팀** 최예은 전예원 김민선
디자인 남다희 허정수
기획관리 차은영
펴낸곳 유노북스
등록번호 제2015-000010호
주소 서울시 마포구 동교로17안길 51, 유노빌딩 3~5층
전화 02-323-7763 **팩스** 02-323-7764 **이메일** info@uknowbooks.com

ISBN 979-11-7183-148-7 (03220)

- — 책값은 책 뒤표지에 있습니다.
- — 잘못된 책은 구입한 곳에서 환불 또는 교환하실 수 있습니다.
- — 유노북스, 유노라이프, 유노책주, 향기책방은 유노콘텐츠그룹의 출판 브랜드입니다.